浙江省普通高校"十三五"新形态教材

ERP 沙盘创业运营仿真教程

刘正刚　李　晓　主编

图书总码

西安电子科技大学出版社

内 容 简 介

本书结合以二维码形式提供的视频资源,讲解 ERP 沙盘创业运营仿真。全书内容分为三篇:第一篇(导论篇)概述 ERP 沙盘创业运营仿真和简介 ERP 原理;第二篇(ERP 沙盘创业运营仿真实战篇)分别讲解用友手工沙盘、"商战"电子沙盘和"创业之星"软件的运营仿真实战;第三篇(Excel 决策辅助工具制作篇)分别讲解 ERP 系统原理的 Excel 电子表格工具实现,以及"商战"和"创业之星"软件的 Excel 决策辅助工具制作。本书的的附录包括分角色的并有细化改进的用友手工沙盘的创业运营仿真流程表,以及"商战"电子沙盘和"创业之星"软件的运营仿真流程表。

本书适合作为普通高校与高职院校经管专业或其他专业学生学习依托 ERP 手工或电子沙盘的创业运营仿真实训课程的教材,可使仅有少量经管基础的经管新生和零经管基础的其他专业学生能够更好地掌握依托 ERP 手工或电子沙盘的创业运营仿真,也可为参加 ERP 电子沙盘的企业经营沙盘模拟竞赛的学生提供更多的帮助。

图书在版编目(CIP)数据

ERP 沙盘创业运营仿真教程 / 刘正刚,李晓主编. —西安:西安电子科技大学出版社,2020.1
ISBN 978–7–5606–5561–1

Ⅰ. ① E… Ⅱ. ① 刘… ② 李… Ⅲ. ① 企业经营管理—计算机管理系统—高等学校—教材

Ⅳ. ① F272.7-39

中国版本图书馆 CIP 数据核字(2019)第 289443 号

策划编辑　陈婷
责任编辑　师彬　陈婷
出版发行　西安电子科技大学出版社(西安市太白南路 2 号)
电　　话　(029)88242885　88201467　　　邮　　编　710071
网　　址　www.xduph.com　　　　　　　电子邮箱　xdupfxb001@163.com
经　　销　新华书店
印刷单位　陕西天意印务有限责任公司
版　　次　2020 年 1 月第 1 版　2020 年 1 月第 1 次印刷
开　　本　787 毫米×1092 毫米　1/16　印张 13.5
字　　数　319 千字
印　　数　1~3000 册
定　　价　35.00 元
ISBN　978–7–5606–5561–1 / F

XDUP 5863001-1

前　言

ERP(Enterprise Resource Planning，企业资源计划)沙盘仿真类课程作为继传统教学方式及案例教学方式之后的一种全新的体验式的教学方式，深受学生的喜爱，进而被绝大多数普通高校和高职院校的经管专业列为必修实践环节，并且作为创业创新教育或者经管方向的通识类选修课程对其他专业的学生开放。十多年来，因这类课程受众面极广，国内先后出版了多种各层次的 ERP 沙盘运营仿真类教材。

虽然众多 ERP 沙盘教材在多方面促进了 ERP 沙盘运营仿真类实践课程的教学与实践，但仍有以下有待发展完善之处。

第一，在面向仅有少量经管基础的大二经管学生和零经管基础的其他专业学生时，国内的 ERP 沙盘仿真教材有待改进。这是因为虽然这类课程都通过实物沙盘和/或电子沙盘与企业经营管理业务相结合的玩游戏方式完成体验式学习，但是不够细化的手工沙盘运作表格使得初学者的仿真运营时常错误百出；而班级组队竞赛的课程游戏模式又存在即使仅单个小组运营不顺利也会耽搁整个课程运行进度的问题。这不仅影响初学者理解企业经营管理知识的速度和正确率，而且会进一步影响后续电子沙盘的体验式教学效果，不利于初学者对 ERP 沙盘仿真实践的理解。尤其是在专业实训课时通常只有 32 学时(常在 2 周短学期或正常学期中完成)以及面向其他专业的通识类课程只有 16 学时(常在半个学期中完成)的情况下，不良影响尤其明显。

第二，当前大多数的 ERP 沙盘经营仿真教材偏重于衔接财会知识，部分与 ERP 运作衔接的教材侧重于与 ERP 商业软件的运作衔接。少数教材中与 ERP 生产管理衔接的内容有一点可以再深化，因为其主要介绍 Excel 版本的决策辅助工具的应用而非讲解如何开发该决策工具。事实上，Excel 决策辅助工具开发技能的讲解，不仅对提高各类专业学生理解 ERP 沙盘仿真运营以及企业的创业运营极有帮助，而且对提升学生的信息化管理技能水平至关重要。在部分省级 ERP 沙盘竞赛已要求第一年沙盘运作的两小时内当场制作 Excel 决策辅助工具并完成战略方案模拟和第一年运作经营的情况下，Excel 决策辅助工具开发技能的讲解，对竞赛学生以及创业学生的信息化管理技能培养有决定性作用，故急需弥补现有教材在该方面的短板。

为了弥补现有教材的上述不足，本书力求构建一个适合于仅有少量经管基础或零经管基础的本科学生进行 ERP 沙盘创业运营仿真的内容框架。全书内容分为三篇：

第一篇是导论篇，主要介绍 ERP 沙盘创业运营仿真的特点以及相关课程的要求，尤其是面向仅有少量经营基础或零经管基础的初学者所具备的特点及其相关要求；简要介绍与课程紧密相关的企业资源计划 ERP 原理，阐明 ERP 沙盘创业运营仿真与 ERP 原理之间的关联路径。

第二篇是 ERP 沙盘创业运营仿真实战篇，依次介绍用友手工沙盘仿真运营的现有企业背景、相关运营规则、具体的运营流程示例以及实战分析与技能开发，"商战"电子沙盘仿真运营的创业企业背景、相关运营规则、具体的运营流程示例以及实战分析，"创业之星"运营仿真的创业企业背景、相关运营规则、具体的运营流程示例以及实战分析。

第三篇是 Excel 决策辅助工具制作篇，即在介绍 ERP 原理的 Excel 电子表格工具实现基础上，分别针对"商战"电子沙盘和"创业之星"电子沙盘讲解如何编制 Excel 决策辅助工具，重点讲解 ERP 销售、生产与采购间衔接的 MPS/MRP 逻辑以及物流与资金流的对接逻辑等的 Excel 实现。

本书具有以下四大特点：

第一，面向仅有少量经营基础或零经管基础的各类学生，不仅介绍如何设计出更清晰的手工沙盘运营表格，而且通过二维码等新形态媒介的演示，更好地指导学生的规范运作和准确记录，从而实现企业经营过程演练目标。

第二，本书通过紧密关联且篇幅相配的经营仿真实战篇和 Excel 决策辅助工具制作篇，有机衔接学生对 ERP 沙盘运营仿真的游戏体悟和所需创业企业运作技能(尤其是信息化管理技能)的培养，将创业企业运营原理(尤其是 ERP 原理)更深入地植入学生的创业运营实践能力培养中，深化"做中学"的体验式学习，将其转变为"做中学"和"学中做"并举的高级互动式学习，进而为各级 ERP 沙盘模拟竞赛培养更高素质的兼具信息化管理开发能力的创业运营管理学员。

第三，本书通过适用 ERP 沙盘经营仿真的 Excel 决策辅助工具制作的讲解，在以业务流程衔接的 ERP 沙盘仿真运营和 ERP 商业软件操作之间，搭建了一座培养信息化管理开发能力的桥梁，从而更好地将高校 ERP 学员从应用型人才的培养提升为应用型创新人才的培养，进而为适应信息化时代的高素质创业管理人才培养提供了一个合适的课程教材基础。

第四，本书集成了用友的手工沙盘与"商战"电子沙盘和"创业之星"电子沙盘，并在其中集成了更为规范的运营流程介绍和实战分析与技能开发，不仅适合仅有少量经管基础的经管新生学习，而且适合零经管基础的其他专业学生学习；不仅适合面向经管学生的"企业运营仿真"实践环节，也适合于面向其他专业学生的"创业运营仿真"等通识公共课程。

本书的出版受浙江省普通高校"十三五"新形态教材(浙高教学会〔2019〕1 号)和杭州电子科技大学 2018 年度校级教材建设项目(杭电本教通〔2018〕89 号)立项资助。

本书的编写参考了国内众多 ERP 沙盘运营和 ERP 系统原理等方面的教材，在此谨向各位专家和各类 ERP 沙盘厂商致以衷心的感谢。

限于作者水平，书中不妥之处在所难免，敬请读者批评指正！

刘正刚　李　晓
2019 年 9 月于杭州电子科技大学管理学院

目　　录

第一篇 导 论 篇

介绍 ERP 沙盘创业运营仿真的特点以及相关课程的要求，尤其是针对仅有少量经管基础或零经管基础的初学者的要求，介绍与课程紧密相关的 ERP 系统原理，阐明 ERP 沙盘创业运营仿真与 ERP 系统原理之间的关联。

第一章　ERP 沙盘创业运营仿真课程概述

第一节　ERP 沙盘创业运营仿真概述

一、ERP 沙盘含义及起源

提到"沙盘"，人们自然会联想到战争年代使用的军事沙盘或房地产开发商销售楼盘时的楼房沙盘。它们均清晰模拟了真实的地形地貌，同时又省略了某些细节，从而让作战指挥员或顾客对全局形势有一个直观了解。军事沙盘针对模拟战场上的地形和部队及武器装备的部署情况，通过模拟推演敌我双方在战场上的对抗与较量，发现对方战略战术上的弱点，从而制订有效的作战方案，并在实施作战方案后根据战场反馈继续推演直至结束。

ERP 是企业资源计划(Enterprise Resource Planning)的英文简称。迈进信息经济和信息社会的时代，企业资源已经由过去的企业内部的人、财和物扩展到人、财、物和信息四大部分。企业关注的信息资源必然来自经营业务的联系，涉及上游的供应商和下游的客户以及有资金借贷关系的银行等外部利益相关者，进而这些外部利益相关者成为企业广义资源的一部分。ERP 实质就是：在内、外部资源有限的情况下，如何合理地组织企业经营活动，以便提高经营效率并降低经营成本，最终以竞争力提升获得良好效益。需要特别指出的是，制造企业是指在具有采购和销售等必备活动外还包含将低价值材料转换成高价值产品过程的企业。因为原材料、半成品和产品相关物流的运作及与资金流的衔接非常复杂，制造企业尤其需要 ERP 管理信息系统的支持。

瑞典皇家工学院的 Klas Mellan 在 1978 年开发出可以模拟实践制造企业经营管理决策的 ERP 沙盘，将从原材料购进、生产制造至销售出库的物流及其相应资金流的运作都呈现在沙盘盘面上。因其直观地展示了制造企业运营的核心业务流程并且可展开多个制造企业之间的全方位经营对抗模拟(涉及更全面的战略对抗和产品/市场竞争等)，这种 ERP 沙盘模拟演练迅速风靡全球。国际上许多知名的商学院和众多管理咨询机构都在使用 ERP 沙盘模拟演练工具，对职业经理人、MBA 学员、经济管理类学生等进行培训，以便提高学员在实际经营环境中做出良好决策和高效运作的能力。

20 世纪 80 年代初期，这种 ERP 沙盘模拟课程被引入到我国企业中高层管理者的培训中。21 世纪初，用友和金蝶等 ERP 软件公司率先将 ERP 手工沙盘实验引入中国高校 ERP 教学实验中。此后，国内一些专门的 ERP 教学软件厂商(如贝腾)进一步推出 ERP 电子沙盘。随着 ERP 沙盘模拟演练的推广、相关高校 ERP 沙盘模拟竞赛的推出以及市场竞争的演化，原本为推广 ERP 软件用的 ERP 沙盘从支撑性的产品变为独立盈利产品(如手工沙盘+电子沙盘)。

二、ERP沙盘运营仿真的教学特点

企业经营模拟分为基于过程和基于纯决策两类,前者以手工或者电子形式的ERP沙盘为代表,后者以国际企业管理挑战赛(Global Management Challenge,GMC)和BOSS软件为代表。ERP沙盘侧重于模拟竞争情境中的企业经营过程的演练,核心是对企业经营过程进行合理控制,适合于没有企业实际运营经验的大学生。后一类企业经营模拟软件侧重于在模拟的竞争情境中对诸多决策变量进行深入分析,核心是对经营变量的数学建模,更适合于有企业运营经验的职业经理人、MBA学员或经管专业的高年级学生。虽然ERP电子沙盘似乎已经脱离沙盘实物而仅仅侧重于诸多决策变量的分析与决策,但是在竞赛开始时所有年份的订单情况就已经基本固定。这与GMC和BOSS软件每年订单总量随往年竞争结果而动态演变截然不同。所以,ERP沙盘模拟总体上属于白箱博弈过程,而GMC和BOSS软件模拟总体上属于黑箱博弈过程。它们是决策环境差异明显的两类模拟。

管理大师德鲁克说:"管理是一种实践,其本质不在于知而在于行;其验证不在于逻辑,而在于成果,其唯一权威就是成就。"因此,管理教学中实践也是非常重要的一环。这与管理人才培养涉及的知识结构有关。企业管理者需要掌握两大类知识:一种是可通过语言或文字来传递的言传性知识,即可以用概念、命题、公式、图形等加以陈述的显性知识;一种是难以言传而需通过实践体验才能领悟的意会性知识。传统管理知识的教学手段侧重于提供言传性的显性知识,然而实践性的管理工作亦需管理者掌握意会性知识,比如如何交流沟通在团队中才更有效。刘树良老师通过知识宽度、实践性和管理层次三个维度将人才分成两大类,共八种,参见图1-1。以言传性知识为主的人才对应着理论性一面较强的A点(专—理—低)的低层次专家、B点(专—理—高)的学术专家、C点(宽—理—低)的低层次杂家和D点(宽—理—高)的学术权威,而以意会性知识为主的人才对应着实践性一面较强的E点(专—实—低)的低层次职能人员、F点(专—实—高)的高层次职能经理、G点(宽—实—低)的小企业经理和H点(宽—实—高)的高层次经营管理者。面对仅有少量经管基础或零经管基础的本科经管专业二年级学生和一年级新生以及其他专业的学生,ERP沙盘运营仿真提供了与管理实践易于对接的意会性知识,并为经管专业学生进一步深刻理解已学过的理论知识和后续学习更深层次的专业理论知识打下良好的基础。

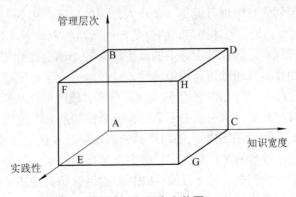

图1-1 知识立方体图

　　ERP 沙盘运营仿真课程的最大特点是采用体验式教学方式，融角色扮演、案例分析及专家诊断为一体；通过让学生扮演企业经营的核心岗位角色，包括拥有最高权限的总经理/首席执行官(Chief Executive Officer, CEO)角色，处理企业经营必须面对的制定战略、发展营销、组织生产和采购、寻求资金并处理会计业务等事务，亲身体验企业经营过程。这种体验式教学不仅让学生逐渐领悟企业核心岗位管理者所应掌握的意会性知识，而且对相应的言传性知识形成直观印象和深刻理解。体验式教学的良好效果和科学原理可以参见图 1-2 所示的有关"平均学习保持率"(即两周后还能记住多少)的"学习金字塔"原理。由图 1-2 可知，ERP 沙盘运营仿真的体验式教学广泛地应用"实际演练/做中学"和"小组讨论"等高效的学习方法，并结合"示范/演示""声音/图片""阅读""听讲"等全面的学习方法，达成更高效的学习效果。

图 1-2　"学习金字塔"原理

三、ERP 沙盘创业运营仿真的教学特点

　　随着"大众创业、万众创新"以及"互联网+"的快速推进，中国迎来一个创业的黄金时代。在大多数情况下，创新意味着一种新的产品或新的服务诞生；相关创业企业后续能否正常运营，对于创业能否成功具有关键作用。有些情况下，创业是创业者模仿现有市场上的产品或服务创建类似的企业并参与市场竞争。这时，虽然产品或服务相关市场方面的不确定性降低了，但新创企业后续能否在激烈的市场竞争情况下正常运营，仍然是创业能否成功的关键。事实上，创业有时是一个充满诱惑的字眼，因为它可能意味着成功、财富、地位和名望；但创业有时也可能是一个让人恐惧的字眼，因为创业也时常遭遇艰辛、落魄、失败，甚至名誉扫地。总体而言，创业是在创新精神驱动下，对创业机会进行识别、开发和运营的活动过程，是创业者主导下的高度综合的不确定性管理活动。

　　事实上，ERP 沙盘运营通过仿真模拟特性，很好地适应了无风险地培养创业者创业运营能力的要求，更适合被称为 ERP 沙盘创业运营仿真。原因可以从两大方面来总结。一方面，在手工沙盘运营对抗中，学生接手一个已有一个低端产品的现成企业去做新产品或新市场开发，这是一种创业；而跟进别人的新产品或新市场开发做产品或市场的模仿与竞争，也是一种创业。在电子沙盘的运营对抗中，学生直接接受股东注资开始新建一个全新企业并进行运营，这也是一种创业。另一方面，ERP 沙盘运营仿真是初学者尝试自己经营理念的"实验田"，也是变革模式的"校验场"，即使运营失败，也不会给个人和相关企业带来任何实质性的伤害。在ERP沙盘运营仿真实践过程中，胜利者自会有诸多的经验和感叹，而失败者则更会在遗憾中体悟和总结。这都是无风险培养创业者创业精神和创业运营能力的好方法。因此，本书取名为ERP沙盘创业运营仿真教程。

第二节　ERP沙盘创业运营仿真课程简介

一、ERP沙盘创业运营仿真课程的组织形式

ERP沙盘创业运营仿真课程作为一门体验式的综合实训课程，有多种组织形式。首先按实验工具/手段来说，该仿真课程可以分为实物沙盘经营和电子沙盘经营两种形式。实物沙盘仿真运营的优点是形象直观，灵活性高，教师把控自由度大，经营气氛好，非常适合初学者。电子沙盘的优点是监控容易(由软件系统自动控制并可通过软件重置进行重做)，并且每一次参与队数较多，既可独立运行，也可结合实物沙盘运行；其缺点是不够形象直观。因此，电子沙盘比较适合于有一些经营体验或手工沙盘运营体验的学生和竞赛者。

实物沙盘的创业运营仿真，若按照控制环节的强弱，又可细分为传统游戏形式和交易控制形式。传统游戏形式是模拟经营过程中的诸多交易环节(包括采购、交货、购买设备、应收款等)都由模拟公司自主进行(即钱币等在学生处任其随用随取)，学生充分自行发挥，带有浓郁的游戏成分；但由于缺少交易过程的有效监控，很多规则无法得到准确的执行。交易控制形式由教师和/或学生助理扮演不同的企业外交易对象(如银行、供应商和客户)，所有的钱币和标牌都由教师和/或学生助理控制着，学生在经营过程中的主要对外交易环节必须与交易对象进行确认后才能执行。教师同时也是交易规则的裁判，根据规则判定交易的执行。在游戏形式教学中，学生往往为了交易成功随意改变规则和流程先后顺序，时常会掩盖多种企业经营的常见错误，进而无法达成在既定规则下完成流程训练的目标，较难起到修炼职业素质的目的，学习效果较差。交易控制形式通常是教学效果较好的一种形式，不仅因为该控制形式与现实经营环境基本一致，而且交易的成败由扮演各种交易方的教师和/或学生助理把控；教师在不牺牲规则严肃性的同时，可以弹性地实施规则，以便顺利完成竞争性的企业运营仿真，非常适合于初次教学。交易控制形式的缺点是组织要求高，监控难度大，一次参与不宜超过六组。在无学生助理的情况下，教师也可以结合两种形式，即主要将精力放在年末报表的纠错过程中，通过指明学生的运营过程中的错误，让其深刻领悟创业企业运营过程中应该注意的事项，为后续第二轮、第三轮的创业企业运营仿真和各级应用ERP沙盘的企业经营仿真竞赛打好基础。

二、ERP沙盘仿真课程中学生的创业运营仿真角色

无论手工沙盘还是电子沙盘，ERP沙盘创业运营仿真课程作为一种体验式的综合实训类课程，明显改变了传统课堂的师生关系。学生需要扮演创业企业中的不同运营角色并完成相应职责，参见表1-1。其中，主要的职业角色除了总经理/CEO之外，还包括财务总监/首席财务官(Chief Financial Officer，CFO)、营销总监/销售总监/首席营销官(Chief Sales Officer，CSO)、运营总监/首席运营官(Chief Operating Officer，COO)、采购总监/首席采购

官(Chief Procurement Officer，CPO)、财务助理/会计(Accountant)。组建团队是 ERP 沙盘创业运营仿真课程的核心组织模式，即在对抗性实训中要将班级学生分为若干团队，团队内的人员技能互补，愿意为了共同目标而承担责任。每组 5～6 人为宜，人数过少，每人承担的工作过多，忙不过来；人数过多，难免会有些学员无事可做，造成"搭便车"情况。根据参与学员的人数，一般分 6～8 组形成相互竞争的环境。各小组需要进行角色分工，教师可为各小组留出一定时间以便自行讨论决定。学员应根据各自特点与偏好选择适合自己的角色。初次岗位分工一般包括总经理(CEO)、财务总监(CFO)、营销总监(CSO)、运营总监(COO)、采购总监(CPO)和财务助理。如果每组人数过少，可以一人身兼多职；如果每组人数过多，可以增设运营助理和商业间谍等角色。老师的角色更多地从课堂的主讲者转变为课堂的引导者和监控者，从创业运营知识的传道者/传业者转变为创业企业经营过程困难/难题的解惑者。

表 1-1　ERP 沙盘创业运营仿真中学生需扮演的运营角色和相应职责

运营角色	主 要 职 责	操 作 职 责	记录表单
总经理(CEO)	综合信息后决定每件事情做还是不做；对企业整体运营负责	组织每年的计划和预算工作；按照运营表步骤监督员工操作	企业运营流程表
财务总监(CFO)	制订财务预算；控制现金流；制定融资策略；进行财务分析；为 CEO 决策提供必要的财务信息	完成现金流预算；支付各项财务费用；支付各项投资；管理贷款的借贷与偿还；管理应收账款(含贴现)和应付账款；编制每年的财务报表	现金预算表；综合费用明细表；利润表；资产负债表
营销总监(CSO)	透彻进行市场分析(含竞争对手情况)；研究市场进入策略；研究产品研发策略；研究广告投入策略；了解产能和产品资源；为 CEO 决策提供必要的市场信息	制订广告计划；参加销售订单的竞争；协助 COO 按照订单组织生产；按照订单组织销售交货；协助 CFO 统计销售额和计算直接成本；协助 CFO 进行应收账款管理	广告投放方案(或广告登记表)；订单登记表；产品核算统计表
运营总监(COO)	预测研发产品的盈亏平衡点；计算生产产能；制订设备和厂房投资计划；控制产品库存，降低资金占用风险；为 CEO 决策提供必要的生产信息	根据销售计划制订全面生产计划；执行生产计划；执行产品研发计划；购置/出售生产线；购置/出售厂房	生产计划
采购总监(CPO)	根据生产计划、产品构成及原料采购的周期，精确编制原料采购计划；控制原料库存，降低资金占用成本	预订原材料；执行原料采购入库；协助 CFO 进行应付账款管理	原料采购方案
财务助理/会计	进行现金流记录；协助 CFO 做好现金流预算和资金管理	记录现金收支；协助 CFO 编制现金预算表	现金流量表

1. 总经理(CEO)

企业在经营过程中需要作出各种决策,这就需要 CEO 能够统领全局,协调各部门之间的关系,充分调动每个成员的积极性。决策的正确与否决定了企业发展的方向,作出有利于企业发展的战略决策是 CEO 的最大职责,同时 CEO 还负责控制企业按流程运行。在实训中,CEO 要特别关注每个人是否能够胜任其岗位(尤其 CFO、CSO、COO 重要岗位)并及时调整,以免影响整个企业的运行及成绩。

2. 财务总监(CFO)

资金是企业的血液,财务部门是企业的心脏。财务总监要参与企业所有重大决策方案的讨论,如设备投资、产品研发、ISO 认证等,支撑所有业务的资金需求,保证现金流。因为公司的每一笔资金都要经过财务部门,所以担任财务总监的成员要非常细心和耐心,对财务的相关知识要有较好的掌握。

3. 营销总监(CSO)

销售部门面向市场最前沿,谁赢得市场,谁就赢得了竞争,市场营销是企业用价值不断来满足顾客需求的过程。担任营销总监的成员必须要有纵观全局、深谋远虑的能力,对市场分析能力要强,了解竞争对手,对顾客需求要有很强的敏感度,能够按订单完成销售。担任营销总监的成员应该性格活泼开朗,公关能力强,最好掌握一定的营销管理学相关知识。

4. 运营总监(COO)

生产部门的任务主要是合理地估计产能、按时完工,为营销总监确定广告费开支和竞争销售订单提供信息支持,而后还需合理安排产品研发、生产线更新,并根据销售订单合理安排生产。担任运营总监的成员必须思路清晰、应变能力强,必须与营销总监和财务总监有良好的沟通。

5. 采购总监(CPO)

采购中心向供应商采购相应材料,及时、准确地按生产部门的要求供料给生产部门,同时尽量保持零库存状态。如果采购出现差错,会直接影响后续生产,而生产的产品数量又影响订单的完成。担任采购总监的成员必须细心并且会精打细算,切记不要造成缺料,尤其是影响订单交货的生产"停工待料"。

三、ERP 沙盘创业运营仿真课程的主要内容

ERP 沙盘创业运营仿真实训课程的主要内容包括:

(1) 深刻体会 ERP 核心理念:体验各部门之间管理信息交流充分或不充分状况下的企业运作;领会各部门协作的 ERP 管理核心理念;学习依靠客观数字进行评测与决策的意识与技能;感悟准确、及时集成的信息对于科学决策的重要作用;训练信息化时代基本管理技能。

(2) 体验创业过程及创业的艰辛:体验创建企业的流程;体验创业企业全方位的运营;体验创业成功的喜悦和创业失败的痛悟。

(3) 全面阐述一个制造型企业的概貌:制造型企业经营涉及的因素;制造企业物流

运作(涵盖生产、采购、销售和库存)的流程与规则；企业财务管理、资金流控制运作的流程与规则；企业面临的市场、竞争对手、未来发展趋势的分析；企业组织结构和岗位职责等。

(4) 了解企业经营的本质：资本、资产、损益相关的流程，企业的资产与负债和权益的结构；企业经营的本质(尤其利润和成本的关系)；影响企业利润的因素(尤其增加企业利润的关键因素和成本控制需要考虑的因素)。

(5) 确定市场及其产品战略、产品需求趋势分析：产品销售价位、销售毛利分析；市场开拓与品牌建设对企业经营的影响；市场投入的效益分析；产品盈亏平衡点预测。

(6) 掌握生产管理与成本控制：采购订单的控制，尤其以销定产、以产定购的管理思想；库存控制方面，资产收益率(Return On Assets，ROA)与减少库存的关系；准时制生产(Just In Time，JIT)的管理思想；生产成本控制，尤其生产线的改造和建设；产销排程管理，根据销售订单拟订生产计划与采购计划。

(7) 全面计划预算管理：企业如何制订财务预算，尤其现金流控制策略；如何制订销售计划和市场投入；如何根据市场分析和销售计划来安排生产计划和采购计划；如何进行高效益的融资管理；深刻理解"预则立，不预则废"的管理思想。

(8) 科学统筹人力资源管理：如何安排各个管理岗位的职能；如何对各个岗位进行行业绩衡量及评估；理解"岗位胜任符合度"的度量思想。

(9) 获得学习点评：培训学员进行实训数据分析；理解优胜企业与失败企业的关键差异。

四、ERP沙盘创业运营仿真课程在管理学科体系中的作用和地位

ERP沙盘创业运营仿真是一门综合性非常强的实训课程，其内容涵盖管理学科的多门主干课程，相关衔接的课程内容参见表1-2，各课程之间的关系参见图1-3。

表1-2　ERP沙盘创业运营仿真涉及的相关课程及其主要相关内容/知识点

相关课程	课程相关内容/知识点
人力资源管理	团队建设、岗位考核、团队合作等
战略管理	企业环境分析、SWOT分析、波士顿矩阵分析、平衡计分卡等
营销管理	市场开拓、广告投放、营销组合、竞争分析、市场机会发现、产品组合、产品生命周期管理等
财务管理	投资策略、融资策略、现金预算、杜邦分析、盈亏平衡分析、全成本核算等
会计	会计核算等
生产管理	产销排程、库存管理、设备管理、质量认证体系等
采购管理	采购管理、库存管理等
ERP	主生产计划、物料需求计划、信息集成等
管理信息系统	系统观、信息化管理等
创业管理	企业创业流程、创业运营管理等

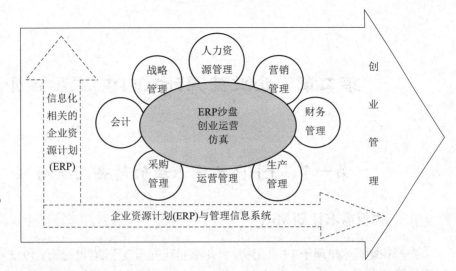

图 1-3　ERP 沙盘创业运营仿真与管理学科相关课程关系图

微课视频

第二章 企业资源计划(ERP)原理简介

第一节 ERP 系统原理的简要发展历程

一、物料需求计划 MRP

生产控制技术出现于 19 世纪初，订单数量研究出现于 20 世纪初。1915 年，F. W. Harris 发明经济订购量(Economic Order Quantity，EOQ)技术。1934 年，R. H. Wilson 发展出再订购点(Re-Order Point，ROP)系统，进而结合 EOQ 推出了存货规划技术；该技术在其后二十多年间被工业界视为金科玉律。再订购点法是依靠库存补充周期内的需求量预测并且保持一定安全库存储备来确定订货点的库存补充方法，参见图 2-1。再订购点计算公式为

$$订货点(再订购点) = 单位时段的需求量 \times 订货提前期 + 安全库存量 \qquad (2\text{-}1)$$

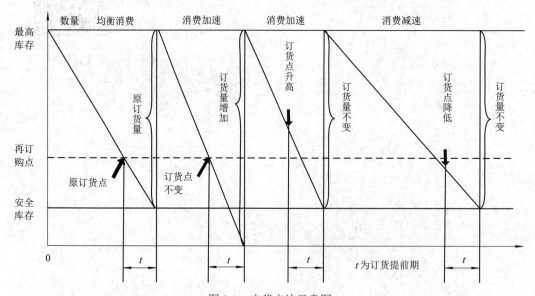

图 2-1 定货点法示意图

由图 2-1 可知：对需求会随时间变化的物料，订货点会随消费速度的快慢而升降或者订购量会随消费速度的快慢而增减，故此法适用于需求稳定情形。另外，该法计算只依据"单位时段的平均需求量"，这使其无法针对未来需求大致时间分布而采取更及时的应对措施。

在存货规划技术之后，许多生产规划与控制的技术(如主生产排程、现场生产排程、

材料表、制令单、领料单等)都相继形成，但因所有单据准备及需求计算全靠手工，流程变得相当不稳定，必须用催料人员解决供料不顺及生产延误问题。随着 1954 年商用计算机发明以及材料表等生产规划与控制中的技术、方法、工具、文件与规则逐步被计算机化，　Bosch 公司在 1959 年首创再生法的物料需求计划(Material Requirements Planning，MRP)系统，J.I.Case 在 1962 年首创净变法的物料需求计划系统。1965 年，Orlicky 博士首次区分独立与相关需求概念，并提出再订购点法适用于独立需求而物料需求计划 MRP 适用于相关需求。70 年代开始，美国生产与库存控制协会(APICS)推动"物料需求计划改革运动"。

　　任何产品都可以按照从原材料到成品的实际加工过程划分层次，建立上、下层物料的从属关系和数量关系，形成产品结构图，见图 2-2。产品结构和物料需求计划的关系正是物料需求计划 MRP 原理的核心。如果把产品结构图中的层次坐标换成时间坐标，用各物料方框间的连线长度表示加工或采购时间/周期，并且以产品的交货日期为起点倒排计划，就可以看出，由于各个物料的加工或采购时间/周期不同(即物料提前期不同)，则物料各自开始的日期或下达计划日期会有先有后，即有优先顺序或者说是优先级不同，参见图 2-3。

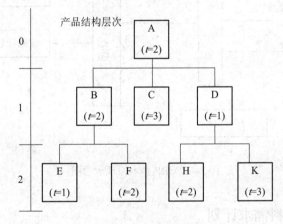

图 2-2　产品结构图

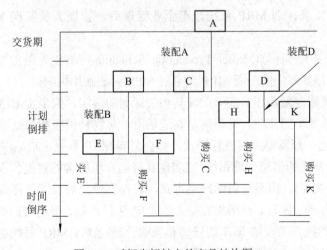

图 2-3　时间坐标轴上的产品结构图

物料需求计划 MRP 是一种既要保证生产又要控制库存的计划方法，它在产品结构基础上运用网络计划法原理，根据主生产计划和产品结构中各层次物料的从属和数量关系，以每个物料为计划对象，以(最迟)完工日期为时间基准倒排计划，按提前期长短区别各个物料(最迟)下达计划时间的先后顺序。物料需求计划 MRP 的基本原理是：在已知独立需求产品的主生产计划条件下(这是需要我们生产的)，根据产品结构、工艺流程等产品信息(我们需要用到的)以及各种库存信息(我们现有拥有的)，由 MRP 进行信息处理加工，生成所有相关需求物料在各时段的加工或采购计划建议，参见图 2-4。

微课视频

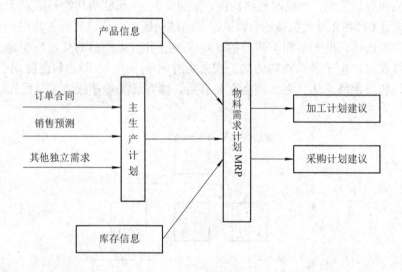

图 2-4　MRP 基本原理示意图

二、闭环式物料需求计划

在应用物料需求计划 MRP 系统改善企业管理后，管理人员发现 MRP 存在以下主要缺陷：

(1) MRP 以主生产计划(Master Production Schedule，MPS)为源头与依据，是建立在 MPS 计划切实可行基础上的，而 MRP 自身对 MPS 无法施加影响。

(2) MRP 系统假定采购环节能够保证其相关计划的落实，但事实上这点很难做到。

(3) MRP 未涉及车间作业，而车间是制造场所，是物料供应和控制的关键对象。

遇到以上问题，都需要人工进行干预，都会影响 MRP 系统正常运作。由图 2-4 可知，MRP 系统是一个开环的信息处理系统，它实现良好运作所隐含的前提假设是所有计划都是可行的(即有能力实现)。由系统科学理论可知，若没有信息的反馈及相应的调整，开环系统是很难稳定运作的。所以，在增加对能力的管理(包括计划、平衡与控制)和对 MRP 生成的各种建议计划的执行与反馈(即车间管理和采购管理)之后，MRP 系统必然发展为结构更完整的闭环式 MRP 系统。其原理示意图参见图 2-5。

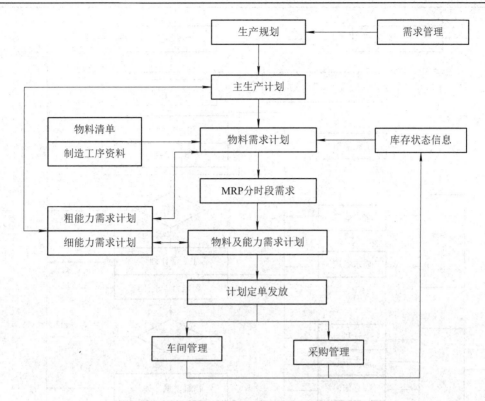

图 2-5　闭环式 MRP 系统基本原理示意图

三、制造资源计划 MRP II

闭环式 MRP 系统形成了一个集计划、执行、反馈为一体的综合系统，能够对生产中的人力、机器和材料各项资源进行计划和控制，使生产管理应变能力得到显著增强。然而，闭环式 MRP 运行过程主要是以物流为主导的过程，虽包含相关的信息流，但未涉及资金流。实际上，物料的转化过程就是资金的运作过程，产品从原材料的投入到成品的产出，无不伴随着资金的流通过程。因闭环式 MRP 系统未能反映上述物流与资金流相伴相生的缺点，从而带来两方面的负面影响：一是难以做好以降低成本为核心的生产过程控制；二是难以做好以提升销售收益为导向的业务运作指挥。企业运营的最终目标是要获取利润，即在控制成本的同时获取收益。闭环式 MRP 没有考虑成本和收益问题，就难以与企业运营最终目标协调一致，难以直接通过闭环式 MRP 运作来直观地为企业的最高利益服务。

1977 年美国著名生产管理专家奥列弗·怀特提出了一个新概念——制造资源计划(Manufacturing Resources Planning)，其简称也是 MRP，为了与物料需求计划的 MRP 相区别，其名称改为 MRP II。MRP II 是对制造业企业资源进行有效计划的一整套方法。它是一个围绕企业的基本经营目标，以生产计划为主线，对企业制造的各种资源进行统一的计划和有效的控制，使企业的物流、信息流、资金流协调并且畅通流动的动态反馈系统。制造资源计划 MRP II 系统的逻辑流程图参见图 2-6。

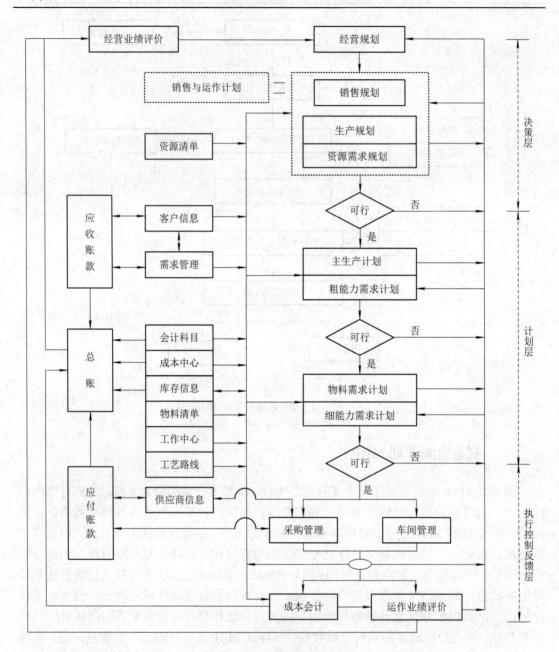

图 2-6　制造资源计划 MRP-II 的基本原理示意图

四、企业资源计划 ERP

作为一种先进管理思想和方法载体的 MRP II 系统，在 20 世纪 80 年代初在加工装配式生产企业中得到了广泛应用，给制造业带来了巨大经济效益。随着 MRP II 系统在加工装配式生产企业中的成功，面向其他类型制造系统的 MRP II 系统也不断被开发出来。在各类 MRP II 系统发展的基础上，企业资源计划(Enterprise Resource Planning,

ERP)概念于 1990 年由美国 Gartner Group 公司在《ERP：下一代 MRP Ⅱ的远景设想》研究报告中被首次提出。报告通过一系列功能标准定义了 ERP 系统，相应的主要特征包括以下四方面：

(1) 超越 MRP Ⅱ范围的集成，如质量管理、实验室管理、流程作业管理、配方管理、产品数据管理、维护管理、管制报告、仓库管理等。

(2) 既可支持离散型制造环境，又可支持流程型制造环境(含重复生产)，具有按照面向对象的业务模型重组业务过程的能力以及在国际范围内应用的能力。

(3) 支持以能动的监控能力提高业务绩效，即在整个企业中采用计划和控制的方法并强化模拟功能和决策支持能力。

(4) 支持开放的客户机/服务器计算环境，比如要求客户机/服务器的体系结构、图形用户界面、计算机辅助软件工程、面向对象技术、关系数据库、第四代语言、电子数据交换等先进信息技术。

从广义上讲，ERP 系统不仅是信息系统，还是管理理论和管理思想的集成者，它利用企业的所有资源以及供应链上的可用资源，借助融合决策、计划、运作、控制与经营业绩评估的全方位、系统化、集成化的管理平台，为企业制造产品或提供服务创造最优的解决方案，最终达到企业的经营目标。典型 ERP 系统的系统功能模块图参见图 2-7。

微课视频

图 2-7　典型 ERP 系统的系统功能模块图

第二节　ERP 沙盘创业运营仿真与 ERP 原理的关联

ERP 沙盘创业运营仿真将企业组织结构和管理的操作全部展示在模拟沙盘上,将复杂抽象且全面丰富的企业经营管理理论以最直观的方式让学生体验和学习;而 ERP 原理也是对企业所有资源进行信息化管理。两者的关联非常紧密。

首先,第一章中的图 1-3 非常清晰地体现了 ERP 原理对 ERP 沙盘创业运营仿真的基础支撑性作用。ERP 沙盘运营仿真相关的生产、采购和销售之间的物流关系,正是物料需求计划 MRP 和主生产计划 MPS 的内容;而 ERP 沙盘集成了企业创业经营的物流和资金流运作,正是物料需求计划 MRP 发展到制造资源计划 MRP II 的拓展;当前 ERP 沙盘的创业运营仿真与创业素质拓展紧密相连,这种人力资源开发思路与 ERP 重视企业内外所有资源(包括人力资源)是一脉相承的。

其次,ERP 沙盘创业运营仿真的全面训练正好对应 ERP 的全面管理。传统教育划分了多个专业方向,学习者只能择其一而修;专业壁垒禁锢了学习者的发展空间和思维方式。ERP 沙盘创业运营仿真将管理学、市场营销学、财务管理学、会计学、财务分析、心理学、计算机技术与应用、会计信息系统、管理信息系统等多门学科的知识结构通过一个小小的沙盘整合成了一个完整的知识体系。它还通过仿真实战的方法将专业知识用于企业经管业务实践,具有鲜明的可操作性、时代性和前沿性,是对企业经营管理的全方位展现。

再次,学生可通过学习 ERP 沙盘创业运营仿真课程,领悟 ERP 原理和相应软件系统的重要性。通过体验式的 ERP 沙盘创业运营仿真,可使学生真切体会到构建企业管理信息系统的紧迫性。企业管理信息系统如同飞行器上的仪表盘,能够时刻跟踪企业的运行状况,在及时为企业管理提供丰富有用信息的基础上,对业务运行过程进行监督和控制。通过 ERP 电子沙盘的信息化体验,学生可以感受企业信息管理系统化的实施关键点,为日后的企业管理信息化做好观念和能力上的铺垫。这种深刻领悟对学生后续学习 ERP 系统原理以及 ERP 实践打下扎实的学习与实训基础。

最后,学生通过 ERP 沙盘创业运营仿真课程,为未来 ERP 系统相关的工作岗位奠定了关键认知。在参加这门实训环节之前,学生对企业运营管理及其信息化的理解是匮乏的,对企业各个管理岗位的工作是概念模糊的,对自身喜欢及适合做什么管理岗位也是难以自知的。在信息化时代,大部分运作规范的企业都应用了 ERP 系统。经管类的学生通过本实训环节的训练,可以明确自己的优点与特长,明白自己适合以及喜欢做哪类管理岗位的工作。这为其后续学习经济管理的各门课程,并进而日后找到相关的 ERP 管理岗位是有明显益处的。

第二篇　ERP 沙盘创业运营仿真实战篇

依次介绍用友手工沙盘仿真运营的现有企业背景、相关运营规则、具体的运营流程示例以及相关实战分析与技能开发讲解，"商战"电子沙盘仿真运营的创业企业背景、相关运营规则、具体的运营流程示例以及相关实战分析的讲解，"创业之星"运营仿真的创业企业背景、相关运营规则、具体的运营流程示例以及相关实战分析讲解。

第三章　用友手工沙盘的创业运营仿真实战

第一节　现有企业概况与规则介绍

一、用友手工沙盘运营仿真的现有企业概况

　　用友手工沙盘的创业运营仿真是从接手一个初创成功企业开始的。这家初创成功企业长期以来专注于某行业 P(Product 简称)产品的生产与经营,目前生产的 P1 产品在本地市场知名度很高,客户也很满意。同时,该企业拥有自己的厂房,生产设备齐备,状态良好。

　　P1 产品目前是市场上的主导产品。最近一家权威机构对 P1 产品发展前景进行了预测(见图 3-1):P 系列产品将会从相对低水平发展为一个高技术产品;其中 P2 是 P1 的局部技术改良产品,P3 和 P4 是 P 系列产品里的高端技术产品。P1 产品由于技术水平低,虽然近几年需求较旺,但未来会逐渐下降;P2 产品是 P1 的技术改进版,虽然技术优势会带来一定增长,但随着新技术出现,需求最终会下降;P3、P4 为全新技术产品,发展潜力很大。

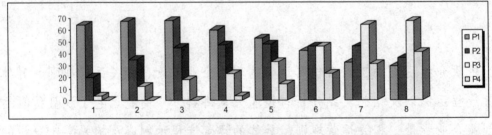

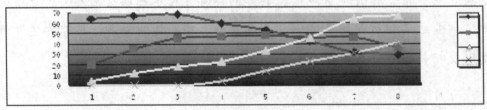

图 3-1　P1 产品的技术发展及其市场需求前景预测

　　旧任管理层在企业发展上比较保守,特别是在市场开发和新产品研发方面,所以企业一直处于小规模经营的状况。在未来的几年内,市场竞争将越来越激烈,如果继续目前的经营模式,很可能会被市场淘汰。因此,公司董事会及全体股东决定将企业交给一批优秀的新人去发展,他们希望新的管理层:① 投资新产品的开发,使公司的市场地位得到进一步提升;② 开发本地市场以外的其他新市场,进一步拓

微课视频

展市场领域；③ 扩大生产规模，采用现代化生产手段，努力提高生产效率。现在，新的管理层将由参加课程的各组学员担任。

1. 实物沙盘简介

实物沙盘教学以一套沙盘教具为载体，主要包括若干张沙盘盘面，代表相互竞争的模拟企业。沙盘盘面按照制造企业的职能部门划分了职能中心，包括营销与规划中心、生产中心、物流中心和财务中心。各职能部门覆盖了企业运营的所有关键环节：战略规划、市场营销、生产组织、采购管理、库存管理、财务管理等，是一个制造企业的缩影，参见图 3-2。实物沙盘的操作过程中，学生使用盘面与道具，教师则使用 Excel 软件工具完成广告费的录入、选单与报表填制等流程。该软件还具备数据统计分析等基础功能，参见图 3-3。

微课视频

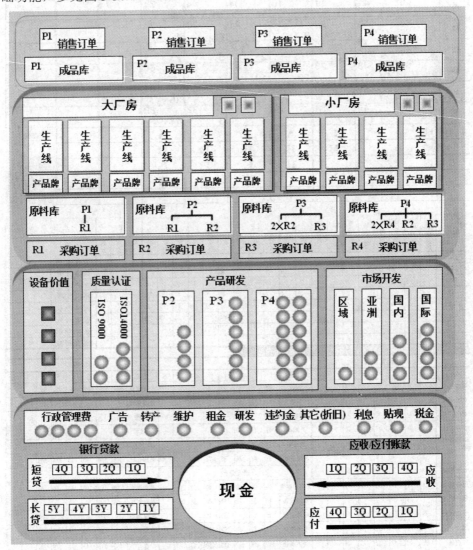

图 3-2　沙盘盘面

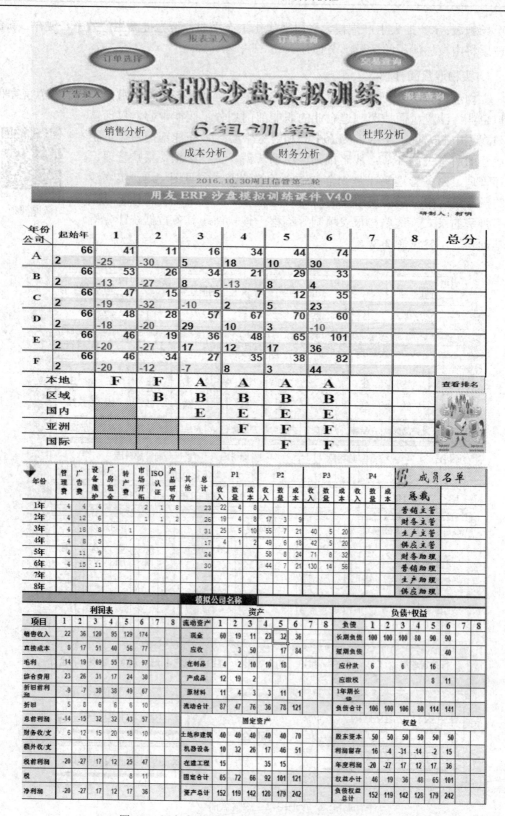

图 3-3　用友实物沙盘运营配套的 Excel 软件工具示例

2. 企业初始运营状态

1) 创业企业初始的生产和物流运营状态

创业企业初始的生产和物流运营状态参见图 3-4 所示的物流相关沙盘盘面。其中，图中上半部分放置了两种生产线的标志牌及其线上所生产产品的标志牌(转产时需要更换标志牌)。

微课视频

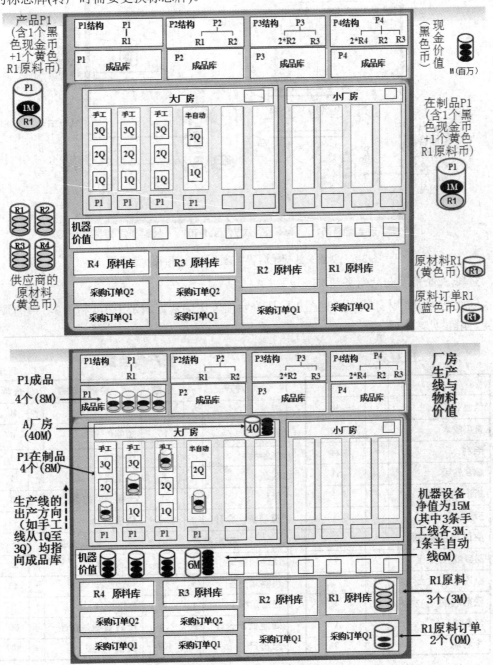

图 3-4 创业企业初始运营状态的物流相关沙盘盘面

2) 创业企业初始的资金流运营状态

创业企业初始资金流运营状态参见图 3-5 所示的资金流相关沙盘盘面。初始盘面讲解参见二维码。

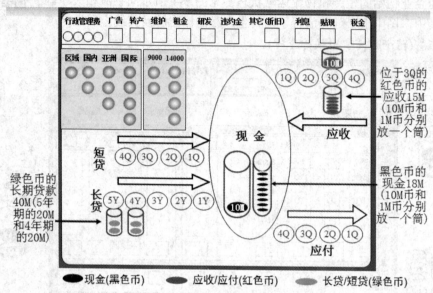

图 3-5　创业企业初始运营状态的资金流相关沙盘盘面

3) 创业企业初始的财务状况

创业企业初始财务状况参见图 3-6,资产负债表中的数据就是图 3-4 和图 3-5 中的数据。财务讲解参见二维码。

损益表
单位: 百万

		金额
销售收入	+	36
直接成本	-	12
毛利	=	24
综合费用	-	11
折旧前利润	=	13
折旧		5
支付利息前利润	=	8
财务收入/支出	+/-	4
额外收入/支出	+/-	
税前利润	=	4
所得税	-	1
净利润	=	3

资产负债表
单位: 百万

资产		金额	负债+权益		金额
现金	+	18	长期负债	+	40
应收款	+	15	短期负债	+	0
在制品	+	8	应付款	+	0
成品	+	8	应交税	+	1
原料	+	3	一年到期的长贷	+	0
流动资产合计	=	52	负债合计	=	41
固定资产			权益		
土地和建筑	+	40	股东资本	+	50
机器和设备	+	15	利润留存	+	13
在建工程	+	0	年度净利	+	3
固定资产合计	=	55	所有者权益合计	=	66
总资产	=	107	负债+权益	=	107

图 3-6　创业企业初始运营状态的资产负债表

二、用友手工沙盘的规则介绍

1. 市场划分与市场准入

企业目前在本地市场经营，新市场包括区域、国内、亚洲、国际市场，见表3-1。不同市场开拓投入的费用及时间不同(即均为每年投入1百万)。注意：开拓期间可以暂停，但只有等市场投入全部完成后的第二年方才可以接单。

微课视频

表3-1 市场划分与市场准入 M：百万

市 场	区 域	国 内	亚 洲	国 际
总开拓费用	1M	2M	3M	4M
总持续时间	1年	2年	3年	4年

2. 销售会议与订单争取

每年初各企业的销售经理与客户见面并召开销售会议，根据市场地位、产品广告投入、市场广告投入和市场需求及竞争态势，按顺序选择订单。一般使用有市场老大的规则：首先，由上年在该市场的订单价值决定市场领导者，并由其最先选择订单。其次，按产品广告投入量的多少，依次选择订单；若在同一产品上有多家企业的广告投入相同，则按该市场上全部产品的广告投入量决定选单顺序；若市场的广告投入量也相同，则按上年订单销售额的排名决定顺序；否则通过招标方式选择订单。年初市场抢单示例(有市场老大的规则)参见图3-7。

微课视频

图3-7 年初市场抢单示例(有市场老大的规则)

注意:

① 各市场产品数量有限,并非打广告一定得到订单。能分析清楚"市场预测"且"商业间谍"得力的专家,一定占优势;

② 1 百万广告费有一次选单权,若要多一次的选单权,再以 2 百万递增,即 3 百万或 5 百万分别对应 2 次或 3 次选单权(如果有单可选)。

3. 厂房购买、租赁与出售

年底决定厂房是购买还是租赁,厂房在每个季度都可随时出售。购买后将购买价放在厂房价值处,厂房不提折旧。租赁厂房每年末支付租金,出售厂房计入应收款。注意:允许买转租,即在厂房计入应收款的同时支付一年租金(无论何时卖厂房),不考虑生产线移线的问题。厂房购买、租赁与出售的规则见表 3-2。

表 3-2　厂房购买、租赁与出售的规则　　　　　　M:百万

厂　房	买　价	租　金	售　价	容　量
大厂房	40M	5M/年	40M(4Q)	6 条生产线
小厂房	30M	3M/年	30M(4Q)	4 条生产线

4. 生产线购买、调整与维护

生产线一般包括手工线、半自动线、自动线和柔性线等,各种生产线的购买价格、折旧、残值、生产周期、转产周期、建造周期详见表 3-3 所示的规则说明。注意:所有生产线都能生产所有产品,但现有生产线生产新产品时可能需要变更。变更费用应提前支付,最后一笔支付到期一个季度后方可更换产品的标识。投资新生产线按安装周期平均支付,全部投资到位后方可领到新的生产线。当年建成不提折旧,净值等于残值后不再折旧,当年使用要交维护费。

微课视频

表 3-3　生产线的规则说明　　　　　　M:百万

名　称	每季投资额	安装周期	生产周期	转产费	转产周期	维护费	残值	折旧费
手工线	5M	无	3 季度/3Q	无	无	1M/年	1M	1M/年
半自动线	10M	2 季度/2Q	2 季度/2Q	1M	1 季度/1Q	1M/年	2M	2M/年
自动线	15M	3 季度/3Q	1 季度/1Q	2M	1 季度/1Q	2M/年	3M	3M/年
柔性线	20M	4 季度/4Q	1 季度/1Q	无	无	2M/年	4M	4M/年

5. 产品生产

产品生产的加工费规则见表 3-4。注意:① 空的生产线才能上线生产,一条生产线只能生产一个产品;② 上线生产必须有原料,否则必须"停工待料"。

表 3-4　产品生产的加工费规则　　　　　　M:百万

产　品	手工线加工费	半自动加工费	全自动/柔性线加工费
P1	1M	1M	1M
P2	1M	1M	1M
P3	1M	1M	1M
P4	2M	2M	1M

6. 原材料采购

原材料采购的折扣规则见表 3-5。根据上季度或上上季度所下采购订单(用蓝色原料币表示原材料订货)接受相应原料入库，并按规定付款现金或计入应付款。注意：盘面显示 R1 和 R2 必须提前一个季度订购；R3 和 R4 必须提前两个季度订购。

表 3-5　原材料采购的折扣规则　　　　　　　M：百万

原料采购(每个原材料 R 价格均为 1 M)		赊　购　账　期
每次采购某个品种的原材料	5 个以下	现金
	6～10 个	1 季度/1Q
	11～15 个	2 季度/2Q
	16～20 个	3 季度/3Q
	20 个以上	4 季度/4Q

7. 产品研发

新产品研发投资按季度平均支付或延期，产品研发的相应投资完成后才能取得该产品的资格证书，有资格证书后方可接单生产。产品研发投资的规则见表 3-6。

微课视频

表 3-6　产品研发投资时间和金额　　　　　　　M：百万

产　品	P2	P3	P4
研发时间	4 季度/4Q	6 季度/6Q	6 季度/6Q
研发投资	4M	6M	12M

8. 市场开发

市场开发投资按年度支付，参见表 3-7。允许同时开发多个市场，但每个市场每年最多投资为 1M，不允许多投，但允许中断。开发投资完成后才允许下一年进入该市场竞单。相应投资计入当年综合管理费。注意：市场开拓完毕之后才能进行"竞单"。

表 3-7　市场开发规则　　　　　　　M：百万

市　场	区　域	国　内	亚　洲	国　际
完成时间	≥1 年	≥2 年	≥3 年	≥4 年
所需投资	1M/年	1M/年	1M/年	1M/年

9. ISO 质量认证

ISO 质量认证规则参见表 3-8。两项认证投资可同时进行或延期，相应投资完成后才能取得资格证书。相应投资计入当年综合管理费。注意：ISO 证书拿到之后才能广告"宣传"。

表 3-8　ISO 质量体系开发规则　　　　　　　　　　M：百万

质　量　体　系	ISO9000	ISO14000
完成时间	≥2 年	≥3 年
所需投资	1M/年	1M/年

10. 融资贷款与资金贴现

长期贷款最长期限为 5 年，短期贷款期限为 1 年。长期贷款每年需还利息，短期贷款到期时还本付息。资金贴现在有应收款时随时可以进行。融资贷款和资金贴现的规则见表 3-9。贷款只能是 10M(一千万)的倍数，短期贷款只能是 20M(两千万)的倍数。因为最小的货币单位为 1M(1 百万)，而短期贷款的利息为 5%，需要两千万的短贷才能形成 1 百万的利息。

表 3-9　融资贷款和资金贴现的规则

贷款类型	贷款时间	贷 款 额 度	年　息	还款方式
长期贷款	每年年末	上年权益 2 倍－已贷额度	10%	年底付息，到期还本
短期贷款	每季度初		5%	到期一次还本、付息
资金贴现	任何时间/随时	应收款中取 7 整数倍的应收款	应收款的 1/7	变现时贴息

第二节　手工沙盘创业运营仿真流程的讲解与示例

一、首席执行官 CEO 手工沙盘的运营仿真流程示例

国内绝大部分手工沙盘的 ERP 沙盘教材都有 CEO 运营流程表格，有些还对最初的表格进行了细化，但大部分的细化聚焦于生产和采购环节，未聚焦最关键的 CEO 流程。从而对于初学者来说，指挥全局的 CEO 运营仿真表格和各个部门的衔接与核对通常容易出错，显著地影响了 ERP 沙盘的创业运营仿真实训效果。表 3-10 是特意针对 CEO 的运营进行细化后的表格，以便与各个管理部门的运营进行良好的衔接。

在表 3-10 中，各项业务都得到了细化，有利于 CEO 初学者正确运作并记录。在该表中，大部分相关数字的记录从表格文字中可以很好得到理解，这里仅做简要讲解，并附上相应现金流量表(参见表 3-11)作为对照。首先，对于"原料入库/更新 2 季原料订单"需特别说明一下：若两个季度 2Q 提前期的 R3 原料在某个季度既有 1 季度的入库(假设数量为 2)，又有 2 季度更新至 1 季度(假设数量为 3)，则在表格中仅记录" _2_ R3√"，这表示 2 个 R3 原料入库了并且还有 R3 原料从 2Q 更新至 1Q 的业务。注意：这笔 3 个 R3 的更新业务并没有记录其数量，因为这个数量在下次进入原料库时再记录即可，这样可以与当前进入原料库的 2 个 R3 区别清楚。对于同样有两个季度 2Q 提前期的 R4 原料，记录方法相同。其次，更新应收款/应付款的业务，必然将 4Q 的更新至 3Q，所以相关表格中记录方法为" __0Q__1Q__2Q__3Q"。此例中，第 1 季度交货 2 个 P2 形成 2 个季度的应收 11M，在第 2 季度与原更新一次到达第 2 季度的 15M 应收合并，故第 2 季度更新应收后将 26M 记录在 1Q 上。事实上，该 2 个 P1 可以年初交货，这样 11M 应收可

以提早一个季度进入现金区。

表 3-10 第 1 年企业运营流程表(CEO 严格按顺序执行任务清单并指挥队员进行相应操作)

项目					
订计划/参会/登记销售订单		2 P1 _P2 _P3 _P4			
年初(即 0 季)按订单交货		_P1 _P2 _P3 _P4			
支付广告费		3			
支付上年应付税金		1			
贴现(随时记"+7/-1"倍数)					
季初盘点	原料库存	3 R1 _R2 _R3 _R4	4 R1 _R2 _R3 _R4	3 R1 _R2 _R3 _R4	3 R1 _R2 _R3 _R4
	成品库存	4 P1 _P2 _P3 _P4	3 P1 _P2 _P3 _P4	_P1 _P2 _P3 _P4	_P1 _P2 _P3 _P4
	在制品	4 P1 _P2 _P3 _P4	4 P1 _P2 _P3 _P4	_P1 _P2 _P3 _P4	_P1 _P2 _P3 _P4
	现金余额	14	8	0	38
短期贷款	更新(各季度新数量)	_0Q _1Q _2Q _3Q	0Q _1Q _2Q _3Q	_0Q _1Q _2Q _3Q	_0Q _1Q _2Q _3Q
	还本付息(息放盘面)				
	申请新短贷			20	
更新应付款(各季度新数量)		_0Q _1Q _2Q _3Q	0Q _1Q _2Q _3Q	_0Q _1Q _2Q _3Q	_0Q _1Q _2Q _3Q
现金付应付款(即还 0Q 应付)					8
原料入库/更新 2 季原料订单		2 R1 _R2 _R3 _R4	_R1 _R2 _R3✓ _R4	_R1 _R2 8 R3✓ _R4	_R1 _R2 6 R3 _R4
下新的原料订单		_R1 _R2 8 R3 _R4	_R1 _R2 6 R3 _R4	_R1 _R2 _R3 _R4	4 R1 _R2 _R3 _R4
更新生产线(各线共几条)		3 手 1 半 _自 _柔	3 手 1 半 _自 _柔	2 手 1 半 _自 _柔	1 手 1 半 _自 _柔
完工入库(各产品入库数量)		1 P1 _P2 _P3 _P4	2 P1 _P2 _P3 _P4	1 P1 _P2 _P3 _P4	2 P1 _P2 _P3 _P4
变卖生产线(各线共几条)		_手 _半 _自 _柔	_手 _半 _自 _柔	_手 _半 _自 _柔	_手 _半 _自 _柔
生产线转产(转至哪个产品)		_半(P_) _自(P_)	_半(P_) _自(P_)	_半(P_) _自(P_)	1 半(P2) _自(P_)
投资新生产线(各线共几条)		_手 _半 _自 _柔	_手 _半 1 自 _柔	_手 _半 1 自 _柔	_手 _半 1 自 _柔
开始下一批生产(上线总数)		1 P1 _P2 _P3 _P4	1 P1 _P2 _P3 _P4	_P1 _P2 _P3 _P4	_P1 _P2 _P3 _P4
更新应收款(各季度新数量)		_0Q _1Q 15 2Q _3Q	0Q 26 1Q _2Q _3Q	26 0Q _1Q _2Q _3Q	_0Q _1Q _2Q _3Q
出售厂房		(大)或(小)厂房	(大)或(小)厂房	(大)或(小)厂房	(大)或(小)厂房
按订单交货		2 P1 _P2 _P3 _P4	_P1 _P2 _P3 _P4	_P1 _P2 _P3 _P4	_P1 _P2 _P3 _P4
交货所致应收款(无涉现金)		1Q 11 2Q _3Q _4Q	_1Q _2Q _3Q _4Q	_1Q _2Q _3Q _4Q	_1Q _2Q _3Q _4Q
产品研发投资		1 P2 1 P3 _P4	1 P2 _P3 _P4	1 P2 1 P3 _P4	1 P2 1 P3 _P4
支付行政管理费		1	1	1	1

续表

长期贷款	更新/还本(进现金区)				__1Y__2Y 20 3Y 20 4Y
	支付利息(息放盘面)				4
	申请新长期贷款				40
支付设备维护费					4
支付租金/购买厂房(勾选)					大厂房和/或小厂房
计提折旧(从设备价值中提)					(　5　)
新市场开拓					1 区 1 国__亚__际
ISO 资格认证投资					__ISO9K__ISO14K
现金收入合计		0		46	40
现金支出合计		10	8	8	27
期末现金对账(填余额)		8	0	38	51

微课视频

表 3-11　第 1 年现金流量表(会计记录)

	第 1 季度	第 2 季度	第 3 季度	第 4 季度
期初库存现金	18	8	0	38
收取零账期订单交货所得的现金				
支付市场广告费	−3			
支付上年应交税	−1			
贴现(随时进行)得到现金(正号)并且据此支付贴现利息(负号)				
支付到期短期贷款本金(负号)				
支付到期短期贷款利息(负号)				
申请获得新短期贷款(正号)			+20	
支付到期应付款(原赊购原料所致)				−8
支付原料采购费(不涉及应付款的)	−2			
变卖生产线收回设备残值(正号)				
支付转产费用				−1

续表

	第1季度	第2季度	第3季度	第4季度
支付生产线投资		−5	−5	−5
支付工人工资(新品上线生产所致)	−1	−1		
应收款到期(即进入现金区数量)			+26	
支付产品研发投资	−2	−1	−2	−2
支付管理费用	−1	−1	−1	−1
支付长期贷款利息(负号)				−4
支付到期长期贷款本金(负号)				
申请新长期贷款(正号)				+40
支付设备维护费用				−4
支付厂房租金				
支付新厂房购置				
支付市场开拓投资				−2
支付ISO认证投资				
现金收入合计			+46	+40
现金支出合计	−10	−8	−8	−27
库存现金余额	8	0	38	51

二、运营总监COO手工沙盘的运营仿真流程示例

表3-12是生产总监的手工沙盘运营仿真流程示例。这里把转产单独列为一行。

表3-12 生产计划示例：第1年至第2年(运营总监填写，记录运作更新后的状态)

		第1年				第2年			
		1季度	2季度	3季度	4季度	1季度	2季度	3季度	4季度
线号：1 类型： 手工线	产品下/上线	P1下/上	P1(2)	P1(3)	P1下	P2上	P2(2)	P2(3)	P2下/P3上
	转产								
	原料配齐	R1				R1，R2			2R2，R3
线号：2 类型： 手工线	产品下/上线	P1(3)	P1下			P2上	P2(2)	P2(3)	P2下/上
	转产								
	原料配齐					R1，R2			R1，R2
线号：3 类型： 手工线	产品下/上线	P1(2)	P1(3)	P1下		P2上	P2(2)	P2(3)	P2下/上
	转产								
	原料配齐					R1，R2			R1，R2

续表

		第 1 年				第 2 年			
		1 季度	2 季度	3 季度	4 季度	1 季度	2 季度	3 季度	4 季度
线号：4 类型： 半自动	产品下/上线	P1(2)	P1 下/上	P1(2)	P1 下	P2 上	P2(2)	P2 下/上	P2(2)
	转产				转 P2				
	原料配齐		R1			R1, R2		R1, R2	
线号：5 类型： 自动线	产品下/上线					P2 上	P2 下/上	P2 下/上	P2 下/上
	转产								
	原料配齐					R1, R2	R1, R2	R1, R2	R1, R2

三、采购总监 CPO 手工沙盘的运营仿真流程示例

表 3-13 是采购总监的手工沙盘运营仿真流程示例。这里区分现金支付和应付金额，并要求备注出应付金额属于第几季度。这样采购相关应付款和现金对账更为清晰、便利。

表 3-13　原料采购方案：第 1 年(采购总监填写，应付金额仅指放盘面应付区的金额)

第 1 年	第 1 季度				第 2 季度				第 3 季度				第 4 季度			
原材料	R1	R2	R3	R4	R1	R2	R3	R4	R1	R2	R3	R4	R1	R2	R3	R4
入库数量	2				11	4					8	2				
现金支付	2					4						2	11		8	
应付金额					11(2Q)				11(1Q)		8(1Q)					
新订数量	11	4	8	2												

四、现金流运作正误对比示例

由图 3-8 所示的 A 组第 1 年现金流量表可知：原本第 3 季度初始的现金仅为 1M，根本无法支付两条自动线的本季度第二次建设需投资数量 10M；该组错误地将本季度后面即将入账的应收款 15M 提前入账，用以支付本季的 10M 生产线建设。类似的，第 4 季度该组错误地将年末新增的长期贷款用来支付本季度两条自动线的第三次建设的需投资数量 10M。为了更正这种将应收款提前进账的错误，这里只能将公司第 2 季度交货得到的 35M 应收款在第 3 季度初就贴现，现金 35M 先进现金区后再支付 5M 至盘面"贴现"利息费用处。图 3-9 所示的 C 组第 1 年现金流量表没有上述这样错误，但同样完成了两条自动线的建设任务。

微课视频

现金流量表(请会计记录)

	第1季度	第2季度	第3季度	第4季度
期初库存现金	18	16	1	33
收取零账期订单交货所得的现金				
支付市场广告费	16			
支付上年应交税	1			
贴现（随时进行）得到现金（正号）并且据此支付贴现利息（负号）			+35 −5 (补充)	
支付到期短期贷款本金（负号）				
支付到期短期贷款利息（负号）				
申请获得新短期贷款（正号）	+20			
支付到期应付款(原赊购原料所致)				
支付原料采购费(不涉及应付款的)	2	1		
变卖生产线收回设备残值（正号）				
支付转产费用				
支付生产线投资		10	10	10
支付工人工资(新品上线生产所致)	1	2	1	2
应收款到期（即进入现金区数量）			+15	+1
支付产品研发投资	1	1	1	1
支付管理费用	1	1	1	1
支付长期贷款利息（负号）				4
支付到期长期贷款本金（负号）				
申请新长期贷款（正号）				+60
支付设备维护费用				4
支付厂房租金				
支付新厂房购置				
支付市场开拓投资				4
支付ISO认证投资				
现金收入合计	20	0	50	61
现金支出合计	22	15	18	26
库存现金余额	16	1	33	68

此处应现金流已断，因为1<10。千万注意不能用后面的15M到账的应收款去支付之前发生的各项目费用!!

图3-8　A组第1年现金流量表(含两条自动线建设方面的现金断流错误)

现金流量表(请会计记录)

	第 1 季度	第 2 季度	第 3 季度	第 4 季度
期初库存现金	18	10	15	16
收取零账期订单交货所得的现金				
支付市场广告费	-1			
支付上年应交税	-1			
贴现(随时进行)得到现金(正号)并且据此支付贴现利息(负号)				
支付到期短期贷款本金(负号)				
支付到期短期贷款利息(负号)				
申请获得新短期贷款(正号)		+20		
支付到期应付款(原赊购原料所致)				
支付原料采购费(不涉及应付款的)	-2			-1
变卖生产线收回设备残值(正号)				
支付转产费用				
支付生产线投资		-5 -5	-5 -5	-5 -5
支付工人工资(新品上线生产所致)	-1	-1 -1	-1	-1 -1
应收款到期(即进入现金区数量)			+15	+6
支付产品研发投资	$-1(P_1)$	$-1(P_2)$	$-1(P_1)$ $-1(P_2)$	-1 $-1(P_1P_2)$
支付管理费用	-1	-1	-1	-1
支付长期贷款利息(负号)				-4
支付到期长期贷款本金(负号)				
申请新长期贷款(正号)				+70
支付设备维护费用				-4
支付厂房租金				
支付新厂房购置				
支付市场开拓投资				-1 -1
支付 ISO 认证投资				-1
现金收入合计		+20	+15	
现金支出合计	-8	-15	-14	
库存现金余额	10	15	16	65

图 3-9　C 组第 1 年现金流量表(无现金断流错误,但依然完成两条自动线建设)

第三节　手工沙盘创业运营仿真的实战分析与技能开发

在 ERP 沙盘模拟课程起始阶段,所有的模拟企业都具有相同的背景,拥有相同的资源,并追求共同的目标——股东财富最大化。然而,经过若干期经营之后,结果却是千差万别。究其原因，能够发现很多规律性的现象和内在联系。这里，作者结合自己教学体会并借鉴多位老师的实战分析，总结相应技能并汇总在此，希望有助于学习者更快提高创业运营能力。

一、手工沙盘创业运营仿真的实战分析

1. 产品/市场分析

目前普遍存在的现象是，有的小组经营很差，但仍然会按照原来的思路操作，应该进入的产品市场没有及时进入，应该放弃的产品还在勉强经营。究其原因，是没有很好地理解"产品定位"的概念，使用波士顿矩阵分析(参见图 3-10)可以帮助我们解决这个问题。

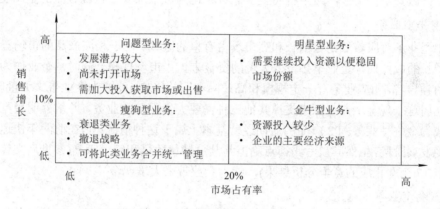

图 3-10　波士顿矩阵

美国著名管理学家、波士顿咨询公司创始人布鲁斯·亨德森 1970 年首创波士顿矩阵，他认为决定产品结构的基本因素有两个：市场引力与企业实力。市场引力包括企业销售量(额)增长率、竞争对手强弱及利润高低等，其中最主要的是"销售增长率"这个反映市场引力的综合指标，它是决定企业产品结构是否合理的外在因素。企业实力包括市场占有率、技术、设备、资金利用能力等，其中市场占有率是决定企业产品结构的内在要素，它直接显示出企业竞争实力。销售增长率与市场占有率既相互影响，又互为条件；两因素之间的相互作用会出现四种不同性质的产品类型，形成不同的产品发展前景。

1) 问题型业务

问题型业务对应着高销售增长和低市场占有率的区域。处在该领域中的是一些有较大风险的产品，这些产品可能销售增长快且利润较高，但目前本公司的市场份额小。问题型业务常对应一个公司的新产品。为发展该问题业务，公司必须建立工厂，增加设备，以便跟上迅速发展的市场并努力超过竞争对手。这些意味着大量的资金投入。因为"问题"非常贴切地描述了公司对待这类业务的应有态度，所以必须慎重回答"是否继续投资以发展该业务"这个问题。只有那些符合企业长期发展目标、企业具有一定的资源优势并能增强企业核心竞争力的业务才能得到肯定的答案。在六年沙盘经营中，P3 和 P4 产品对应属于这种情况(注意：P4 产品的利润可能还不算高)，此时面临的问题是需要考虑竞争对手数量的情况，以及自己是否有足够的资金进行 P3/P4 产品的研发及生产线建设的投入。

2) 明星型业务

明星型业务对应着高销售增长和高市场占有率的区域。这个领域中的产品处于快速增长的市场中，并且公司在市场中占有支配性地位，但目前该产品未必会产生正的现金流量。能否产生正的现金流量取决于新厂房、设备和产品研发等对投资的需要量。明星型业务常由问题型业务继续投资发展而来的，可视为高速成长市场中的领导者，它可成为公司未来的金牛型业务。因为市场还在高速成长，企业需继续投资以保持与市场同步增长，并击退竞争对手。企业若没有明星业务容易失去希望。企业在经营 P3 产品时，基本上属于这种情况。由于市场增长快而前景诱人，P3 产品通常竞争激烈。而 P3 产品的盈亏平衡点相对较高(参见后文计算的盈亏平衡点 16.5 个和相应的竞争分析结果)，需要做好 P3 投资工作及后续产品运作，首先使其从可能市场占有率低的问题型业务转变为市场占有率高的明星型业务，再做好坚持工作，力争将明星型业务转化为可带来大量正现金流的金牛型产品。

3) 金牛型业务

金牛型业务对应着低销售增长和高市场占有率的区域。由于相应产品的市场已经进入低销售增长的成熟期，企业不必投入大量的资金来扩张市场规模。同时，企业作为市场中该产品的领导者，相应业务有一定规模和高边际利润的优势，能够为企业带来大量现金流；企业往往用这一现金主要来源来支撑其他三种需要大量现金的业务，并培养明星型或问题型业务成为金牛型业务。P2 产品的后期经营基本上属于这种情况：它在前两年快速增长后处于平稳发展阶段，虽然其盈亏平衡点高但是其总销售数量和销售额高(参见后文计算的盈亏平衡点 17 个和相应的竞争分析结果)，能为企业带来大量现金。

4) 瘦狗型业务

瘦狗型业务对应着低销售增长和低市场占有率的区域。这个领域中的产品既不能产生大量的销售现金收入，也不需要投入大量的运作现金，而且相关的业务通常是微利甚至是亏损的，少有希望改进其绩效。瘦狗型业务存在的原因更多是由于感情上的因素，虽然一直微利甚至亏本经营，但像人养了多年的狗一样恋恋不舍、不忍放弃。其实，瘦狗型业务通常还是要占用一些资源，比如资金、厂房，生产线等，大多情况下是得不偿失的。所以，瘦狗型业务适合于采用收缩战略，其目的在于出售库存产品，以便把资源转移到更有利的领域。经营 P1 产品时多数情况下属于这种业务，因为它在后几年逐渐进入衰退期，订单数量和价格均不理想，此时再投入大量广告得不偿失，故其经营策略应以销售库存为主。当然，若因竞争原因导致有时销售订单不足时，也可以尽量不让生产线闲置而继续生产 P1 产品，特别是后两年国际市场上 P1 产品单价高进而利润很高时。

2. 战略分析

迈克尔·波特教授在 1980 年的《竞争战略》书中指出：企业竞争优势来源或者说不同企业业绩差异的成因可以分为行业结构与企业定位两方面，前者说明跨行业的业绩差异而后者说明行业内企业的业绩差异；而且成本领先/低成本、差异化和业务聚焦/集中化是三种通行战略，其中的差异化涉及产品/服务的差异化及形象差异化等，集中化主攻某个特殊的顾客群、某产品线的一个细分区段或某一地区市场。该研究是对波士顿矩阵在战略管理方面所做的深化。波特 2004 年在《什么是战略》一文中进一步强调，战略就是创造一种独特、有利的定位且实质就是选择与竞争对手不同的运营活动，并阐述对战略的三个层次理解。第一层次仍是定位且该定位有三种并非相互排斥而常有重叠的原点：① 基于种类的定位，基于产品或服务种类的选择而不是基于客户细分市场进行战略定位；② 基于需求的定位，满足某一特定客户群的大部分或所有的需求，类似于传统的目标客户定位观念；③ 基于接触途径的定位，该途径会因客户地理位置或客户规模的变化而变化。此外，在成本领先、差异化和业务聚焦三种通行战略定位基础上，可形成有主次或交叉的复合型战略(如以低成本为基础的业务聚焦战略)，而其中各战略之间有时也有矛盾。定位的三个重要基础(即种类、需求和接触途径)可细化企业对三种通用战略的理解，如宜家家居和西南航空公司虽然都实行以低成本为基础的业务聚焦战略，但前者的聚焦战略是基于某特定顾客群体的需求，后者的聚焦战略则是为了要提供某特定的服务类别。第二层次的理解是持久的战略定位需做取舍(Trade-offs)，即战略就是在竞争中做出取舍(其实质是选择不做哪些事情)，尤其在复合型战略的各活动之间存在矛盾时。第三层次的理解是配称(Fit)可以增强竞争优势和可持续性，即基于企业各项运营活动建立一个环环相扣、紧密连接的链，通过形成有机的协调/匹配的整体而将模仿竞争者拒之门外。战略配称可分为三类：第一层面的配称是保持各运营活动或各职能部门与总体战略之间的简单一致性；第二层面的配称是各项活动之间的相互加强；第三层面的配称已经超越了各项活动之间的相互加强，形成了整体的配称，无疑最大竞争优势就来自整体系统的配称，一种竞争对手难以模仿的战略配称。

战略配称是创造竞争优势最核心的因素，具体到 ERP 沙盘仿真模拟中，战略配称就是要求市场开拓、产品研发、生产线建设以及材料采购等环节要形成良好的配称。比如，产品研发与生产线建设最好是同期完成，原料入库与上线生产能够协调一致，产能扩张与市场开拓保持同步，投资需求与资金供给有效匹配等。然而，在 ERP 沙盘仿真模拟尤其第一轮的仿真实训中，产、供、销脱节现象比比皆是，这是大部分模拟小组经营惨淡的根本原因。例如，有的小组开拓了广阔的市场，本应顺理成章地接到很多订单，却发现产能不足，即使生产线全力以赴也无法满足所获订单要求。有的小组花费大量资金购置了自动线或柔性线，产能很高，但产品单一、市场狭小，导致产品积压和生产线闲置。有的小组营销和生产都安排妥当，只等正常生产和交货即可有光明的前景，然而库存原料又不够了，只能停工待料或者紧急采购，打乱了事先的部署。凡此种种，不一而足。

鉴于战略一词发源自军事领域，中国漫长军事历史中的战略研究对于 ERP 沙盘形式的创业运营仿真亦有非常重要的作用。战略一词中"战"指战争，"略"指谋略；战略则是站在整个组织生存和发展的高度，分析组织内外部环境，对所有组织资源进行整合调配，通过决定组织整体利益和经营大方向的谋略，制定组织生存发展的总目标和总方向。根据不同的组织环境，组织战略一般又可分为进攻型、稳定型和防守型三大类。商务印书馆的《现代汉语词典》中定义"战略"这一名词是"指导战争全局的计划和策略"以及"泛指决定全局的策略"；并分别定义名词性质的"策略"是"根据形势发展而制定的行动方针和斗争方式"，而形容词性质的策略是"讲究斗争艺术；注意方式方法"。因此，人们一般区别战略是组织的一个总目标和总方向，而策略对应总目标下许多分目标和阶段目标的方案集合，波特教授的许多产品/服务运作层次的竞争战略实质也可归入策略层级。此时，(阶段性)策略之间通过战略配称达成总战略目标，成为沙盘竞争的关键。以下结合波特的战略(交叉)分类和中国的战略思维，介绍几种 ERP 沙盘实战中常用的战略/策略。

(1) 专营战略/策略。专营战略是指以一种产品或一个市场为主进行生产，减少其他产品或其他市场的开发费用及其他开销。比如，对于一个产品在全部市场进行销售，或者在一个市场销售所有产品。因此，该战略属于业务聚焦/集中化的通行战略，即一种稳定型或防守型战略。该战略的优点是可以集中全力于一点，但缺点是竞争面狭窄，或窄于产品或窄于市场。前者没有更充分考虑产品的生命周期变化和各市场中产品需求结构变化等因素，不易取得市场领导者地位。后者没有更充分考虑各个市场之间衔接的持续发展，虽然容易取得某市场的领导者地位，但全产品系列运作对生产物流与资金流协同运作水平的要求高。

(2) 兼营战略/策略。与专营战略/策略相反，兼营战略一般都选取两种或三种产品并搭配三个或两个市场作为竞争主战场。虽然这样的兼营运作会增加产品和市场的开发费用及其他运作费用的开支，但是多产品和多市场的灵活搭配使企业运作的应变能力得到显著增强。相对于属于业务聚焦/集中化的专营战略/策略，兼营战略/策略实质是注重实现战略配称进而强化可持续性的一种高层次战略，即一种进攻型或稳定型战略。

(3) 力压群雄的霸王战略。在一开始即以高广告投入夺取本地市场的老大，随后就大举贷款，一方面用所筹到的大量资金用于扩大产能，保证产能第一；另一方面加快产品开发节奏，实现由 P1 向 P2、P3 等主流产品的更快过渡，并加快市场开发，实现向区域、国内、亚洲和国际市场中某几个市场的更快扩张。此外，始终保持主流产品和综合销售额第一，尤其注意后期也用高广告投入策略，争取本地市场外主导产品最高价所在市场的老大地位，从而以两个甚至三个市场的老大地位促使权益一直保持最高，令对手望尘莫及，进而赢得比赛。从通用战略来看，这种战略可以归属于注意形象差异的差异化战略。从定位来看，这种注重保持住两、三个市场老大地位的战略属于基于需求的定位战略。当然，这种战略实践着兼营战略，其成功在于市场、产品、产能、贷款等多方面的配称，同样是实现战略配称以强化可持续性的高层次战略，同时也是一种典型的进攻型战略。霸王战略运作关键有两点：一是资本运作，有效使用长短期融资手段，使自己有充足的资金用于扩大产能和维持高额的广告费用，并能抵御强大的还款压力，使资金运转正常，故此战略对财务总监要求很高；二是精确地预测产能和生产成本，并有效地预估市场产品需求和订单结构，也即如何合理地安排产能扩大的节奏，如何实现"零库存"，如何进行产品组合与市场开发，这些活动的配称情况将决定最终成败。采取霸王战略的团队需要有相当的魄力，得像当年项羽那样敢于气吞山河、破釜沉舟，故谨小慎微者不宜采用。当然，此战略的隐患在于：如果资金或广告在某环节出现失误，则会使自己陷入十分艰难的处境；过大的还款压力和贷款费用可能将自己逼上破产的境地，就像霸王乌江自刎那样。所以，此战略的风险很高，属于高投入、高产出，并且有时高投入并不一定会带来高产出。

(4) 规避竞争战略/策略。此战略尽量减少两军相争，人弃我取，忍气吞声。如若别人不要国际市场，则自己占领之；若别人不生产某产品(如 P4 产品)，则自己生产之。因此，这种战略属于差异化的通行战略，也是一种典型的防守型战略。它的可取之处在于，因为缺少对手的遏制，竞争压力小；但其最大缺点是可能开发的是非主流的市场或产品，开发时不是费用大就是周期长，因此这种战略在执行中多半有步履维艰之时。总之，这种战略难以获得最后胜利，只适宜于作为局部战略/策略，配合后续注重反超类型的战略。

(5) 先屈后伸战略。此战略前一阶段谨小慎微、韬光养晦，有时忍气吞声、麻痹对手；表面上缩小广告投入并减慢研发速度，背地里却多建设备并多储资金，实质上是摩拳擦掌、蓄势待发；等待后续时机成熟时，就突发奇兵(如占领国际市场/高端产品)并突飞猛进，实现后发制人。这种战略有深刻道理，尤其符合市场订单前期量小但后期量大的关键特点，往往能产生石破天惊的奇效。这种战略体现了老谋深算、以屈求伸的兵法精髓，其中关键是掌握好转折时机并特别注意前期维持必要的存活空间。总体而言，这种战略属于一种较典型的防守型战略，既采用了差异化的战略，前期又实践着成本领先/低成本的通行战略，最终强调一种突出战略配称(尤其匹配市场订单演化结构)以强化可持续性的高层次战略。

(6) 隐忍并迂回反超的越王战略。采取此战略者通常是有很大产能潜力的小组，但是由于前期广告运作失误，导致订单过少、销售额过低、产品大量积压、权益大幅下降，进而处于劣势地位。此时，小组在第二、第三年只能维持生计，延缓产品开发计划或只进行P2产品开发，积攒力量力求度过危险期；在第四年时突然推出P3或P4产品，配以精确广告策略，出其不意地攻占对手的薄弱市场；在对手忙于应付时，把P3或P4最高价所在市场把持在手并紧抓不放，不给对手任何机会，最终赢得胜利。此战略的制胜关键在于现金流的控制和广告，尤其后期广告的制定及选单上。前期现金流的控制要注意节约开支，降低成本，只有先图生存，才能再图胜出；后期因为要出P3或P4的奇兵并且相关产品及其生产线对现金流运作要求很高，所以现金流预算和控制必须准确，不能因为现金断流或完不成订单而前功尽弃。此外，因为要以最小代价夺得市场，所以需要采取精确的广告策略，一定要在仔细分析竞争对手基础上找出其在市场中的薄弱环节，从而以最少广告获取尽量多订单。总体而言，这种战略属于一种典型的被迫采取的防守型战略，既在隐忍前期实践成本领先/低成本的战略，又在反超后期实践业务聚焦/集中化的战略，最终以后期的战略配称来扭转前期不可持续性的高层次战略。

(7) 随机应变的渔翁战略。采取此战略者通常是有很强应变能力的小组，其前期采用典型的跟随策略，后期抓住机会实现反超。即当市场上有两大实力相当的企业争夺第一时，本企业在产能上努力眼随前两名的开发节奏，同时在内部努力降低成本，并在每次新市场开辟时均采用低广告但精准广告的策略，在规避风险基础上实现稳健经营；然后在前两名竞争得两败俱伤时，立即抢占主要市场。这种战略的关键有两个：前期在于一个"稳"字，即经营过程做好充分准备，广告投入、产能扩大和订单销售等都循序渐进，实现稳扎稳打；后期在于一个"抢"字，即在对前两名竞争对手仔细分析基础上，要利用稍纵即逝的时机，"抢"到好订单并"抢占"好市场的主导地位，最终牢牢抓住市场，使对手无法再反超。总体而言，这种战略属于一种典型的主动采取的防守型战略，既在前期稳定实践成本领先/低成本的战略，又在反超后期实践业务聚焦/集中化的战略，最终以整个竞争期内更稳定的战略配称来实现最终获胜的高层次战略。

为实践上述诸多战略，ERP沙盘运营仿真中常用以下单方面的策略。这些单方面策略若能相互配合，将增强相关战略的配称能力与最终竞争绩效。

(1) 大额广告策略。按照比赛规则，为争夺市场领导者地位并更多取得有利的订单，在进入新市场时可以对该市场投入大额广告费以便争夺市场老大地位，进而达到先发制人、遏制竞争对手的目的。采用这种策略时要注意四点：第一，注意某市场中广告费的总投入在各产品之间合理分配，因为市场老大地位是由该市场各产品的销售总额决定的，广告费只决定了优先选单权利。第二，注意广告费的投入要有一个限度，有时广告费过大会得不偿失，因为广告费和权益值成反比关系。第三，要时刻关注对手的广告费投入情况，即要对竞争对手的广告额有一个大概的估计，以免在投入额相同的时候可能失去先抢单的机会，落得"赔了夫人又折兵"的下场。第四，广告费投入要与产能相配合，只有在产能达到一定规模时采用此战略较为适宜，因为一旦交不出产品而违约，老大地位也将被取消，当然也因此需要注意尽全力不在老大市场违约。

(2) 小额广告策略。与大额广告战略相反，此战略中广告的投入产出比最大。但通常这种情况下所取订单的毛利较小，并且容易造成产品积压，致使前期发展缓慢。当然，若配合 ISO9000 和/或 ISO14000 的资质认证以及相应 ISO 广告，小额广告也能拿到高毛利的带 ISO 资质认证要求的订单。这是小额广告策略赚取好订单的法门之一。

(3) 大额借贷策略。在第一年借入大额长期贷款，以备以后各年之用。这样做的理由是后续前几年权益值可能急剧下降，那时再筹借资金时会非常困难。这种策略有一定道理，初期新学者运营仿真时采用颇多。但在后续几轮运作中，因长贷资金利息率多是短贷资金利息率的两倍，故而熟练者多半采用不断滚短贷而非前期借入大额长贷的策略进行资金的补充，这就要求小组要有很好的现金流控制水平。

(4) 滚短贷策略。由于短贷利率较低、利息较少，会有许多小组采用滚动借入短贷的方法筹集资金，以便建设生产线和展开其他运营等。这种方法有诸多可取之处，但要注意使权益保持在一定水平上。因每个季度都要精打细算，该策略需谨小慎微地操作。

(5) 临场应变策略。临场应变即指事先不作策略规划，只靠临时根据竞争对手的情况采取相应对策。临场应变是 ERP 沙盘仿真中的最高境界，需要对多种策略及战略了如指掌。

实战中还可创造多种策略，将之与适当的战略结合，往往能体现 ERP 沙盘的博大精深。

3. 负债经营

负债经营是现代企业的基本特征之一，其基本原理是在保证财务稳健的前提下，充分发挥财务杠杆的作用，以便为股东谋求收益最大化。负债经营是一把"双刃剑"：一方面，如果企业经营状况良好，投资收益率大于负债利息率，则获得财务杠杆利益，实现"借鸡生蛋"目的；另一方面，如果经营状况不佳，投资收益率小于负债利息率，则将产生财务杠杆的损失，甚至导致企业因不堪重"负"而濒临破产边缘。现实生活中，很多管理者缺乏财务管理知识，对企业运用负债理解不够，利弊认识不清，常视负债风险为洪水猛兽，认为"冷在风里，穷在债里"，要么则是"无债一身轻"。事实上，适度的负债经营可以提高企业竞争力和获利能力，是现代企业为获快速发展而采取的一种积极进取的经营手段。"富人钱生钱，穷人债养债"就是此理。当然，负债经营的比例究竟应该多高，这是财务管理学中确定最佳资本结构的关键问题，也是一个暂无普遍适用模式的难题。因此，企业必须结合自身资源、运作能力和外部环境做通盘考虑。

4. 长短贷搭配

在 ERP 沙盘创业运营仿真中，银行信贷资金是创业企业的基本筹资渠道，长期贷款和短期贷款各有利弊，它们的资本成本和财务风险比较如下：使用短期贷款资本成本低，但财务风险大，很容易造成还不了到期的短期贷款而导致企业破产；使用长期贷款则相反，财务风险小，但较高的资本成本侵蚀了企业的利润空间，常常导致企业是"干得很辛苦，就是不赚钱"。所以，在制订筹资策略时，必须合理安排长短贷的比例，使得资金成本和财务风险达到均衡，让借来的钱为股东创造出更多的利润。

5. 贷款额度控制

1) 卡权益

根据规则，所有长贷和短贷之和不能超过上年年末所有者权益的 2 倍。在模拟经营的前两年，由于权益降低很快，卡权益数以保证下一年的贷款额度非常重要。由于规则规定，以 10M 和 20M 分别为长贷和短贷的基本贷款单位，因此权益个位数卡在 0、5 时对计算贷款额度比较有利。例如，某年年末的权益是 40M，那么下年度贷款总额度是 80M；若权益为 39M，则下年度贷款总额度只有 70M；如果已贷额度是 60M，对于上年末权益为 40M 者可以在下一年任何季度初期短贷 20M，但对于上年末权益为 39M 者只能下一年年末长贷 10M。贷款额度的减少对企业经营势必造成一系列不良影响，故卡权益很重要。

2) 保权益

为保证下年度融资能力，年末权益一般不要低于 40M，可以通过以下方式保权益：

(1) 推迟或放弃 ISO 认证投资。市场对 ISO 认证需求一般出现较迟，同时要求 ISO9000 和 ISO14000 的订单更稀少，因此，为保权益，首当其冲就是放弃某个甚至两个 ISO 投资认证。

(2) 减少一个或两个市场开拓投资。市场并非越多越好，关键是看能否提升企业的效益，那种"不管什么情况都要市场全开"的思路是不正确的，因为获得市场准入资格需要付出资金及时间的代价，如果开发出的市场不能发挥应有的作用，则开发是失败的。一般来说，并不需要把五大市场都开拓出来，尤其亚洲和国际两个市场可选择其一做开发。例如，国际市场开拓的周期长、投资多，但我们通过市场预测发现，国际市场对 P4 产品的需求量很小，所以，主打 P4 产品的企业就完全可以考虑放弃国际市场开拓。

6. 厂房出售

在手工沙盘中，为了保权益，往往采用保留厂房的策略。第 2 年后若预计资金周转会出现困难，可以主动提前出售厂房，根据模拟运营规则"厂房按买价出售，得到 4 个账期的应收款"。如果从收入的角度看，这就视同取得一笔销售收入；如果从筹资的角度看，也可以理解为申请了一笔长期贷款。例如，出售小厂房得到的 30M 应收款可以看作变相取得了 30M 长贷(小厂房的年租金 3M，而 30M 长贷的年利息也是 3M)，所以这两种方式对权益的影响是相同的。在现金充足的年份，还可通过"租转买"方式赚回厂房，进而节省租金而抬高权益。考虑到长贷是不能提前还本金的，所以出售厂房比申请长贷还要灵活一些。

7. 市场营销攻略

1) 广告投放原则

在 ERP 沙盘模拟中，投放广告是模拟企业年度经营的开始，广告投放策略对于企业本年度的经营成果起着决定性影响。投放广告的目的是为了拿到客户订单，理论上说，广告投放得越多，获得订单的机会也越多。但企业的资源是有限的，市场上产品需求数量也是有限的。制订广告投放策略，主要是解决企业准备在哪些市场、哪些产品上投放广告以及投放多少的问题。科学合理的广告投放有助于企业拿到满意的订单而又不浪费资金，从而提高广告收益率和资金使用效率。企业在制订广告投放策略时，应遵循以下原则。

(1) 稳健性原则。稳健性原则就是在认真分析市场的前提下，有目的性地投放广告，避免盲目投放广告而造成资金的浪费。企业经营需要理性，不能意气用事，更不能有大"赌"的心理。实践证明，很多小组由于大肆投放广告，造成现金流出过多，从而不得不推迟产品研发、市场开拓以及生产线建设，最终导致产能无法扩张而丧失先前取得的优势。

(2) 准确性原则。准确性原则就是通过对企业自身资源、市场和竞争对手情况等因素的全面分析，制订科学的广告投放策略，力争做到每 1 M 的广告投入都能收到成效。准确性原则要求做到以下几点：第一，明确企业每个季度各种产品的生产/出产情况。第二，通过对市场预测的分析，正确估计每个市场在不同年份的需求量和订单情况。第三，掌握主要竞争对手的资金与产能情况以及可能采取的策略等，尽量避开竞争激烈的细分市场。

(3) 集中性原则。集中性原则就是当企业采用多种产品组合模式时，应将广告费集中投放在某个市场上，争取该市场的老大地位。在模拟经营的后期，五大市场都已逐步打开，广告费则应尽量集中在其中几个有优势的细分市场上。集中性原则也可以理解为广告投放要"狠"，需要强调的是，它与靠"蛮力"狂砸广告费截然不同，那种狂砸广告费而争抢市场老大的做法是得不偿失的，经验告诉我们市场老大不是抢出来的，而是生产做出所需产品而得来的。凡是最终获胜的团队，不论开局如何，最后自然是整个市场最终的老大。

(4) 效益性原则。效益性原则就是使投放的广告费产生最大效益。反映广告投放效益的指标是广告投入产出比，广告投入产出比 = 销售收入/广告费，也就是单位广告费取得的销售收入。该比率越大，说明广告投放效益越高。在产品数量一定的情况下，销售收入的多少取决于产品单价的高低。在实践中，很多企业一旦得到某个市场老大地位，便试图把它保持到底，其实这是个误区。因为不同时期的主导产品是不同的，然而在同年份的不同市场上，产品单价却有较大差异。例如，通过市场预测可以发现，第 4 年 P2 产品或第 6 年的 P1 产品在不同市场上的平均单价差距就很大。从效益性原则出发，就要敢于放弃鸡肋市场，而去争夺产品的最高价市场，从而增加企业的收益。

2) 选单技巧

(1) 要抓住广告录入的时机。在选单前，教师端要将各组广告投放数据录入系统，一般会同步展示，以便确认广告录入是否正确。模拟企业可以利用这个机会，将其他企业广告投放情况进行记录并加以分析，以便调整选单策略。例如，企业分别在区域、国内和亚洲市场上投放了 P3 产品的广告费，通过观察其他企业的广告投放情况，发现亚洲市场只有本企业和另一家企业对 P3 产品投放了广告费，而且本企业是 4 M，对方是 3 M；根据事先预测，亚洲市场上 P3 产品至少有三张订单，那么说明本企业在亚洲市场上可以拿两张P3 订单。在这种情况下，企业可以出于价格或其他因素的考虑放弃前面某个市场的选单，而将选单机会重点放在亚洲市场上。如果企业没有做这种分析，就可能与更好的选单机会失之交臂。

(2) 注意数量、单价与账期的选择。在选单时经常会遇到纠结情况：数量大的订单往往是单价比较低，接下这样的单子毛利率较低，心有不甘；而单价高的订单，往往是一些数量小的订单，接下这样的单子又担心产品卖不完，造成库存积压。同时，每张订单的应收款账期各不相同，为避免贴现，当然要尽量选择账期短的，这又有可能与考虑订单数量和单价后的订单选择发生冲突。在模拟运营前期，市场狭小、产品单一、竞争激烈，企业应以尽可能地多销售产品为目标，选择数量大的订单，单价和账期则放在次要位置考虑。

在运营后期，随着市场开拓和产品研发的逐步完成，选择余地会越来越大，理论上细分市场可以多达 20 个。考虑到每家企业的年生产能力一般最多只有 40 个产品，这种情况下很多时候只要投 1M 广告就可以"捡到"订单，这时卖完产品已经不是最重要的任务，更多应是考虑如何卖好，此时若再一味"抢大单"显然是不合理，而单价成为选单时应考虑的首要因素。就账期而言，若企业资金比较紧张，就尽量选择账期较短的订单；若无资金困扰，就可不考虑账期而尽量选择单价和数量合适的。当然，如果无论如何都要贴现才能渡过难关时，同样不考虑账期问题。

8. 生产线建设

生产线一般包括手工线、半自动线、自动线和柔性线。若规则规定：手工线买价 5M、建造期 0Q，半自动线买价 10M，建造期 2Q，自动线买价 15M，建造期 3Q，柔性线买价 20M、建造期 4Q。企业如果在第 1 年第 1 季度同时建造上述生产线，则第 1 季度新建生产线时需支付 20M(手工线 5M、半自动线 5M、自动线 5M、柔性线 5M)，第 2 季度在建生产线时需支付 15M(半自动线 5M、自动线 5M、柔性线 5M)，第 3 季度在建生产线时需支付 10M(自动线 5M、柔性线 5M)，第 4 季度在建生产时需支付 5M(柔性线 5M)。生产线建造过程及投资示例见表 3-14。

表 3-14　生产线建造过程及投资示例(建成当季即可安排原料上线进行生产)

投资	第 1 年 1 季	第 1 年 2 季	第 1 年 3 季	第 1 年 4 季	第 2 年 1 季	总投资额
手工线	5M 建成			本年不提折旧		5M
半自动线	5M 在建	5M 在建	建成	本年不提折旧		10M
自动线 1	5M 在建	5M 在建	5M 在建	建成(不提折旧)	本年计提折旧	15M
自动线 2		5M 在建	5M 在建	5M 在建(在建工程)	建成(本年不提折旧)	15M
柔性线	5M 在建	5M 在建	5M 在建	5M 在建(在建工程)	建成(本年不提折旧)	20W

利用建成当前不提折旧的规则，需 3 个季度建设的自动线一般情况下应每年第 2 季度开始连续投资 5M，这样第 4 季度结束仍属于在建工程，但第 2 年第 1 季度就可建成并安排原料上线生产，并且直至第 3 年才需计提折旧。因出售生产线时按其残值回收现金，并且按照净值(生产线的原值减去累计折旧后的余额)与残值之间的差额记作企业损失。如此一来，已提足折旧的生产线不会产生出售损失，仅未提足折旧的生产线必然产生出售损失。假定规则确定半自动线建设期为 2Q，原值为 10M、净残值为 2M、使用年限 4 年，若某企业第 1 年第 1 季度开建一条半自动线，则该生产线系第 1 年第 3 季度建成。注意：只要生产线是处于空闲状态，即可进行出售。若 10M 的自动线建成后当年将其出售，则只能收到 2M 现金，并产生 8M 损失((原值 10M – 累计折旧 0M) – 净残值 2M)；若第 2 年将其出售，则会收到 2M 现金，同时产生 6M 损失((原值 10M – 累计折旧 2M) – 净残值 2M)，以此类推。请注意，如果规则是变卖的生产线不需要交维护费的话，那么第 2 年年底将原本净值为 2M 的手工线卖掉也不算亏，因为 1M 的损失正好抵消 1M 的维修费。

生产线的建设对产能的提升至关重要，而产能适时的扩张对于销售更多产品进而抢占市场老大地位具有决定性的影响，故以下给出各种生产线的对比、生产线建设与出售考量，以及三个生产线提升建设并最终获胜的方案思路。

1) 生产线对比

(1) 手工线与自动线比较。就买价、产能和年折旧费而言，三条手工线大约等于一条自动线。但是三条手工线维修费是 3M，一条自动线只需要 1M 维修费。另外，三条手工线比一条自动线还要多占两个机位，这会大大限制企业产能的扩张。所以，自动线的性价比要优于手工线。

(2) 半自动线与自动线比较。两条半自动线的产能约等于一条自动线的产能，但两条半自动线买价是 20M，一条自动线的买价是 15M。此外，两条半自动线比一条自动线还要多1M 折旧费和 1M 维修费，并且多占一个机位。所以，自动线的性价比明显优于半自动线。

(3) 柔性线与自动线比较。柔性线与自动线各有千秋。柔性线的买价比自动线多 5M，柔性线的残值比自动线多 1M，所以柔性线比自动线多支付 4M 现金。柔性线的总折旧费 16M(20M-4M)比自动线的总折旧费 12M(15M-3M)多 4M，相应权益减少 4M。柔性线的优势在于转产，自动线转产要停工 1 个季度并且支付 2M 转产费，故自动线相应权益减少 2M。由于柔性线的安装周期比自动线多 1 个季度，所以产能持平。因此，总体而言，自动线还要比柔性线多 2M 权益。若自动线第 2 次转产，自动线又要停工 1 个季度并且支付 2M 转产费，故权益相应又要减少 2M。此时，两者对权益的影响相同，但柔性线比自动线多出一个产品的产能。显然，若自动线有两次转产的情况下柔性线更合算。在企业采用多种产品组合模式时，一般应购置 1、2 条柔性线，从而灵活调整交单时间和顺序，以便尽量避免贴现。同时，如果打算购置柔性生产线的话，宜早不宜晚，因为越往后产品转产的几率越低，柔性线的优势得不到发挥，浪费了优质资源的同时还增加了现金压力。基于以上分析，我们可以得出结论：自动线价比最高，是首选生产线；若预计出现两次转产则应考虑使用柔性线。

2) 生产线开始建设和出售的时点/时机

生产线开始建设的最佳时点应该是保证产品研发与生产线建设投资同期完成。例如，P3 产品研发周期是 6 个季度，自动线安装周期是 3 个季度，如果第 1 年第 1 季开始研发 P3 产品，并且第 1 年第 4 季开始建设生产 P3 产品的自动线，那么第 2 年第 2 季 P3 产品研发和自动线生产线的建设投资恰好同期完成，进而第 2 年第 3 季自动线就可上线生产 P3 产品。

从权益角度看，当生产线还剩一期折旧费未计提时，出售生产线是有利的。根据仿真运营规则"生产线按其残值出售，净值与残值之差计入损失"，当出售的生产线还剩一期折旧费未计提时，残值变为现金，最后一期折旧费转入了损失，但节省了 1M 维修费而提高了权益。例如，企业在某年年初有一条半自动线，其净值是 4M，若不出售该半自动线，那么年末折旧费是 2M，维修费是 1M；若当年出售该半自动线，那么年末就不需要计提折旧费和支付维修费了，只产生 2M 的损失，这与不出售相比可以提高 1M 权益，同时还得到 2M 现金。

在手工沙盘模拟经营的前两年，核心问题就是生产线的更新换代。事实上，对于产能较低的手工线和半自动线及时处理，空出的机位可以铺设产能较高的自动线或者柔性线。至于自动线和柔性线，正常情况下不宜出售，只有前两年已建成时从权益上讲也是有利的，且在第 6 年出售才有利于权益的增加。

根据生产线的性价比分析，是不是意味着手工线没有任何用途呢？其实不然，手工线有一个重要作用是救火队员。在选单中，有时会遇到订单数量比实际产能多1个，如果接下这张订单，有一种方法解决燃眉之急：利用手工线即买即用的特点，在厂房机位有空余的情况下，第1季度买1条手工线并投产，可以在第4季度产出1个产品，同时保留手工线为空闲状态以便明年应急生产。当然，利用手工线救急还必须有满足上线生产的原料。

3）生产线提升建设获胜方案思路

（1）产能领先制胜法。产能领先制胜法就特别注重抢先扩大生产能力，投资新的生产线，包括是为缩短生产周期而变卖原手工生产线并转而投资自动线或柔性生产线。A公司第1年在大厂房内斥资建设两条自动线。相对于其他各组在第1年生产线的投资上显得保守，A公司在第2年便建立了产能优势，并利用产能优势抢市场。此时，可以投很少广告费即接下其他组因产能不足不敢接的大单。比如，第2年在本地市场中两个P3的订单，因为P3在第6季度才研发完成，故只有用两条全自动线在第7季度上线生产并在第8季度完工入库，才能交出两个P3产品的货。在前期产能优势并在第2年通过产品销售而巩固（亦可通过P3重新抢占）本地市场老大地位的基础上，A公司后续再加快建设新的生产线和/或新的厂房以便拿到更多的好市场和好订单，如此形成良性循环，最终就依靠产能优势取得最后胜利。图3-11为产能建设优胜方案示例。注意：第1年在大厂房内建设两条自动线（因年底为在建工程30M且第2年第1季度建成）；第2年在大厂房内撤掉两条手工线，每条净值2M手工线的提前变卖将导致额外损失1M，并建设两条自动线（类似于第1年）；第3年再卖一条手工线或半自动线并再买一条自动线，此时净值等于残值的手工线或半自动线的变卖均无额外损失，因为第3年无厂房租金，故肯定卖了一条生产线；第4年类似操作，卖掉最后一条原生产线并建设一条新自动线；第5年租一个小厂房并再建设两条自动线（当年有厂房租金3M）；第6年买下小厂房提升权益和最终成绩（当年已无厂房租金3M）。

年份	管理费	广告费	设备维护	厂房租金	转产费	市场开拓	ISO认证	产品研发	其它	总计	P1 收入	P1 数量	P1 成本	P2 收入	P2 数量	P2 成本	P3 收入	P3 数量	P3 成本	P4 收入	P4 数量	P4 成本
1年	4	16	4			4				32	36	7	14									
2年	4	5	6			3	1			19	29	6	12	35	5	15						
3年	4	7	9			2		1		27	26	6	12	63	8	24						
4年	4	21	10		2	1				40	40	10	20	107	14	42						
5年	4	18	12	3						37	43	8	16	47	7	20	63	7	28			
6年	4	21	14							39	47	8	16	53	8	24	86	9	36			
7年																						
8年																						

成员名：总裁、营销主管、财务主管、生产主管、供应主管、财务助理、营销助理、生产助理、供应助理

模拟公司名称

利润表

项目	1	2	3	4	5	6	7	8
销售收入	36	64	89	147	153	186		
直接成本	14	27	36	62	65	76		
毛利	22	37	53	85	88	110		
综合费用	32	19	27	40	37	39		
折旧前利润	-10	18	26	45	51	71		
折旧	5	3	6	12	16	19		
息前利润	-15	15	20	33	35	52		
财务收/支	4	13	14	16				
额外收/支		-2						
税前利润	-19				16	40		
税					4	10		
净利润	-19		5	14	12	30		

资产

流动资产	1	2	3	4	5	6	7	8
现金	73	8	11	27	46	37		
应收		15			14	35		
在制品	8	10	13	14	18			
产成品	6	7	16		3	3		
原材料		4	1	8	18			
流动合计	87	44	41	49	99	75		
固定资产								
土地和建筑	40	40	40	40	40	70		
机器设备	10	33	56	62	61	63		
在建工程	30	30	15	15	30			
固定合计	80	103	111	117	131	133		
资产总计	167	147	152	166	230	208		

负债+权益

负债	1	2	3	4	5	6	7	8
长期负债	100	100	100	100	110	50		
短期负债	20				20	40		
应付款					18			
应缴税					4	10		
1年期长贷								
负债合计	120	100	100	100	152	100		
权益								
股东资本	50	50	50	50	50	50		
利润留存	16	-3	-3	2	16	28		
年度利润	-19		5	14	12	30		
权益小计	47	47	52	66	78	108		
负债权益总计	167	147	152	166	230	208		

图3-11　产能建设优胜方案示例

(2) 先保权益再建产能胜出法。E 公司在前两年默默无闻，只投少量广告费用以销售 P1 产品，没有发展迹象，但维持了很高权益。就在担忧其发展前景时，E 公司却在第 3 年，当其他公司出现权益严重下降、融资困难而陷入发展瓶颈时，利用自己权益优势获得大量短期和长期贷款，开发了 P2 和 P3 产品，再变卖原有生产线并投资建成多条自动线。在第 4 年，当其他公司步履维艰时，E 公司一举收复失地。第 5 年 E 公司更是锦上添花，利用产品群的组合优势和产能优势，扩大销售并进一步适时扩大产能，直至第 6 年最终胜出。

(3) 柔性产能调节胜出法。柔性生产线由于投资费用和折旧费用高而不被许多公司看好。D 公司第一年开始就斥资投建两条柔性生产线，并把柔性生产线打造成核心竞争力。该公司通过灵活调节生产，灵活广告投放和接单，使自己在各方面均有更多余地，既迷惑对手，也节省广告费，实现以非常少的广告费接到非常合适的订单(因为有些大单对手产能不足无法接)，最终赢得比赛。但此法对生产的组织要求较高，极易出现原材料短缺或积压。

9. 原料订购

企业原料订购数量由后期生产需要来决定，订购多了会占用现金，订购少了则不能满足生产需要，会造成生产线停产，甚至不能按期完成产品交货，导致产品订单违约。若企业第 2 季度需领用 5R1、4R2，第 3 季度需领用 3R1、4R2、5R3、4R4，第 4 季度需领用 4R1、6R2、4R3、5R4，则企业第 1 季度需订购的原料为 5R1、4R2、5R3、4R4，第 2 季度需订购的原料为 3R1、4R2、4R3、5R4，第 3 季度需订购的原料为 4R1、6R2。原料采购与在途情况及使用时间的关系见图 3-12。

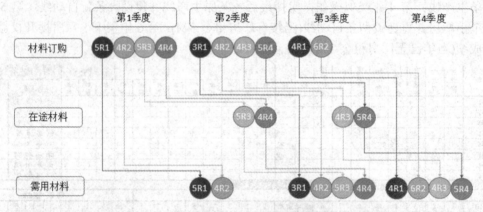

图 3-12　原料采购与在途情况及使用时间的关系

10. 合理避税

合理避税是利用规则里"应缴税向下取整"这一优惠政策，进行合理避税的。若当预算发现当年应税利润是 4M 的倍数时，可以在当年进行一次贴现操作，主动增加 1M 的贴息，从而使得应税利润可以减少 1M，利用向下取整规则可以在本年避税 1M。这样的效果就相当于将 1M 的税费变成了 1M 的财务费用，对于最终权益是不会有影响的，但是通过贴现把应收账款变成了现金，增加了资金的流动性，保证了资金的充裕。应该注意，如果这个企业当年没有缴纳过税的话，3M 的应税利润会滚动到下年，跟下一年的税前利润相加后再扣税。

二、手工沙盘创业运营仿真的技能开发

1. 盈亏平衡分析

盈亏平衡分析的关键是计算各种产品的盈亏临界点，只有销售数量超过盈利临界点的数量后才可能盈利。其计算公式为：

$$盈亏平衡点 = \frac{固定成本}{平均价格 - 变动成本}$$

根据公式，盈亏平衡点计算应当基于以下三个因素。

1) 固定成本分析

ERP沙盘仿真中要考虑分摊到每种产品上的固定成本，相关因素有研发投资、折旧、利息、维修费、租金、市场开拓、广告投入等。固定成本的计算应当首先设定经营环境，根据经验大致的经营环境可考虑如下：P2和P3按经营5年计算，P4按经营3年计算；P2、P3、P4可按每年平均2条自动线进行生产。对于P2和P3产品，5年后自动线折旧计提完毕(第2年建成且当年不提折旧，第3年至第6年计提4年折旧)，即每条12M(4年×3M/年)；对丁P4产品，3年后自动线折旧计提完毕(类似的第5年和第6年计提两年折旧)，故每条生产线计提折旧6M(2年×3M/年)。P2和P3的平均广告费用按照每年4M计算；P4平均广告费用按照每年2M计算。对P2、P3和P4来说，平均维修费用按照每年4M(2条×2M/条)计算；市场开拓和ISO认证按照每年0.25M计算；总利息按照平均每年1.6M计算。

P2产品两条自动线经营5年固定成本为：研发费用4M、折旧24M(2条×12M/条)、利息8M(5年×1.6M/年)、维修费用20M(5年×4M/年)、市场开拓和ISO认证1.25M(5年×0.25M/年)、广告投入20M(5年×4M/年)，最终固定成本约为77M。

类似的，P3产品两条自动线经营5年的固定成本为：研发费用6M、折旧24M、利息8M、维修费用20M、市场开拓和ISO认证1.25M、广告投入20M，最终固定成本将达到79M。

类似的，P4产品两条自动线经营3年固定成本为：研发费用12M、折旧12M、利息4.8M、维修费用12M、市场开拓和ISO认证0.75M、广告投入6M，最终固定成本将达到48M。

2) 平均价格

根据市场预测信息数据计算，平均价格大致是：P2为7.5M，P3为8.8M，P4为9.3M。

3) 变动成本

原材料费用：P2为2M，P3为3M，P4为4M。另外，自动线上每个产品加工费均为1M。

4) 盈亏平衡点计算

$$P2盈亏平衡点 = \frac{固定成本}{平均价格 - 变动成本} = \frac{77}{7.5 - 3} \approx 17 \text{（个）}$$

$$\text{P3 盈亏平衡点} = \frac{\text{固定成本}}{\text{平均价格} - \text{变动成本}} = \frac{79}{8.8 - 4} \approx 16.5 \text{ (个)}$$

$$\text{P4 盈亏平衡点} = \frac{\text{固定成本}}{\text{平均价格} - \text{变动成本}} = \frac{48}{9.3 - 5} \approx 11 \text{ (个)}$$

P2 产品至少要销售 17 个以上才能开始盈利，P3 产品也需要销售 16.5 个以上，而 P4 产品在 3 年内要销售 11 个以上才能盈利。

5) 结合盈亏平衡点和竞争情况的盈利分析

在考虑研发 P2、P3 和 P4 中何种产品时，除需做盈亏平衡点分析，还需结合市场需求总量，考虑竞争对手的选择情况。统计市场预测数据可以发现：P2 产品需求量约为 200 个，P3 产品需求量约为 150 个，P4 产品需求量约为 50 个。若每个小组都研发 P2 产品，每个小组平均需求量达 33 个，几乎为盈亏平衡点 17 个的两倍，故此时各组都开发 P2 产品均可实现大量盈利。若每个小组都研发 P3 产品，每个小组平均需求量达到 25 个，大大超出盈亏平衡点 16.5 个，故此时各组都开发 P3 产品均可实现些许盈利。若每个小组都研发 P4 产品，每个小组平均需求量约为 9 个，难以到达盈亏平衡所需的 11 个，故此时若各组都开发 P4 产品很难实现盈利；若只有三个小组研发出 P4 产品，则每个小组平均需求量约为 18 个，大大超出盈亏平衡点 11 个，故此时这三个小组开发 P4 产品都可以实现许多盈利。

统计预测可知 P1 产品需求量约为 240 个，每个小组平均需求量达 40 个。考虑原三条手工线和一条半自动线，折旧 10 M(起始 15 M − 残值 5 M)、利息 5 M、维修费用 24 M(6 年 × 4 条 × 1 M/年)、市场开拓和 ISO 认证 1.25 M、广告投入 25 M，最终的固定成本约为 65 M。

$$\text{P1 盈亏平衡点} = \frac{\text{固定成本}}{\text{平均价格} - \text{变动成本}} = \frac{65}{4.8 - 3} \approx 36 \text{ (个)}$$

虽然每个小组平均需求量 40 个，超过了盈亏平衡点 36 个，但请注意，这四条线每年 P1 产量最多 6 个，6 年共 36 个，只能达到盈亏平衡点。故除 P1 产品外，一定要研发新产品。

2. 所得税计算

所得税在用友 ERP 沙盘中是一个综合概念，大概可以理解为企业经营赢利部分所要交的税费。交税需满足条件是：① 经营当年赢利(税前利润为正)；② 连续弥补了前面至多 5 年亏损后仍然赢利。下面以实例说明，见表 3-15。注意：年度净利润 = 税前利润 − 所得税。

表 3-15　所得税计算示例 1(单位：M)

年度	第 1 年	第 2 年	第 3 年	第 4 年	第 5 年	第 6 年
税前利润	−10	50	−20	−30	40	130
应税利润	−10	40	−20	−50	−10	120
所得税	0	10	0	0	0	30
年度净利润	−10	40	−20	−30	40	100

第 1 年亏损，不交税。第 2 年赢利 50，弥补第 1 年亏损后还赢利 40；因税率为 25%，故所得税为 10。第 3、4 年亏损，不交税。第 5 年赢利，但不足以弥补第 3、4 年亏损，仍不交税。注意：第 1 年虽然亏损，但在第 2 年已弥补，故第 5 年不需要再弥补第 1 年亏损。第 6 年赢利，需与未交税的第 3、5 年累计计算应税利润故为 120，所得税为 30。总之，从当年开始，与前面连续无所得税年份(最多 5 年)的税前利润累加，得到应税利润；若它大于零则应缴所得税。因为系统中只取整数，对小数的处理参见表 3-16 和表 3-17。

微课视频

表 3-16 中，第 3 年累计税前利润为 1 M(−160 + 50 + 111)，应税利润为 1 M，所得税为 0.25 M，四舍五入后当年不交。因第 3 年未交税，故当年 1 M 应税利润累计到下一年；第 4 年税前利润为 5 M 时，应税利润变为 6 M，所得税四舍五入前为 1.5 M(6 年 × 0.25 M/年)，四舍五入后则为 2 M。

表 3-16　所得税计算示例 2　　　　　　　单位：M

年度	第 1 年	第 2 年	第 3 年	第 4 年	第 5 年	第 6 年
税前利润	−160	50	111	5		
应税利润	−160	−110	1	6		
所得税	0	0	0	2		
年度净利润	−160	50	111	3		

表 3-17 中，第 3 年累计税前利润为 5 M，应税利润为 5 M，所得税为 1.25 M，四舍五入变为 1 M。由于第 3 年交了 4 M 利润对应的 1 M 税，因此当年的 1 M 未交应税利润(1 M = 5 M − 4 M)不再累计到下年。因此，第 4 年税前利润为 5 M，应税利润仍为 5 M，相应所得税又四舍五入变为 1 M。从以上两例看出，即使有小数也都符合以下原则：从当年开始，与前面连续的无所得税年份(最多 5 年)的税前利润累加，得到应税利润；若应税利润大于 2 M，则有所得税。

表 3-17　所得税计算示例 3　　　　　　　单位：M

年度	第 1 年	第 2 年	第 3 年	第 4 年	第 5 年	第 6 年
税前利润	−160	50	115	5		
应税利润	−160	−110	5	5		
所得税	0	0	1	1		
年度净利润	−160	50	114	4		

3. 生产线产能计算

每年制定广告费开抢订单前，需结合年末各产品的库存情况和各生产线的产能情况，计算可承诺量(Available To Promise，ATP)，考虑到可转产和紧急建设手工线等，该量最好是小范围区间。表 3-18 和表 3-19 分别是没有或有转产情况下各种生产线的产能情况。

表 3-18　没有转产情况下各种生产线的产能情况

生产线	生产周期	年末在制品状态（空心圆为空闲，黑色实心圆为被占用）	各季度上下线(实线空心框为上线，虚线空心框为在制，黑色实心框为出产并且再上线)				产能
			第1季	第2季	第3季	第4季	
手工线	3	空闲：○ ○ ○	[1]	(2)	(3)	■	1
		在1季度：● ○ ○	(2)	(3)	■	(2)	1
		在2季度：○ ● ○	(3)	■	(2)	(3)	1
		在3季度：○ ○ ●	■	(2)	(3)	■	2
半自动线	2	空闲：○ ○	[1]	(2)	■	(2)	1
		在1季度：● ○	(2)	■	(2)	■	2
		在2季度：○ ●		(2)	■	(2)	2
自动线	1	空闲：○	[1]	■	■	■	3
		在1季度：●	■	■	■	■	4
柔性线	1	空闲：○	[1]	■	■	■	3
		在1季度：●	■	■	■	■	4

表 3-19　有转产情况下半自动和自动线的产能情况

生产线	生产周期和转产周期的参数	年末在制品状态（空心圆为空闲，黑色实心圆为被占用，灰色阴影圆为转产状态）	各季度上下线(实线空心框为上线，虚线空心框为在制，黑色实心框为出产并再上线，灰色阴影框为转产或出产并转产)				转产前后原品和新品的产能
			第1季	第2季	第3季	第4季	
半自动线	生产2期、转产1期	空闲(可直接转产)：○ ○	▨	[1]	(2)	■	原0/新1
		转产(可直接生产)：○ ◐	[1]	■		(2)	原0/新1
		在1季(下年第2季转)：● ○	(2)	▨	[1]	(2)	原1/新0
		在2季(下年第1季转)：○ ●		[1]	(2)		原1/新1
自动线	生产1期、转产1期	空闲(可直接转产)：○	▨	■	■	■	原0/新2
		转产(可直接生产)：◐	[1]	■	■	■	原0/新3
		在1季(下年第1季转)：●	▨	[1]	■	■	原1/新2

　　在有转产的情况下，每年年初抢订单之前需要给有、无转产情况下各产品的可答应量。这需要重新设计销售总监给出的广告报价信息，以便包含各个产品在有、无转产情况下的可承诺量，参见表3-20。

表 3-20 考虑有无转产情况的广告费详情示例

第三年本地			第三年区域			第三年国内		
产品	广告费	ISO9000	产品	广告费	ISO9000	产品	广告费	ISO9000
P1	1		P1			P1	1	
P2	1	1	P2			P2		
P3			P3	3		P3	3	
P4	1		P4			P4		
广告合计/签字人(CSO):								
年度总可答应量(无转产)	P1: ____6____ 个; P2: ____11____ 个; P3: ____8____ 个							
总可答应量(转产至 P1)	P1: _6_ 个至 _8_ 个; P2: _8_ 个至 _11_ 个; P3: _5_ 个至 _8_ 个							
总可答应量(转产至 P2)	P1: _3_ 个至 _6_ 个; P2: _11_ 个至 _13_ 个; P3: _5_ 个至 _8_ 个							
总可答应量(转产至 P3)	P1: _3_ 个至 _6_ 个; P2: _8_ 个至 _11_ 个; P3: _8_ 个至 _10_ 个							

注意：若某年因产能不足而有一张订单未能及时交货，则需在当年利润表的"其他支出"中减去这张订单的毛利；并在下一年补交这张违约单时，先在该年的综合费用明细表中支付违约金，再在该年利润表的"其他支出"中加上这张违约单的毛利。这是因为 Excel 工具中默认当年这张违约单已正常交货进而获得了相应毛利，并且在下一年的销售额和直接成本中无法包含这张补交的违约单，故而需要在违约当年减去这张违约单的毛利并在补交的下一年加上这张违约单的毛利。如此处理，才能在年底将沙盘盘面数据输入资产负债表时保证两边的平衡。

第四章　"商战"电子沙盘的创业运营仿真实战

第一节　创业企业概况与规则介绍

一、"商战"创业企业概况

手工沙盘中的创业运营仿真是接手一家已经在本地市场生产并且成功运营 P1 产品的企业，而"商战"与之不同，这种先进电子沙盘的创业运营仿真的创业企业就只有股东注册资金一项，一般为 600 万(600 W)元(比赛时会临时给出新的股东资本)，所有的运营都是从零开始，由仿真运营者自行决定怎么运用股东资本展开一系列的创业运营。

二、"商战"电子沙盘规则

1. 教师端的规则设置

教师在登录"商战"电子沙盘(以百树电子沙盘中的商战版为例)后，按下"规则订单"按钮可进行规则设定，参见图 4-1。此时，可下载规则模板(参见图 4-2)之后，做好课程使用的类似方案上传系统。此外，还需点击"系统参数"按钮设定系统参数，参见图 4-3。

微课视频

图 4-1　教师端规则设置启动图

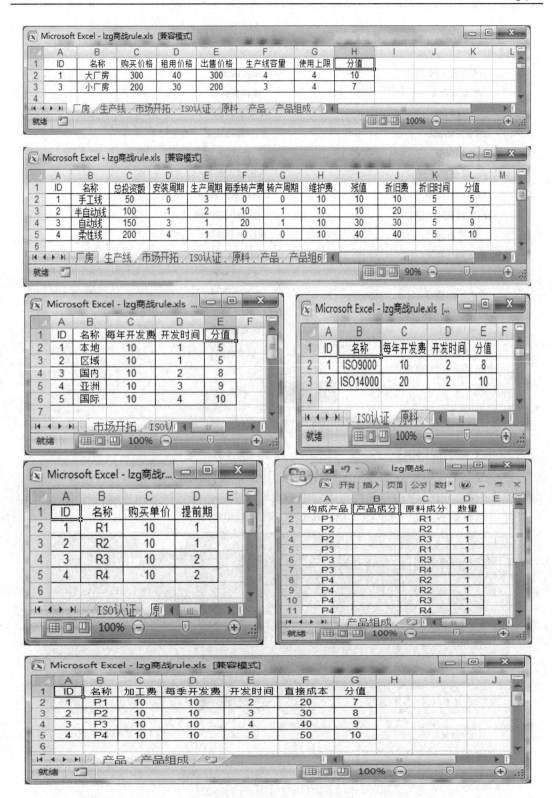

图 4-2 教师规则设置模板

系统参数

违约金比例	20 %	贷款额倍数	3 倍
产品折价率	100 %	原料折价率	80 %
长贷利率	10 %	短贷利率	5 %
1，2期贴现率	10 %	3，4期贴现率	12.5 %
初始现金	600 W	管理费	10 W
信息费	1 W	所得税率	25 %
最大长贷年限	5 年	最小得单广告额	10 W
原料紧急采购倍数	2 倍	产品紧急采购倍数	3 倍
选单时间	50 秒	首位选单补时	25 秒
市场同开数量	2 个	市场老大	◉ 无 ○ 有
竞单时间	90 秒	竞单同竞数	3 个
最大厂房数量	4 个	管理费设置	◉ 厂房数无关 ○ 厂房数有关
用户端还原本年	◉ 关 ○ 开	用户端还原本季	◉ 关 ○ 开
贴现方式	◉ 联合 ○ 独立	预测表查看	○ 关 ◉ 开
最大抢单数	0 个 (0表示不启用抢单)	抢单时间	90 秒

确认　取消

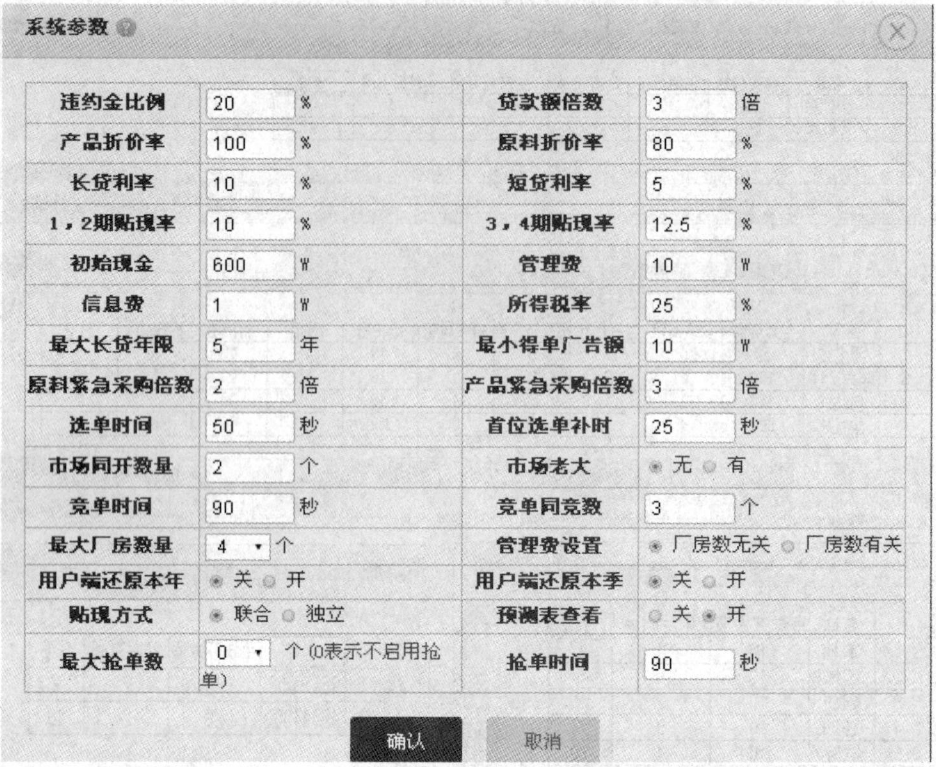

图 4-3　系统参数设定(注意：初期使用建议开启“用户端还原本季”)

2. 学生端的规则浏览

“商战”学生端的界面参见图 4-4，界面简洁，可操作性强。和实物盘面类似，它也分为生产中心、财务中心、营销与规划中心及物流中心，操作区显示当前有权限的操作，另外还可以查询规则结果(见图 4-5)和市场预测信息(见图 4-6)。

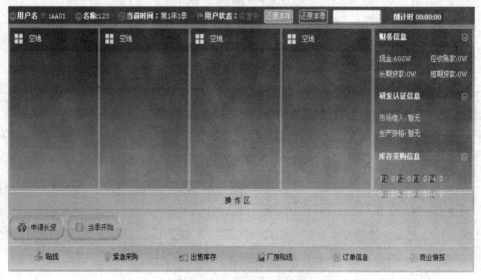

图 4-4　“商战”学生端的界面

经营规则说明

重要经营规则

总版本:20160108 主控版本:4.2.106.1102

一.生产线

名称	投资总额	每季投资额	安装周期	生产周期	每季转产费	转产周期	维护费	残值	折旧费	折旧时间	分值
手工线	50 W	50 W	0 季	3 季	0 W	0 季	10 W/年	10 W	10 W	5 年	5
半自动	100 W	100 W	1 季	2 季	10 W	1 季	10 W/年	20 W	20 W	5 年	7
自动线	150 W	50 W	3 季	1 季	20 W	1 季	10 W/年	30 W	30 W	5 年	9
柔性线	200 W	50 W	4 季	1 季	0 W	0 季	10 W/年	40 W	40 W	5 年	10

安装周期为0,表示即买即用;

计算投资总额时,若安装周期为0,则按1算;

不论何时出售生产线,价格为残值,净值与残值之差计入损失;

只有空生产线方可转产;

当年建成生产线需要交维护费;

折旧(平均年限法):建成当年不提折旧。

二.融资

贷款类型	贷款时间	贷款额度	年息	还款方式	备注
长期贷款	每年年初	所有长短贷之和不超过上年权益3倍	10 %	年初付息,到期还本	不小于10W
短期贷款	每季度初		5 %	到期一次还本付息	
资金贴现	任何时间	视应收款额	1季,2季:10 % 3季,4季:12.5 %	变现时贴现	1,2期联合贴现(3,4期同理)
库存拍卖	100 %(产品) 80 %(原料)				

三.厂房

名称	购买价格	租用价格	出售价格	生产线容量	使用上限	分值
大厂房	300 W	40 W/年	300 W	4	4	10
小厂房	200 W	30 W/年	200 W	3	4	7

厂房出售得到4个账期的应收款,紧急情况下可厂房贴现,直接得到现金。

厂房租入后,一年后可作租转买、退租等处理,续租系统自动处理。

如果管理费与厂房数无关,则每季收取基本管理费(参数);如果管理费与厂房数有关,则当厂房数量为0、1、2,每季管理费为基本管理费;厂房数量为3、4,每季管理费=基本管理费*2。

四.市场开拓

名称	每年开发费	开发时间	分值
本地	10 W	1 年	5
区域	10 W	1 年	5
国内	10 W	2 年	8
亚洲	10 W	3 年	9
国际	10 W	4 年	10

开发费用在年末平均支付,不允许加速投资,但可以中断投资。

开发完成后,领取相应的资格证。

五.ISO认证

名称	每年开发费	开发时间	分值
ISO9000	10 W	2 年	8
ISO14000	20 W	2 年	10

开发费用在年末平均支付，不允许加速投资，但可以中断投资。
开发完成后，领取相应的资格证。

六.产品研发

名称	加工费	每季开发费	开发时间	直接成本	分值	产品组成
P1	10 W	10 W	2 季	20 W	7	R1
P2	10 W	10 W	3 季	30 W	8	R2 R3
P3	10 W	10 W	4 季	40 W	9	R1 R2 R3
P4	10 W	10 W	5 季	50 W	10	R1 R2 R3 R4

开发费用在季末平均支付，不允许加速投资，但可以中断投资。

七.原料设置

名称	购买单价	提前期
R1	10 W	1 季
R2	10 W	1 季
R3	10 W	2 季
R4	10 W	2 季

八.其他说明

1. 紧急采购，付款即到货，原材料价格为直接成本的2倍；成品价格为直接成本的3倍。
2. 选单规则：如果有市场老大，则上年本市场销售额最高（无违约）优先；其次看本市场本产品广告额；再看本市场广告总额；再看市场销售排名；如仍无法决定，先投广告者先选单。
3. 破产标准：现金断流或权益为负。
4. 第一年无订单。
5. 交单可提前，不可推后，违约收回订单。
6. 违约金扣除——四舍五入；库存拍卖所得现金——向下取整；贴现费用——向上取整；扣税——四舍五入；长短货利息——四舍五入。
7. 库存折价拍价，生产线变卖，紧急采购，订单违约记入损失。
8. 排行榜记分标准：
总成绩=所有者权益×（1＋企业综合发展潜力/100）
企业综合发展潜力=市场资格分值+ISO资格分值+生产资格分值+厂房分值+各条生产线分值
生产线建成（包括转产）即加分，无需生产出产品，也无需有在制品；厂房状态必须为购买。

九.重要参数

违约金比例	20 %	贷款额倍数	3 倍
产品折价率	100 %	原料折价率	80 %
长货利率	10 %	短货利率	5 %
1，2期贴现率	10 %	3，4期贴现率	12.5 %
初始现金	600 W	管理费	10 W
信息费	1 W	所得税率	25 %
最大长货年限	5 年	最小得单广告额	10 W
原料紧急采购倍数	2 倍	产品紧急采购倍数	3 倍
选单时间	50 秒	首位选单补时	25 秒
市场同开数量	2	市场老大	无
竞单时间	90 秒	竞单同竞数	3
最大厂房数量	4 个	管理费设置	与厂房数无关
用户端还原本年	开	用户端还原本季	开
贴现方式	联合	预测表查看	开
最大抢单数	不启用	抢单时间	90 秒

图 4-5   "商战"学生端的查询规则结果

序号	年份	产品	本境	区域	国内	亚洲	国际
1	第2年	P1	42.21	44.28	0	0	0
2	第2年	P2	60.78	68.29	0	0	0
3	第2年	P3	92.89	86.76	0	0	0
4	第2年	P4	121.57	105.3	0	0	0
5	第3年	P1	45.69	43.96	45.79	0	0
6	第3年	P2	61.03	62.05	65.29	0	0
7	第3年	P3	82.12	81.1	83.36	0	0
8	第3年	P4	104.43	103.07	103.33	0	0
9	第4年	P1	49.11	48	44.83	52.59	0
10	第4年	P2	63.22	64.5	63.88	64.32	0
11	第4年	P3	82.61	78.25	80.46	83.95	0
12	第4年	P4	97.35	97.78	97.22	102.73	0
13	第5年	P1	58.41	54.96	54.35	58	59.06
14	第5年	P2	67	69.33	70.08	65.4	72.29
15	第5年	P3	78.76	81.03	77.92	80.1	82.43
16	第5年	P4	97.35	97.87	93.69	96.45	0
17	第6年	P1	55.69	59.95	56.72	60.71	58.48
18	第6年	P2	68.55	67.66	65	67.11	71.88
19	第6年	P3	88.87	79.62	79	78.45	82.95
20	第6年	P4	97.44	98.93	94.78	97.29	0

市场预测表——需求量

序号	年份	产品	本境	区域	国内	亚洲	国际
1	第2年	P1	43	40	0	0	0
2	第2年	P2	40	28	0	0	0
3	第2年	P3	18	17	0	0	0
4	第2年	P4	28	27	0	0	0
5	第3年	P1	36	25	24	0	0
6	第3年	P2	31	21	34	0	0
7	第3年	P3	24	20	14	0	0
8	第3年	P4	30	28	21	0	0
9	第4年	P1	28	28	24	27	0
10	第4年	P2	27	28	26	25	0
11	第4年	P3	23	24	24	20	0
12	第4年	P4	23	18	23	22	0
13	第5年	P1	32	23	34	21	31
14	第5年	P2	26	30	26	20	21
15	第5年	P3	25	29	26	21	21
16	第5年	P4	17	15	16	20	0
17	第6年	P1	39	40	39	34	48
18	第6年	P2	33	35	30	28	33
19	第6年	P3	30	26	24	33	20
20	第6年	P4	16	14	18	24	0

市场预测表——订单张数

序号	年份	产品	本境	区域	国内	亚洲	国际
1	第2年	P1	12	12	0	0	0
2	第2年	P2	9	7	0	0	0
3	第2年	P3	7	6	0	0	0
4	第2年	P4	9	10	0	0	0
5	第3年	P1	11	7	7	0	0
6	第3年	P2	8	6	7	0	0
7	第3年	P3	7	6	6	0	0
8	第3年	P4	7	7	5	0	0
9	第4年	P1	7	7	7	7	0
10	第4年	P2	8	7	7	6	0
11	第4年	P3	7	9	8	6	0
12	第4年	P4	6	6	6	6	0
13	第5年	P1	6	5	7	5	7
14	第5年	P2	6	6	6	6	5
15	第5年	P3	7	7	7	6	6
16	第5年	P4	4	3	4	4	0
17	第6年	P1	7	7	7	8	9
18	第6年	P2	6	6	8	7	8
19	第6年	P3	6	6	7	8	6
20	第6年	P4	5	4	4	5	0

图 4-6 "商战"学生端的市场预测信息(注意:预测表只统计选单并且实际订单有微调)

第二节 "商战"电子沙盘创业运营仿真流程示例

一、全年运营流程简介

"商战"电子沙盘创业运营仿真中企业经营 6 个年度，每个年度分 4 个季度运行，并且在此之外还有年初运营和年末运营两个重要环节。

1. 年初运营流程

正常的年初企业运营过程包括年度规划(无需在系统内操作)、投放广告、支付广告费、支付所得税、参加订货会、长期贷款，具体流程参见图 4-7。第 1 年年初创企业仅有注册资本，所有资源都需从头开始准备，暂无产品销售，只有进行长期贷款一项，见图 4-8。此后，点击"当季开始"就进入下一个操作界面，见图 4-9，此时不能再进行当年长期贷款。

微课视频

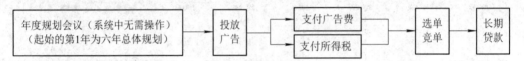

图 4-7　年初运营流程图

图 4-8　第 1 年年初运营"申请长贷"和"当季开始"

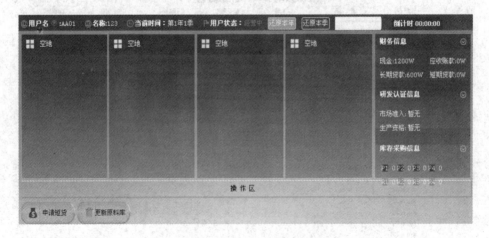

图 4-9　第 1 年年初点击"当季开始"后进入第 1 季运营(注意："申请长贷"按钮消失)

2. 每季度内运营流程

每季度内企业运营的流程模仿企业真实进销存情况。每季完整运营流程参见图4-10。

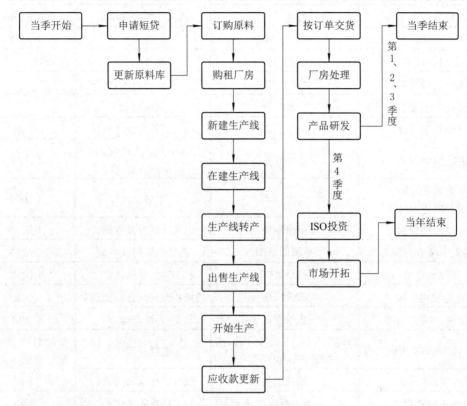

图4-10　每季度企业运营流程图

3. 年末操作流程

年末运营操作主要包含填写报表和投放广告，具体流程参见图4-11。

图4-11　企业年末运营流程图

4. 流程外运营操作

除上述运营操作外，企业随时可进行以下的运营操作，参见图4-12。注意：为了保证企业按规则经营，系统限制了各组企业在参加竞单会过程中进行紧急采购和间谍操作。

图4-12　其他操作

5. "商战"电子沙盘创业运营仿真流程表

与手工沙盘操作流程对应的"商战"电子沙盘创业运营仿真流程表参见表4-1。

表 4-1 企业运营流程表

手工沙盘操作流程	系统操作对应按钮	系统操作要点	操作次数限制
投放广告	投放广告	输入广告费并确认	1 次/年
参加订货会选订单/登记订单	参加订货会	选单	1 次/年
支付应付税	投放广告	系统自动	1 次/年
支付长贷利息	投放广告	系统自动	1 次/年
更新长期贷款/长期贷款还款	投放广告	系统自动	1 次/年
申请长期贷款	申请长贷	输入贷款数额并确认	不限
季初盘点(请填余额)	当季开始	产品下线,生产线完工(自动)	1 次/季
更新短期贷款/短期贷款还本付息	当季开始	系统自动	1 次/季
申请短期贷款	申请短贷	输入贷款数额并确认	1 次/季
原材料入库/更新原料订单	更新原料库	需要确认付款金额	1 次/季
下原料订单	下原料订单	输入并确认	1 次/季
购买/租用厂房	购置厂房	选择并确认,自动扣现金	不限
更新生产/完工入库	当季开始	系统自动	1 次/季
新建/在建/转产/变卖生产线	新建生产线,在建生产线,生产线转产,变卖生产线	选择并确认	新建/转产/变卖不限,在建 1 次/季
紧急采购(随时进行)	紧急采购	随时进行输入并确认	不限
开始下一批生产	下一批生产	选择并确认	不限
更新应收款/应收款收现	应收款更新	需要确认收款金额	1 次/季
按订单交货	按订单交货	选择交货订单确认	不限
产品研发投资	产品研发	选择并确认	1 次/季
厂房出售(买转租)/退租/租转买	厂房处理	选择确认,卖厂房时自动转为应收款	不限
新市场开拓/ISO 资格投资	市场开拓,ISO 投资	仅第四季允许操作	1 次/年
支付管理费/更新厂房租金	当季(年)结束	系统自动	1 次/季
出售库存	出售库存	输入并确认(随时进行)	不限
厂房贴现	厂房贴现	选择并确认(随时进行)	不限
应收款贴现	贴现	输入并确认(随时进行)	不限
—	间谍	选择并确认(随时进行)	不限
缴纳违约订单罚款	当年结束	系统自动	1 次/年
支付设备维修费	当年结束	系统自动	1 次/年
计提折旧	当年结束	系统自动	1 次/年
新市场/ISO 资格换证	当年结束	系统自动	1 次/年
结账	当年结束	系统自动(裁判核对报表)	1 次/年

二、"商战"流程操作示例说明

1. 第1年年初的运营操作

1) 六年竞赛整体规划会议

六年竞赛整体规划会议在每次竞赛开始时召开(软件中无需操作)。会议一般由总经理/CEO 主持召开,会同财务、生产、销售、采购等成员,一起分析并讨论整个六年的市场预测,大体确定产品研发、市场开拓和产能扩张的总体方案,确定广告投放、材料订购和筹资方面的总体策略,并且完成前两年运营的财务预算。有能力可学习或自制决策辅助工具。

2) 长期贷款

点击主页面下方操作区中菜单"申请长贷",弹出"申请长贷"对话框,参见图4-8。弹出框中显示本企业当前时间可以贷款的最大额度,点击"需贷款年限"下拉框选择年限,在"需贷款额"框内输入贷款金额,点击"确认"即申请长贷成功。系统预设的需贷款年限有1年、2年、3年、4年和5年,系统每年自动设定最大贷款额度为上年末的企业所有者权益的 N 倍,N 具体数值由教师/裁判在参数设置中设定。需贷款额由企业在年度规划会议中根据企业运营规划确定,但不得超过最大贷款额度。长期贷款为分期付息,到期一次还本。年利率由教师/裁判在参数设置中设定。若长期贷款年利率设定为10%,贷款额度设定为上年末所有者权益的3倍,企业上年末所有者权益总额为600W,则本年度贷款上限为1800W(600W×3)。假定企业之前没有贷款,则本次贷款最大额度为本年度贷款上限,即为1800W。若企业之前已经存在1000W的长贷和短贷总和,则本次贷款最大额度为本年度贷款上限减去已贷金额,即为800W。若企业第1年初贷入了1000W,期限5年,则系统会在第2、3、4、5、6年初每年自动扣除长贷利息100W(1000W×10%),并在第6年初自动偿还贷款本金1000W。因利息为四舍五入计算,一般情况下对于10%利息,建议以 $10 \times N$(正整数)+4 的面额申请长贷。注意:电子沙盘不再局限于手工沙盘现金币最小1W以及相应贷款币最小10W的限制,贷款可以含个位数,只要符合总贷款数不小于10W的规则。

3) 点击"当季开始"

点击"当季开始"按钮进入第1年第1季度运作(见图4-8)。与手工沙盘不同,"商战"电子沙盘完全是初创企业且第1年无销售选单,故无需交广告费和交去年的应付税。

2. 每季度运营操作(每年相同)

1) 当季开始

点击"当季开始"按钮,系统会自动完成短期贷款的更新,偿还短期借款本息,检测更新生产/完工入库情况(参见图4-8)。若已完工,则完工产品会自动进入产品库,可以查询库存信息了解入库情况,检测生产线完工/转产完工情况。该操作完成后,才能进入本季度内的各项操作。特别注意:第1年"当季开始"因为上述相关业务都未开始,故直接进入季度内。此外,与手工沙盘不同,每季度只做一次的完工入库提前至"当季开始"。

2) 申请短贷

点击"申请短贷"按钮，在"需贷款额"后输入金额后点击"确认"即可，参见图 4-13。短贷期限默认为 1 年，到期一次性还本付息，贷款年利率由教师/裁判在参数设置中设定，短贷申请时不得超过系统按照贷款规则计算后自动给出的"最大贷款额度"，而且短贷最小不低于 10 的整数。假定企业短期贷款年利率为 5%，则企业若在第 1 年第 4 季度贷入 500W，那么企业需在第 2 年第 4 季度偿还该笔短贷的本金 500W 和利息 25 W(500 W × 5%)。因利息为四舍五入计算，一般情况下对于 5%的利息，建议以 $20 \times N$(正整数) + 9 的面额申请短贷。

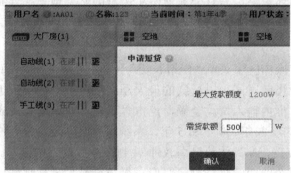

图 4-13　申请短贷

3) 更新原料库

点击"更新原料库"按钮系统将提示当前应该为入库原料所需支付的现金(不可更改)，点击"确认"按钮(即使支付现金金额为 0 也必须执行此步)后系统将扣除现金，并将相应数量的原本 1Q 就可入库的 R1/R2 原料或剩余 1Q 可以入库的 R3/R4 原料进入库存，见图 4-14。注意：图 4-14 中，左图部分是点击"申请短贷"之后再更新原料库的情况，右图部分是先不点击"申请短贷"就更新原料库的情况。该图表明一旦点击"申请短贷"后该按钮就消失，故每季的短贷操作需要慎重。此外，"更新原料"是"商战"系统一个非常重要的控制节点，一旦点击"更新原料"，系统将自动跳转之后的一系列操作，也就无法再次申请短贷，参见图 4-14 的中间部分。

微课视频

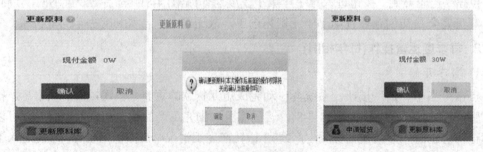

图 4-14　更新原料

与手工沙盘相同，商战系统中原料一般亦为 R1、R2、R3、R4 四种，采购价由系统设定。但与手工沙盘不同的是，商战系统没有了采购批量折扣，即 R1、R2 原料在订购 1 个季度后支付，R3、R4 原料在订购 2 个季度后支付。假定每种原材料每个采购价均为 10W，若某企业在第 1 季度和第 2 季度都订购 R1、R2、R3、R4 各 1 个，则第 2 季度更新原料操作时需支付采购款 20W(对应第 1 季度所订 R1 和 R2)，第 3 季度更新原料操作时需支付采购款 40W(对应第 1 季度所定 R3、R4 和第 2 季度所定 R1、R2)。

4) 订购原料

点击"订购原料"按钮，输入各原料订购数量后点击"确认"按钮，见图 4-15。有三点特别注意：① 订购原料每季只能操作一次，确认后不可退订，当然也可不下原料订单。② 订购原料后，系统将无"订购原料"按钮，除非本季还原，否则不可能重新补下原料订单。③ 如果生产时发现有原料缺货而影响上线生产，只能紧急采购。

订购原料

原料	价格	提前期	数量
R1	10W	1季	1 ↕
R2	10W	1季	0
R3	10W	2季	0
R4	10W	2季	0

确认　取消

图 4-15　订购原料

5) 购租厂房

点击"购租厂房"按钮，再点击下拉框选择厂房类型(提示购买、租用和出售的价格)，选择订购方式"买"或"租"后点击"确认"按钮即可，参见图 4-16。厂房每季均可购入或租入，但整个运营所有年度内的合计数量最多四个(无论买或租)。若选择购买，则需一次性支付购买价款，无后续费用；若选择租入，则需每年支付租金，其支付时间为租入的当时和以后每年对应季度的季末。如企业在第 1 年第 2 季度购入 1 个大厂房，则系统会在购入时一次性扣除相应的购买价款；若此时选择租入 1 个大厂房，则需在第 1 年第 2 季度租入时支付第 1 年租金，并且以后每年由系统自动在第 2 季度季末支付厂房租金。

购租厂房

厂房类型　大厂房(买:300W 租:40W 售:30(▼

订购方式 ○买 ●租

确认　取消

图 4-16　购租厂房

6) 新建生产线

点击"新建生产线"按钮，选择放置生产线的厂房，点击"类型"下拉框，选择要新建的生产线类型，下拉框中有生产线购买的价格信息，选择新建的生产线计划准备生产的产品类型,点击"确认"按钮完成,见图 4-17。新建多条生产线时,无需退出该界面即可重复操作直至铺满厂房。特别注意:生产线不可以在不同厂房之间移位;新建生产线确定产品时并不要求企业已拥有该产品生产资格(注意:产品研发进度与生产线安装进度要衔接)。

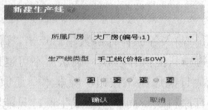

图 4-17 新建生产线

7) 在建生产线

点击"在建生产线"按钮将弹出需要继续投资建设的生产线信息,勾选决定继续投资的生产线后点击"确认"按钮即可,参见图 4-18。注意:只有处在建造期的生产线才会显示在此对话框中(框中显示其累计投资、开建时间和剩余时间)。投资生产线的支付可以不连续,即在资金紧张时中断投资,并在有资金时随时恢复投资(等待该步骤可操作时)。生产线需等待最后一期投资到位后的下一个季度才算安装完成并允许使用,这点与手工沙盘相同。

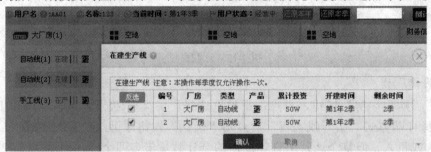

图 4-18 在建生产线

8) 生产线转产(继续转产)

点击"生产线转产"按钮显示可以进行生产转产的生产线信息,单选需转产的生产线并且选择要生产的新产品,点击"确认转产"按钮即可,参见图 4-19。不同生产线的转产费用和转产周期是有区别的,详情见前文规则说明。个别设定情况下,若转产周期为 2Q 以上(含 2Q)时,则需要继续转产,其操作和在建生产线类似。转产周期为零,则可任意转产且不用停产或支付转产费。注意:转产时要求拟转产生产线处于空闲状态,否则不可操作转产。

反选	生产线编号	所属厂房	生产线类型	产品类型	转产周期	转产费
☐	1	大厂房(1)	自动线	P2	1季	20W
☑	2	大厂房(1)	自动线	P2	1季	20W

转产产品 ● P1 ○ P2 ○ P3 ○ P4

确认转产 取消

图 4-19 生产线转产

9) 出售生产线

点击"出售生产线"按钮显示可以进行出售的生产线信息,勾选要出售的生产线后点击"确认"按钮即可,参见图4-20。出售生产线的前提是该生产线是空闲的(即非"在产"状态)并且不能是处于转产进程中的。出售时按残值收取现金,按净值(生产线的原值减去累计折旧后的余额)与残值之间的差额作为企业的额外损失(记入当年费用中的损失项目)。因此,已提足折旧的生产线不会产生出售损失,未提足折旧的生产线必然产生出售损失。

反选	生产线编号	类型	开建时间	所属厂房	产品	净值	建成时间
☐	97	手工线	第1年2季	大厂房(28)	P1	5W	第1年2季
☐	98	手工线	第1年2季	大厂房(28)	P1	5W	第1年2季

图4-20 出售生产线

10) 开始生产

点击"开始生产"按钮,将弹出"开始下一批生产"对话框,显示可进行生产的生产线信息,参见图4-21。勾选要投产的生产线,点击"确认"按钮即可。开始下一批生产时保证相应的生产线空闲、产品完成研发、生产原料充足、投产用的现金足够,这四个条件缺一不可。开始下一批生产操作时,系统会自动从原材料仓库领用相应的原材料,并从现金处扣除用于生产的人工费用。假定规则规定 P1 产品构成为 1R1 + 1W,当前想在某半自动线上生产 P1 产品,则要求该生产线此时没有在制品(一条生产线同时只能生产一个产品),且原材料仓库需有 1 个 R1 原材料,以及 1W 的现金余额用于支付产品生产的人工费。上线生产后,系统会自动从 R1 原材料库中领用 1 个 R1,并从现金库中扣除 1W 的生产费用。

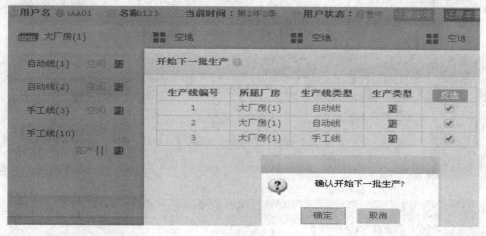

图4-21 开始下一批生产

11) 应收款更新

点击"应收款更新"按钮,将弹出"应收款更新"对话框(见图 4-22),再点击"确认"按钮即可。应收款更新操作实质上是将企业所有的应收款项减少 1 个收账期,即 1 期应收款自动收现,而 2、3、4 期应收款减少 1 个账期。再次提醒:"应收款更新"是重要节点，一旦点击并且点击确认了，则排列在它前面的"购租厂房""新建生产线""在建生产线""生产线转产""继续转产""出售生产线"和"开始生产"在本季都无法操作了。

图 4-22　应收款更新

12) 按订单交货

点击"按订单交货"按钮，将弹出"订单交货"对话框，再点击每条订单"确认交货"按钮即可。订单交货对话框中会显示可以交货的订单(不包括过了交货期的)，有足够库存则可成功交货，得到应收款或者现金(即 0 账期订单)，参见图 4-23；否则报错，参见图 4-24。特别注意：① 数量方面要求企业一次性按照订单规定的数量交货，不得多交亦不得少交，也不能拆分以交货。② 交货期方面要求当年必须交货，不得拖到第 2 年，可以提前交但不能延迟交货，即规定第 3 季度交货，可以在第 1、2、3 季度交货，但不能在第 4 季度交货，违规的订单收回(这与手工沙盘要求违约单下年交付不同)。③ 无论当年应收款是否收现，均记入当年销售收入。

图 4-23　订单交货(成功状态)

图 4-24　订单交货(失败状态，P1 库存仅为 2 个，订单要求交 3 个 P1)

13) 厂房处理

点击"厂房处理"按钮,将弹出"厂房处理"对话框(见图 4-25),选择厂房的处理方式,系统会自动显示出符合处理条件的厂房以供选择。勾选厂房,点击"确认"按钮,厂房处理方式包括卖出(买转租)、退租、租转买三种。买转租操作针对原购入的厂房,实质上此操作包括两个环节:一是卖出厂房,二是将此厂房租回;卖出厂房将根据规则产生一定金额、一定账期的应收款(详见规则说明),租入厂房需支付对应的租金,这一操作无需厂房处于空置状态。退租操作针对原租入的厂房,该操作要求厂房内无生产设备。租转买操作针对原租入的厂房,按售价支付现金。假定规则规定某大厂房购买价为300W,租金 40W/年,若企业欲将原购入的大厂房买转租,则会产生期限为 4Q、金额为300W 的应收款,同时系统会在买转租时自动扣除当期厂房租金 40W。这种厂房处理规则与手工沙盘相同。

厂房处理

处理方式	◉ 卖出(买转租)	○ 退租	○ 租转买

选择项	厂房	厂房状态
○	大厂房(1)	购买
○	大厂房(2)	购买

确认

图 4-25 厂房处理

14) 产品研发

点击"产品研发"按钮,将弹出"产品研发"对话框,勾选需要研发的产品,再点击"确认"按钮。产品研发按照季度来投资,每个季度均可操作,中间可以中断投资,直至产品研发完成。而产品研发成功后方能生产相应的产品。以 P1 为例,第 1、2 季度投资,第 2 季当季结束获得生产资格,第 3 季度即可生产使用,参见图 4-26。

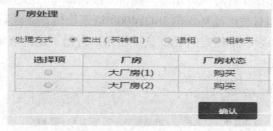

图 4-26 产品研发

15) 市场开拓

市场开拓只有每年第 4 季度末才出现。点击"市场开拓"按钮,将弹出图 4-27 所示的对话框,勾选需要研发的市场,包括本地市场(这与手工沙盘中已开发了本地市场不同)、区域市场、国内市场、亚洲市场和国际市场,再点击"确认"按钮即可。市场开拓是企业进入相应市场投放广告、选取产品订单的前提,中间可中断投资。以国内市场为例,第 1、2 年投资,第 3 年可生产使用。

选择项	市场	投资费用	投资时间	剩余时间
✓	本地	10W/年	1年	-
✓	区域	10W/年	1年	-
✓	国内	10W/年	2年	-
○	亚洲	10W/年	3年	-
✓	国际	10W/年	4年	-

图 4-27　市场开拓

16) ISO 投资

ISO 投资只有每年第 4 季度才出现。点击"ISO 投资"按钮，将弹出图 4-28 所示的对话框，勾选需要投资的 ISO 资质，再点击"确认"按钮即可。ISO 投资包括有关产品质量的 ISO9000 认证投资和有关产品环保的 ISO14000 认证投资。企业若想在订货会上选取带有 ISO 认证的订单，必须取得相应的 ISO 认证资格，否则不能选取该订单。ISO 投资可中断投资，直至 ISO 投资完成。

选择项	名称	投资费用	投资时间	剩余时间
✓	ISO9000	10W/年	2年	-
○	ISO14000	20W/年	2年	-

图 4-28　ISO 投资

17) 当季(年)结束

在每年 1～3 季度末执行"当季结束"，第 4 季末执行"当年结束"。对与需要支付或更新的事项确认无误后，点击"确认"按钮即可，参见图 4-29。当季结束时，系统会自动支付行政管理费、厂房续租租金，检查产品开发完成情况。当年结束时，系统会自动支付行政管理费、厂房续租租金，检测产品开发、市场开拓情况、ISO 投资，自动支付设备维修费、计提当年折旧、扣除产品违约订单的罚款。

图 4-29　当季(年)结束

3. 年末运营操作

年末运营操作就是填写报表。点击"填写报表"按钮,将弹出图 4-30 所示的对话框,依次在综合费用表、利润表、资产负债表的编辑框内输入相应计算数值(按从左到右顺序),可在教师端查看填写是否正确。

图 4-30 "填写报表"启动界面和报表结果界面

4. 第 2 年起的年初运营操作

1) 年度规划会议

年度规划会议在每运营年度开始时召开(软件中无需操作)。年度规划会议由 CEO 主持召开,会同团队中的财务、生产、销售、采购、会计等成员,进行全年详细的市场预测分析、广告投放、订单选取、产能扩张、产能安排、材料订购、订单交货、产品研发、市场开拓、筹资管理和现金控制等方面的分析和决策规划,最终完成全年运营的财务预算。

2) 支付广告费、支付所得税

点击"当年结束"后系统将切换到下一年年初,需要投放广告(见图 4-31),确认投放后系统自动扣除投放的广告费和上 交的所得税以及到期的长贷利息和本金。注意:10 万元为选单最低广告费,若 次选单权,有必要再多加 20 万(如 P2 本地 30 万)。

图 4-31 投放广告

3) 选单

点击"参加订货会"参加选单,系统会提示正在选单的市场(显示为红色)、选单用户和剩余选单时间,选单时要特别关注上述信息。对话框左边显示某市场的选单顺序,右边显示该市场的订单列表,未轮到当前用户选单时,右边操作一列无法点击,参见图 4-32;当轮到当前用户选单时,操作显示"选单"按钮,点击"选单",成功选单,参见图 4-33;当选单倒计时结束后用户无法选单。选单时要特别注意两个市场同时进行选单的情况。

微课视频

订货会进行中!

K12(本地,P1) K13(区域,P1) 正在选单; 国内 亚洲未开始选单; 国际无订单;

| 本地 | 区域 | 国内 | 亚洲 | 国际 |

K02参加第4年订货会,当前回合为 区域市场,P1产品,选单用户**K13**,剩余选单时间为**44秒**

ID♦	用户	产品广告♦	市场广告♦	销售♦	违约♦	次数♦		ID♦	编号♦	总价♦	单价♦	数量♦	交货期♦	账期♦	ISO	操作
1	K13	1	6	25	无	1次		1	6-0236	13	43.3	3	3	2	-	-
2	K06	1	4	28	无	1次		2	6-0237	26	52	5	2	2	-	-
3	K05	1	4	11	无	1次		3	6-0238	9	45	2	4	0	9K	-
4	K04	1	2	0	无	1次		4	6-0239	18	45	4	4	2	-	-
5	K09	1	1	49	无	1次		5	6-0240	10	50	2	4	1	-	-
								6	6-0241	9	45	2	1	2	-	-
								7	6-0242	13	43.3	3	3	2	-	-
								8	6-0243	5	50	1	2	0	-	-
								9	6-0244	14	46.7	3	4	1	14K	-

图 4-32 参加订货会(选单顺序)

订货会进行中!

AA01(本地,P1) AA01(区域,P1) 正在选单; 国内 亚洲 国际无订单;   本年已选订单

| 本地 | 区域 | 国内 | 亚洲 | 国际 |

AA01参加第2年订货会,当前回合为 本地 市场,P1产品,选单用户**AA01**,剩余选单时间为**26秒** 放弃本回合

ID♦	用户	产品广告♦	市场广告♦	销售♦	违约♦	次数♦		ID♦	编号♦	总价♦	单价♦	数量♦	交货期♦	账期♦	ISO	操作
1	AA01	12	42	0	无	1次		1	X-001	121	40.33	3	4	0	-	选单
								2	X-002	153	38.25	4	4	2	-	选单
								3	X-003	171	42.75	4	4	1	-	选单
								4	X-004	91	45.5	2	4	2	-	选单
								5	X-005	291	41.57	7	4	2	-	选单
								6	X-006	80	40	2	4	2	-	选单
								7	X-007	133	44.33	3	4	3	-	选单
								8	X-008	131	43.67	3	4	3	-	选单
								9	X-009	203	40.6	5	4	4	-	选单
								10	X-010	130	43.33	3	4	2	-	选单

AA03(区域,P3) 正在选单; 本地 选单结束; 国内 亚洲 国际无订单;   本年已选订单

| 本地 | 区域 | 国内 | 亚洲 | 国际 |

AA03参加第2年订货会,当前回合为 区域 市场,P3产品,选单用户**AA03**,剩余选单时间为**49秒** 放弃本回合

ID♦	用户	产品广告♦	市场广告♦	销售♦	违约♦	次数♦		ID♦	编号♦	总价♦	单价♦	数量♦	交货期♦	账期♦	ISO	操作
1	AA03	10	40	0	无	1次		1	X-057	170	85	2	4	1	-	选单
								2	X-058	171	85.5	2	4	1	-	选单
								3	X-059	341	85.25	4	4	2	-	选单
								4	X-060	270	90	3	4	2	-	选单
								5	X-061	171	85.5	2	4	1	-	选单
								6	X-062	352	88	4	4	3	-	选单

图 4-33 参加订货会(选单)

4) 竞单

选单后某些年份可能有竞单(这与手工沙盘不同)，见图 4-34。"商战"中竞单和选单的结构完全一样，标明了订单编号、市场、产品、数量、ISO 要求等，但总价、交货期、账期三项为空。此三项要求各个队伍根据情况自行填写。参与竞拍的公司需要有相应市场、ISO 认证的资质，但不必有生产资格。中标公司需为该单支付最小得单广告额的标书费，在竞单结束后一次性扣除并计入广告费。系统按照：得分 = 100+ (5−交货期) × 2+应收账期−8 × 总价/(该产品直接成本 × 数量)；以得分最高者中标，如果计算分数相同，则先提交者中标。

ID	订单编号	市场	产品	数量	ISO	状态	得单用户	总金额	交货期	账期
1	841	本地	P1	3	-	设置	-	-	-	-
2	842	本地	P1	6	14K	设置	-	-	-	-
3	843	区域	P3	4	-	设置	-	-	-	-
4	844	区域	P3	2	9K 14K	等待	-	-	-	-
5	845	国内	P2	4	14K	等待	-	-	-	-
6	846	国内	P4	3	-	等待	-	-	-	-
7	847	国内	P5	3	14K	等待	-	-	-	-
8	848	亚洲	P1	3	-	等待	-	-	-	-
9	850	亚洲	P1	5	-	等待	-	-	-	-
10	851	亚洲	P2	3	-	等待	-	-	-	-
11	852	亚洲	P3	3	9K 14K	等待	-	-	-	-
12	853	亚洲	P3	5	-	等待	-	-	-	-
13	854	国际	P4	4	9K	等待	-	-	-	-

竞单会进行中！

BJ01 参加第2年竞单会，当前回合剩余竞单时间为**55秒**

图 4-34　参加订货会(竞单)

5) 长期贷款

第 2 年之后的长期贷款业务与第 1 年的相同，参见图 4-8。系统在每年年初自动扣除到期的长贷利息和本金，必须提前预留好。请对比图 4-30 中第 1 年报表中财务费用为 "0"、长贷 600 W 和短贷 500 W，及图 4-35 中第 2 年财务费用 "85" (600×10% + 500×5%)。

微课视频

第2年综合费用表	
项目\用户	AA01
管理费	40
广告费	82
维护费	40
损失	24
转产费	20
租金	40
市场开拓费	20
产品研发费	0
ISO认证费	10
信息费	0
合计	276

第2年利润表	
项目\用户	AA01
销售收入	292
直接成本	150
毛利	142
综合费用	276
折旧前利润	−134
折旧	10
支付利息前利润	−144
财务费用	85
税前利润	−229
所得税	0
年度净利润	−229

图 4-35　第 2 年综合费用表和利润表

5. 流程外运营操作(此类操作可随时进行)

1) 贴现

点击"贴现"按钮将弹出对话框,显示可以贴现的应收款金额。选好贴现期,在贴现额一列输入要贴现的金额,点击"确认"按钮,参见图4-36。系统将根据不同贴现期扣除不同贴息,将剩余的贴现金额加入现金。贴现是指将提前收回未到期的应收款,因为并非正常到期收回,所以贴现时需支付相应的贴现利息(贴现利息 = 贴现金额×贴现率)。与手工沙盘不同,"商战"中1、2期贴现方式可以是"联合",3、4期同理。若为"联合"方式,第1期贴60W和第2期贴80W,则贴息为$(60 + 80) \times 10\% = 14$。注意:若为"独立",则是每期分别计算贴息,此时因有四舍五入的规则,可能导致与"联合"方式相差1W的贴息。

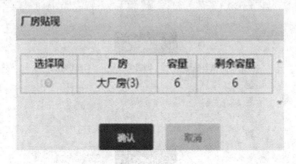

图4-36 贴现

2) 厂房贴现

该操作随时可进行,点击主页面操作区最下方中菜单"厂房贴现",弹出的对话框显示可以贴现的厂房信息。选择某一条厂房,点击"确定"按钮,见图4-37。系统根据每类厂房出售价格贴现。如果有生产线将扣除该厂房租金,保证厂房继续经营;若无生产线,厂房原值售出后,售价按4季应收款全部贴现。注意:系统自动全部贴现,不允许部分贴现。

图4-37 厂房贴现

3) 紧急采购

该操作除竞单时外可随时进行,点击主页面操作区最下方中菜单"紧急采购",弹出"紧急采购"对话框,显示当前企业的原料、产品的库存数量以及紧急采购价格。在订购量一列输入数值，点击"确定"按钮即可，参见图 4-38。原料不足时，可以以直接成本 2 倍(参数)的价格购买，直接到货；产品不足时，可以以直接成本的 3 倍(参数)价格购买，直接到货。

微课视频

图 4-38　紧急采购

4) 出售库存

该操作随时可进行，点击主页面操作区最下方中菜单"出售库存"，弹出"出售库存"对话框，显示当前企业的原料、产品的库存数量以及出售价格。在出售数量一列输入数值，点击"确定"按钮即可，参见图 4-39。企业一般只有在资金极度短缺时才会考虑出售库存。库存出售可能会在成本的基础上打折销售，也可能以成本价出售，由教师/裁判在参数设置中设定。

图 4-39　出售库存

5) 订单信息

此操作随时可进行，可以按年份排序，参见图 4-40。

订单编号	市场	产品	数量	总价	状态	得单年份	交货期	账期	ISO	交货时间
58	区域	P2	3	218W	已交	第2年	3季	3季	-	第2年2季
26	本地	P3	3	268W	已交	第2年	3季	2季	-	第2年3季
23	本地	P3	2	174W	已交	第2年	3季	2季	-	第2年3季
34	本地	P3	4	351W	已交	第2年	4季	2季	-	第2年4季
102	本地	P3	4	334W	已交	第3年	3季	2季	-	第3年3季
151	区域	P3	3	255W	违约	第3年	3季	3季	9K	-
190	国内	P3	3	253W	已交	第3年	3季	2季	-	第3年3季
192	国内	P5	4	623W	已交	第3年	3季	4季	-	第3年2季
J007	区域	P3	2	130W	已交	第4年	1季	0季	9K	第4年1季
262	区域	P5	4	643W	已交	第4年	2季	3季	14K	第4年2季
285	国内	P5	2	319W	已交	第4年	2季	1季	9K	第4年2季
J013	亚洲	P5	2	240W	已交	第4年	4季	2季	-	第4年4季

图 4-40 订单信息

6)商业情报

点击主页面下方操作区中菜单"商业情报",弹出"商业情报"对话框,点击"确认"按钮下载即可。可查询本队信息,也可购买对手信息,见图4-41。裁判发布的公共信息也在此处下载。

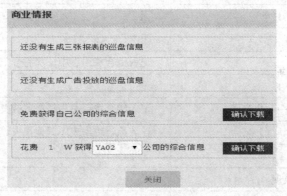

图 4-41 商业情报

三、财务处理流程

经营流程表可以看作是简单的现金流量表,它将每一步操作的现金收支情况做出记录,但又不完全等同于现金流量表,根据不同岗位也可记录一些与现金无关的内容。一个年度经营细节在此表中可查询,记录如果较为规范,便于查找错误。

综合费用表用于记录企业在一个会计年度中发生的各项费用。

利润表是企业在一定期间的经营成果,表现为企业在该期间所取得的利润,它是企业经济效益的综合体现,又称为损益表或收益表。

资产负债表是企业对外提供的主要财务报表。它是根据资产、负债和所有者权益之间的相互关系,即"资产=负债+所有者权益"的恒等关系,按照一定的分类标准和一定的次序,把企业特定日期的资产、负债和所有者权益三项会计要素所属项目予以适当排列,并对日常会计工作中形成的会计数据进行加工、整理后编制而成的。其主要目的是，反映企业在某一特定日期的财务状况。通过资产负债表，可以了解企业所掌握的经济资源及其分布情况，了解企业的资本结构，分析、评价、预测企业的短期偿债能力和长期偿债能力，正确评估企业的经营业绩。表 4-2 列出了经营流程表中各项任务对应的账务处理要点。

表 4-2　流程账务处理要点

流　　程	说　　明
新年度规划会议	无
投放广告	记入综合费用表中广告费
选单及竞单/登记订单	无
支付应付税	无
支付长贷利息	计入利润表中财务费用
更新长期贷款/长期贷款还款	无
申请长期贷款	无
基础盘点(填余额)	无
更新短期贷款/短期贷款还本付息	利息记入利润表中财务费用
申请短期贷款	无
原材料入库/更新原料订单	无
下订单原料	无
购买/租用厂房	记入综合费用表中厂房租金
更新生产/完工入库	无
新建/在建/转产/变卖——生产线	记入综合费用表中转产费或其他损失
紧急采购(随时进行)	计入综合费用表中其他损失
开始下一批生产	无
更新应收款/应收款收现	无
按订单交货	记入利润表中销售收入和直接成本
产品研发投资	记入综合费用表中产品研发
厂房——出售(买转租)/退租/租转买	租金记入综合费用表
新市场开拓/ISO 资格投资	计入综合费用表中 ISO 资格认证
支付管理费/更新厂房租金	记入综合费用表中管理费及厂房租金
出售库存	记入综合费用表中其他损失
厂房贴现	租金记入综合费用表，贴息记入利润表中财务费用
应收款贴现	贴息记入利润表中财务费用
缴纳违约订单罚款	记入综合费用表中其他损失
支付设备维修费	记入综合费用表中设备维修费
计提折旧	记入利润表中折旧

完成一年经营后,首先根据盘面或系统各费用项生成综合费用表,之后再生成利润表。利润表数据来源及勾稽关系见表4-3。

表4-3 利润表数据来源及勾稽关系

编号	项 目	数据来源	勾稽关系
1	销售收入	产品核算统计表	—
2	直接成本	同上	—
3	毛利		= 1−2
4	综合费用	综合费用表	—
5	折旧前利润		= 3−4
6	折旧	盘面或系统	—
7	支付利息前利润		= 5−6
8	财务费用	盘面或系统	—
9	税前利润		= 7−8
10	所得税	税前利润的25%	—
11	年度净利		= 9−10

完成利润表后,可以生成资产负债表,其数据来源见表4-4。

表4-4 资产负债表数据来源及勾稽关系

项目	来源说明	项目	来源说明
现金	盘面或系统	长期负债	盘面或系统
应收款	盘面或系统	短期负债	盘面或系统
在制品	盘面或系统	应交所得税	本年利润表
产成品	盘面或系统	—	—
原材料	盘面或系统	—	—
流动资产合计	以上五个项目之和	负债合计	以上三个项目之和
厂房	盘面或系统	股东资本	初始设定(不变)
生产线	盘面或系统	利润留存	上年利润留存 + 上年年度净利
在建工程	盘面或系统	年度净利	本年利润表
固定资产合计	以上三个项目之和	所有者权益合计	以上三个项目之和
资产总计	流动资产合计 + 固定资产合计	负债和所有者权益总计	负债合计 + 所有者权益合计

第三节 "商战"创业运营仿真的实战分析

一、"商战"物流运作实战分析及其与手工沙盘物流运作的差异

1. "商战"物流运作与手工沙盘物流运作的主要差异

"商战"电子沙盘与手工沙盘在物流运作方面的主要差别有以下几点：

① 没有手工沙盘的年初交货，而仅从第 1 季度开始交货；

② "商战"电子沙盘新增了紧急采购原料和紧急采购产品；

③ 高级 ERP 沙盘竞赛中产品结构更为复杂，时常将 P1 和/或 P2 作为半成品加入到 P4 和/或 P5 最终产品中；

④ "商战"电子沙盘在生产线中新增一类租赁线和/或去掉半自动线；

⑤ "商战"电子沙盘在本地市场亦要开发一次。

对于第一点差异，"商战"电子沙盘的运作使得资金运作更为紧张。原本在手工沙盘中，可以通过在选单之后的年初，利用上年年末库存实现的部分订单的立即交货，从而获得销售收入的现金或者应收账款贴现后的现金，并用这部分新增现金来弥补年初要交的广告费和/或税金的不足。

对于第二点差异(可以参见图 4-38 和图 4-39)，虽然可以在很大程度上避免订单违约，但对于成本控制和企业利润则是较大的伤害。

对于第三点差异，参见图 4-42，"商战"更贴近于企业 ERP 的实际业务，但使得企业的物流运作(尤其销售、生产和采购)更为复杂，相应要求学生训练出更高级的快速决策能力和选单时更好的弹性决策应变能力。

构成产品	产品成分	原料成分	数量
P1		R1	1
P2		R2	1
P2		R3	1
P3		R1	1
P3		R3	1
P3		R4	1
P4	P1		1
P4		R1	1
P4		R3	1
P5	P2		1
P5		R2	1
P5		R4	1

微课视频

图 4-42 高级 ERP 沙盘竞赛中更复杂的产品结构

对于第四点差异,参见图4-43,"商战"同样更贴近于企业实际的复杂物流业务,亦要求学生训练更高级的快速决策能力和弹性决策应变能力。对于第五点差异,只需要投资一次,注意操作一下即可。

ID	名称	每季投资额	安装周期	生产周期	每季转产费	转产周期	维护费	残值	折旧费	折旧时间	分值
1	手工线	35	0	2	0	0	5	5	10	4	0
2	自动线	150	3	1	20	1	20	30	30	5	8
3	柔性线	200	4	1	0	0	20	40	40	5	10
4	租赁线	0	0	1	20	1	65	-100	0	0	0

图4-43   高级ERP沙盘竞赛中更复杂的生产线组合

2. "商战"物流运作方面的实战分析

"商战"物流运作方面的实战分析参见以下案例。

图4-44是AA01公司第1年年末(亦第2年年初)的商战盘面情况。图4-45是教师端可查询该公司年末运营状态信息。图4-46是AA01公司第2年的选单结果,其中P2接单5个在产能(两条全自动能出产6个)之内,但P1接单3个在产能(一条上年第2季度有在制品的手工线只能在第2年交货1个)之外。为增加P1产出,立刻新建一条无安装周期的手工线可在第1季度开始生产并在第4季度出产一个P1。P2产能又多一个,但转产P1,可能也来不及产出一个P1,参见图4-47~4-68。由这部分运作可以看出,"商战"电子沙盘与用友手工沙盘在物流运作方面极其相似。

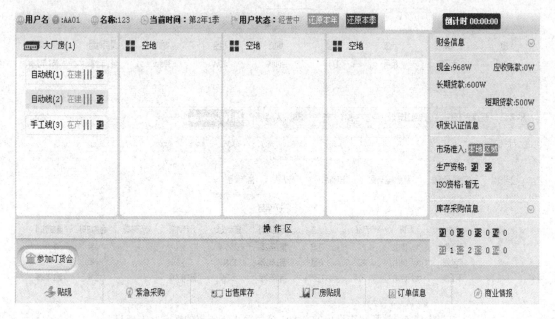

图4-44   商战运作时某组第1年年末(亦第2年年初)的商战盘面

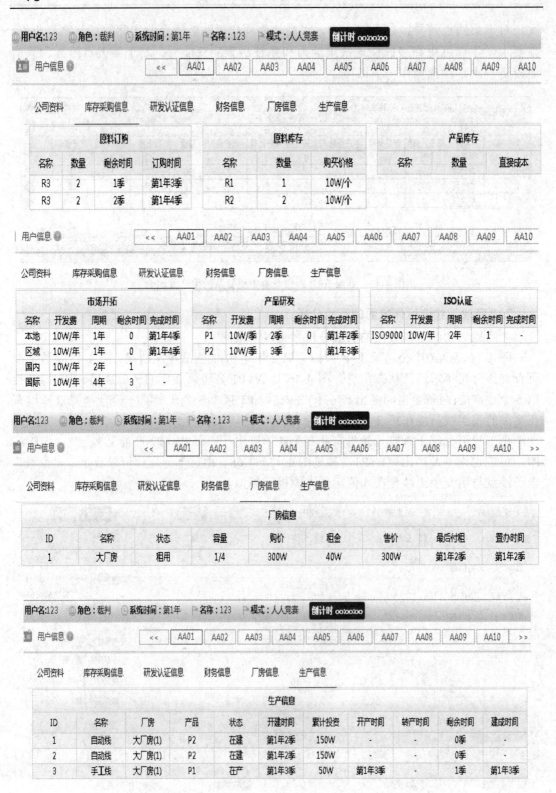

图 4-45   教师端查询出的 AA01 公司第 1 年年末的运营状态信息

图 4-46 "商战"电子沙盘中 AA01 公司第 2 年的选单结果

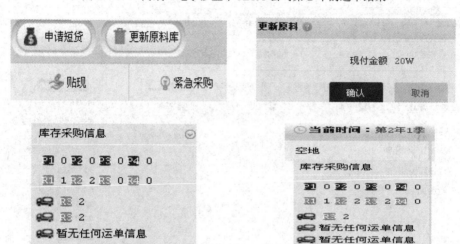

图 4-47 AA01 公司第 1 季度首先是"更新原料库"(左图对应上年末状态，20W 入库 2R3)

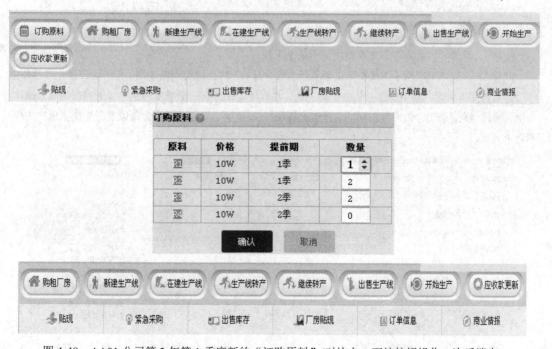

图 4-48 AA01 公司第 2 年第 1 季度新的"订购原料"(对比上、下该按钮操作一次后消失)

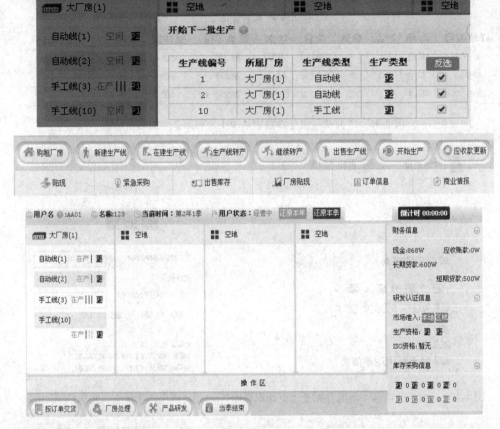

图 4-49　AA01 公司第 2 年第 1 季度运作"开始生产"(原料 1R1、2R2、2R3 被使用)

注释 1：运作"开始生产"之前新增了一条手工线。

注释 2：上图部分表明手工线在第 1 季更新"当季开始"时已进展到第 3 期，但不会在操作"开始生产"之后再完工入库，即下图部分仍处于第 3 期。这样才能保证在一个季度内生产线上的在制品只操作一次。如此一来，手工沙盘时常出现的生产盘面弄错(主要错误是期初和期末混淆以至于加快了出产进程)不会再发生。

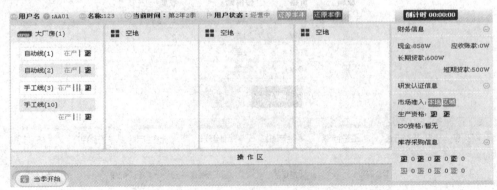

图 4-50　AA01 公司第 2 年第 2 季度"当季开始"前状态(手工线还未出产且原料未入库)

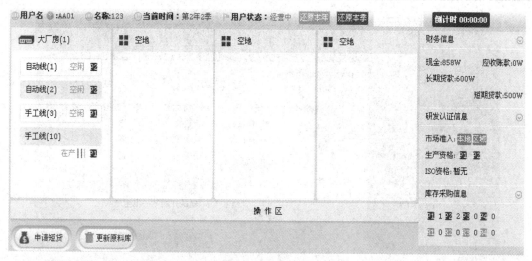

图 4-51 AA01 公司第 2 年第 2 季度"当季开始"后状态(生产线出产 1P1 和 2P2)

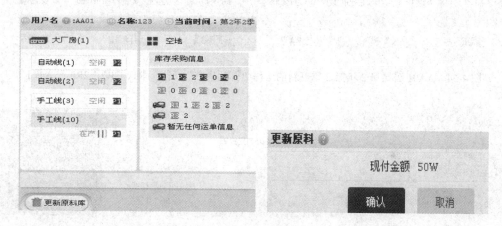

图 4-52 AA01 公司第 2 年第 2 季度"更新原料库"业务(50W 对应入库 1R1、2R2、2R3)

注释:这次付款中的 2R3 部分是第 1 年第 4 季度订购的 2R3 到货而形成的付款。

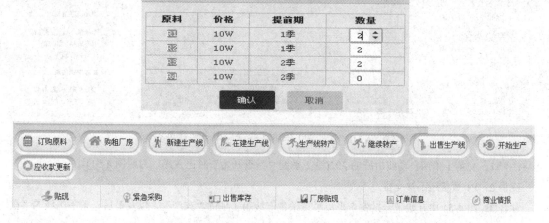

图 4-53 AA01 公司第 2 年第 2 季度新的"订购原料"业务

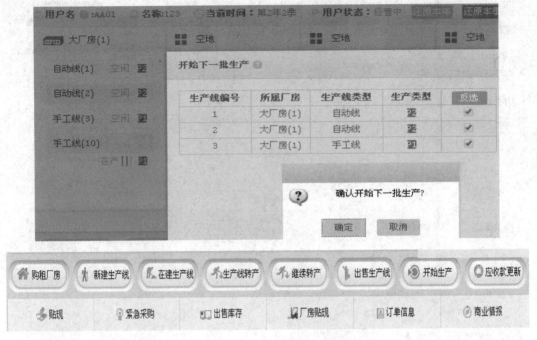

图 4-54　AA01 公司第 2 年第 2 季度新的运作"开始生产"(所需 1R1、2R2、2R3 已入库)

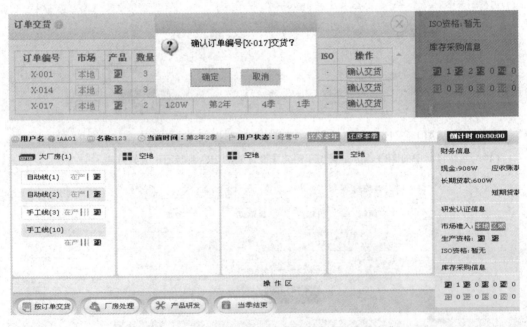

图 4-55　AA01 公司第 2 年第 2 季度运作"按订单交货"

注释 1：交第 1 季两自动线出产的 2P2(第 2 季度"当季开始"时已入库，对照图 4-51)。

注释 2：P1 数量还不够交货。

注释 3：图 4-54 中开始下一批生产形成了三条生产线第 1 期的"在产"，以及最后一条手工线的"在产"更新至第 2 期。

AA01 公司第 2 年第 3 季度 "当季开始" 运作之后,状态应为两条自动线出产 2 个 P2 并转变为 "空闲" 状态,两条手工线的生产分别更新至第 2 期和第 3 期,此处图略。

图 4-56 AA01 公司第 2 年第 3 季度 "更新原料库" 业务(60 W 对应入库 2R1、2R2、2R3)

注释 1:这次付款中的 2R3 部分是第 2 年第 1 季度订购的 2R3 到货而形成的付款。

注释 2:2 个 P2 是第 3 季度 "当季开始" 运作之后两条自动线出产的(手工线无出产)。

注释 3:图 4-55 中原料全部为零,由这次更新补充 R1、R2 和 R3 各 2 个。

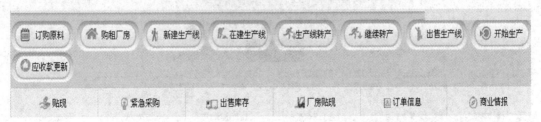

图 4-57 AA01 公司第 2 年第 3 季度新的 "订购原料" 业务

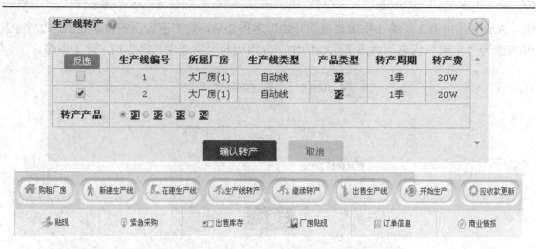

图 4-58　AA01 公司第 2 年第 3 季度新的"生产线转产"业务(一条自动线转产 P1)

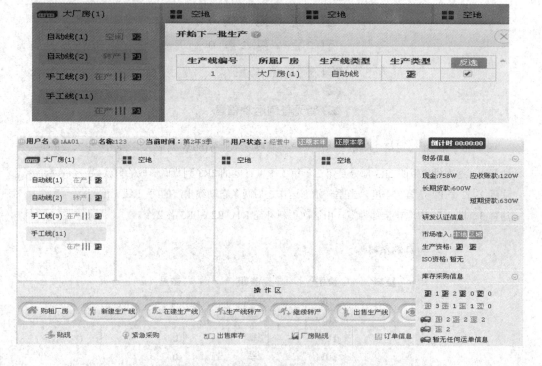

图 4-59　AA01 公司第 2 年第 3 季度运作"开始生产"(原料 R1 和 R2 各使用 1 个)

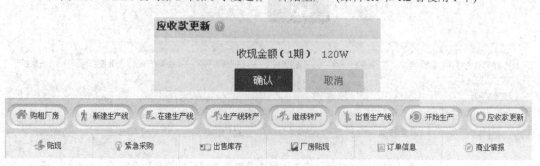

图 4-60　AA01 公司第 2 年第 3 季度"应收款更新"收入现金(对应第 2 季度交货的应收款)

图 4-61 AA01 公司第 2 年第 4 季度 "当季开始" 前状态(无法交货，故仍有 2P2 和 1P1 产品)

图 4-62 AA01 公司第 2 年第 4 季度 "当季开始" 后状态(有 3 个 P2 和 2 个 P1 可交一单)

图 4-63 AA01 公司第 2 年第 4 季度 "更新原料库" 业务(60W 对应入库 2R1、2R2、2R3)

订购原料 ⊙

原料	价格	提前期	数量
R1	10W	1季	3
R2	10W	1季	1
R3	10W	2季	2
R4	10W	2季	0 ⇕

确认　　取消

图 4-64　AA01 公司第 2 年第 4 季度新的"订购原料"业务

用户名 ⊙:AA01　　名称:123　　当前时间:第2年4季　　用户状态:经营中　还原本年　还原本季

▭ 大厂房(1)

自动线(1)　空闲 R2

自动线(2)　空闲 R1

手工线(3)　在产 ‖‖ R1

手工线(11)　空闲 R1

开始下一批生产 ⊙   ⊗

生产线编号	所属厂房	生产线类型	生产类型	反选
1	大厂房(1)	自动线	R2	✔
2	大厂房(1)	自动线	R1	✔
11	大厂房(1)	手工线	R1	✔

图 4-65　AA01 公司第 2 年第 4 季度运作"开始生产"(原料 R1 和 R2 各使用 1 个)

注释 1：转产的生产线可以使用了，但刚转产的自动线只能属于在制品，无法产出 P1。

注释 2：手工线(3)仍处第 3 期，无法再次运作下线，故 P1 将违约(除非紧急采购产品)。

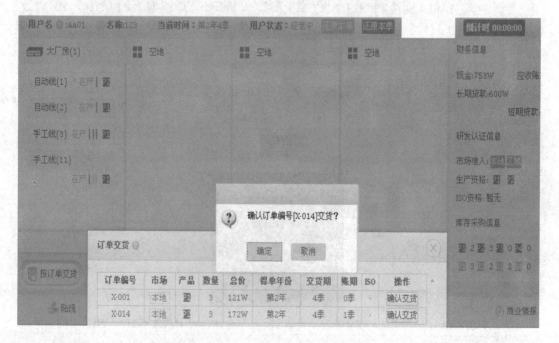

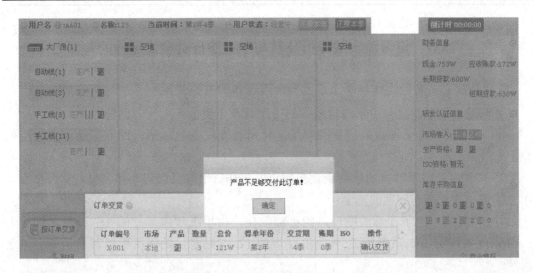

图 4-66 AA01 公司第 2 年第 4 季度运作"按订单交货"(只能交出 3 个 P2,P1 违约)

图 4-67 AA01 公司第 2 年第 4 季度最后可运作的"ISO 投资"和"市场开拓"(仅能一次)

图 4-68 AA01 公司第 2 年第 4 季度最后可运作的"当年结束"

二、"商战"资金流实战分析及其与手工沙盘资金流运作的差异

1. "商战"资金流运作与手工沙盘资金流运作的主要差异

"商战"电子沙盘与手工沙盘最大的差别就在于资金流运作方面的差别:

① "商战"电子沙盘的贷款额度是上年所有者权益的 3 倍,而非手工沙盘常用的 2 倍;

② "商战"电子沙盘的长贷资金在每年的年初贷出并且当年不扣利息,变为在后一年的年初扣除利息和到期的本金;

③ "商战"电子沙盘的贴现规则更加细化,由手工沙盘统一的 1/7 贴息,细化为 1、2 季度贴现的 10%贴息和 3、4 季度贴现的 12.5%贴息,贴现率更低有利于资金加速流转。

对于第一点差异,"商战"电子沙盘的贷款额度调高为上年所有者权益的 3 倍,主要是考虑到手工沙盘的初始状态已经是一个初创成功的企业,已经拥有一个厂房和一定的设备,以及一个产品和成熟的本地市场;而"商战"电子沙盘是仅有股东注册资金的完全初创企业,所有资源都需要花钱来建设。

对于第二点差异,虽然看起来长贷利息扣除的时间节点有一点延后,但实际对资金运作的影响非常小,更多是对报表的影响。这是因为当年长贷的利息在后一年销售市场上竞争订单之后且第 1 季度开始正式运作之前就执行此项扣除,而且,电子沙盘物流运作中已没有手工沙盘的年初交货(即比第 1 季交货更早),无法在年初额外取得库存产品年初加急交货所对应销售收入的现金流或者销售应收账款的贴现补充。所以,"商战"必然要求在上一年的年末现金中就必须留出相应的利息资金以备扣除,否则现金流必将断流,这实质与手工沙盘上一年年末扣除长贷利息具有等同效果。此外,相对于手工沙盘来说,长贷本金扣除事宜没有根本变化,仅仅是由手工沙盘的年末贷款和年末还款变为商战的年初贷款和年初还款。长贷利息扣除的时间节点有一点延后,实质上对前几年运作的报表尤其是所有者权益有较大影响。有些情况下,鉴于长贷利息较重,常采用以短贷续借方式运作,最多在六年结束时仍无需归还长贷本金的对应的之前年份借入长贷(如第 2 年年初可借入 5 年期长贷)。对于高手如云的省级沙盘竞赛,绝大多数公司都是续借短贷或仅借少量长贷的运作。

2. "商战"资金流运作方面的实战分析

"商战"电子沙盘的短贷续借参见图 4-69。第 4 季度开始前现金 868 W,短贷 630 W。"当季开始"更新短贷本息,本金 500 W,利息 25 W(500×5% = 25)。更新后,现金变为 343 W(868 − 525),短贷变为 130 W。由于上年公司所有者权益为 410 W,长贷 600 W(参见图 4-30),故正好可以续借 500 W(410×3 − 600 − 130)。AA01 公司第 2 年的三大报表参见图 4-70。

微课视频

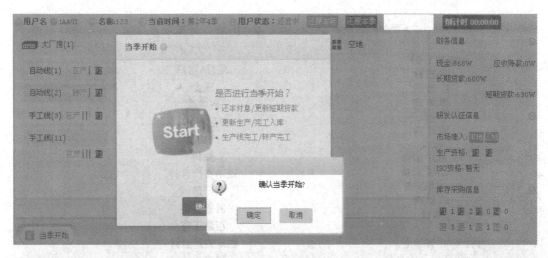

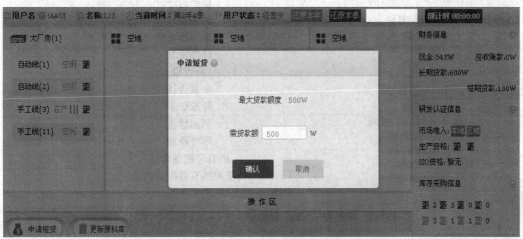

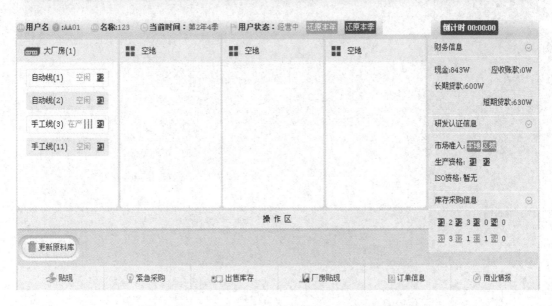

图 4-69　AA01 公司第 2 年第 4 季度初运作的续借短贷

第2年综合费用表	✕
项目\用户	AA01
管理费	40
广告费	82
维护费	40
损失	24
转产费	20
租金	40
市场开拓费	20
产品研发费	0
ISO认证费	10
信息费	0
合计	276

第2年利润表	✕
项目\用户	AA01
销售收入	292
直接成本	150
毛利	142
综合费用	276
折旧前利润	-134
折旧	10
支付利息前利润	-144
财务费用	85
税前利润	-229
所得税	0
年度净利润	-229

第2年资产负债表	✕
项目\用户	AA01
现金	649
应收款	172
在制品	90
产成品	40
原料	70
流动资产合计	1021
厂房	0
机器设备	390
在建工程	0
固定资产合计	390
资产总计	1411
长期贷款	600
短期贷款	630
特别贷款	0
所得税	0
负债合计	1230
股东资本	600
利润留存	-190
年度净利	-229
所有者权益合计	181
负债和所有者权益总计	1411

图 4-70　AA01 公司第 2 年的三大报表

第五章 "创业之星"软件的运营仿真实战

第一节 创业企业创建概况与规则介绍

一、"创业之星"软件启动与创业企业创建流程

1. "创业之星"启动

在服务器上点击运行"创业之星"软件的服务器数据处理中心,待显示一定时间内启动成功之后(参见图 5-1 中的 6069 ms),再启动教师端进入教室,参见图 5-2;随后,选择适当模型建立班级,参见图 5-3,此处选择位列最后的玩具制造。

图 5-1 "创业之星"服务器端启动

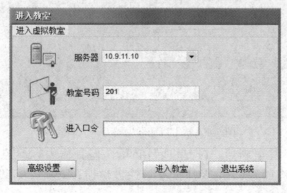

微课视频

图 5-2 "创业之星"教师端

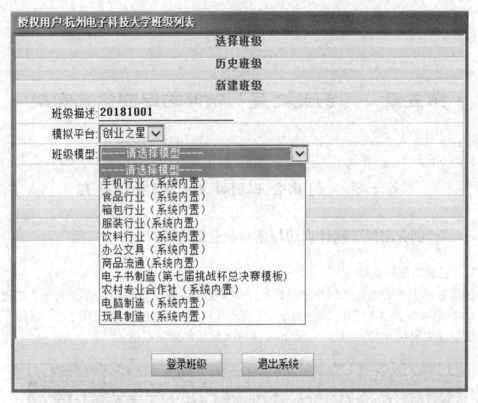

图 5-3　教师新建班级

学生在电脑上启动"创业之星"学生端并选择教师开课班级教室，参见图 5-4。

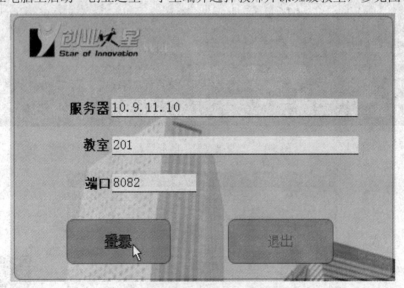

图 5-4　学生启动学生端并进入教室

学生进入教室后注册新用户(打星项目必填，但具体内容不控制)，记得选择正确的小组(与组织教师沟通好)，由老师批准后通过注册，教师端可设置注册自动解锁，参见图 5-5。

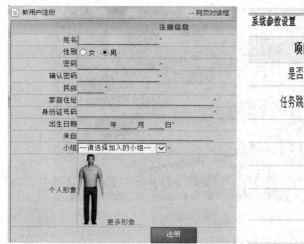

图 5-5 学生注册小组(教师端可设置注册自动解锁)

2. 软件和公司主场景简介

"创业之星"软件主场景见图 5-6。

图 5-6 软件主场景

软件主场景是一个创业园区的示意图,每幢楼分别代表着某一个办事机构,可以分别去办理相关事宜。在图中,下方是一个快速导航仪表盘,上面有进入各个办事机构的快捷菜单以及系统信息提示和帮助等信息。公司场景功能分布参见图 5-7,方向盘可跳转至主场景各部门。

图 5-7 中,由远及近,由左到右依次是:

原料仓库:查看公司原材料仓库中的所有原料信息。

生产车间:负责产品生产计划的编排与制订,并对厂房与设备进行相关操作。

图 5-7　公司主场景

成品仓库：查看公司产成品仓库中的所有产品信息。

制造部：负责采购原料、购置厂房、购置设备、生产资质认证投入等决策，并确定是否辞退生产工人，对销售部门接到的产品订单落实交付。

总经理：对公司整体运营情况及各部门经营的数据进行查询分析。

研发部：负责新产品的设计工作，并对新设计产品进行研发，设计研发完成的产品才可以生产与销售。

人力资源部：负责员工招聘、签订合同、解除合同、员工培训等所有与员工有关决策。

财务部：负责公司各阶段现金预算的制订，根据公司发展需要制订筹资计划。

市场部：负责各区域市场的开发工作，并负责各阶段市场广告宣传投放方案的制订。

销售部：负责对部门销售人员进行岗位调整、培训安排以及是否要计划辞退等决策。

会议室：在这里完成公司的创业计划书与经营计划书的撰写，完成公司章程的撰写，并可以看到完整的商业背景环境与运营规则。

点击导航仪表盘旁边的人形按钮，即"编辑个人信息"按钮，在弹出窗口中来完成角色的分工，其中必须设定一个人为总经理 CEO，参见图 5-8。

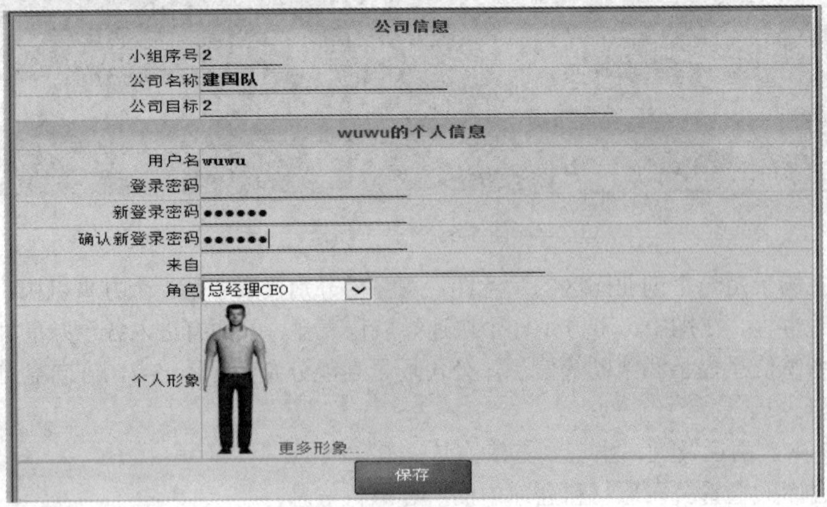

公司信息

小组序号 2
公司名称 建国队
公司目标 2

wuwu的个人信息

用户名 wuwu
登录密码
新登录密码 ••••••
确认新登录密码 ••••••
来自
角色 总经理CEO

个人形象

更多形象

保存

图 5-8　编辑角色分工

3. 创业企业注册流程

创业企业主要依照图 5-9 所示的步骤完成公司注册。当前我国已实行"三证合一、一照一码"登记模式，创业公司注册流程已有变化。浙江等省"最多跑一次"行政业务流程的优化，也使得注册流程不断简化。此处创业企业注册流程不再详细展开。

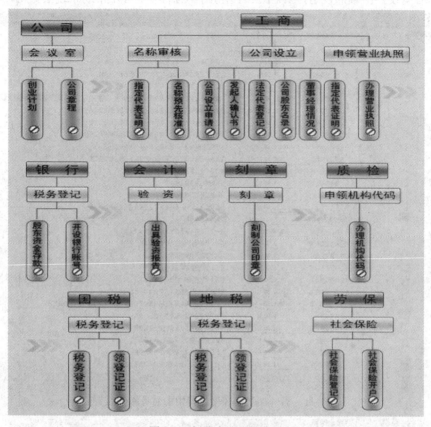

图 5-9　创业企业注册步骤

4. 创业计划书编制流程

在"创业之星"中，创业者首先要对背景环境进行商业机会分析，组建经营团队，制订资金筹措计划，拟定公司名称，制定公司章程，并编写一份完整的创业计划书。创业计划书的内容主要包括摘要、公司简介、市场分析、竞争分析、产品服务、市场营销、财务计划、风险分析、内部管理等方面，参见图 5-10。

图 5-10　创业计划书编制流程

二、"创业之星"运营规则

1. 教师端的综合参数设置之基本环境设置

基本环境设置由教师设定，参见图 5-11 和图 5-12。学生可在帮助系统上查询，见表 5-1。

项目	当前值	说明
公司初始资金	600000.00 元	正式经营开始之前每个小组获得的起步资金（实收资本）
所得税率	25.00 %	企业经营当季如果有利润，按该税率在下季初缴纳的所得税
营业税率	.00 %	根据企业营业外收入总额，按该税率缴纳的营业税
增值税率	17.00 %	按该税率计算企业在采购商品时所支付的增值税款，即进项税，以及企业销售商品所收取的增值税款，即销项税额
城建税率	7.00 %	根据企业应缴纳的增值税、营业税，按该税率缴纳城市维护税
教育附加税率	3.00 %	根据企业应缴纳的增值税、营业税，按该税率缴纳教育附加税
地方教育附加税率	2.00 %	根据企业应缴纳的增值税、营业税，按该税率缴纳地方教育附加税
小组人员工资	10000.00 元/组	小组管理团队所有人员的季度工资，不分人数多少
未签订合同罚款	2000.00 元/人	在入职后没有与员工签订劳动合同的情况下按缴金额缴纳的罚款
行政管理费	1000.00 元/　1 人	公司每季度运营的行政管理费用
普通借款利率	5.00 %	正常向银行申请借款的利率
普通借款还款周期(季度)	3 季度	普通借款还款周期
紧急借款利率	20.00 %	公司资金链断裂时，系统会自动给公司申请紧急借款时的利率
紧急借款还款周期(季度)	3 季度	紧急借款还款周期
同期最大借款授信额度	200000.00 元	同一个周期内，普通借款允许的最大借款金额上限
一账期应收账款贴现率	3.00 %	在一个季度内到期的应收账款贴现率
二账期应收账款贴现率	6.00 %	在二个季度内到期的应收账款贴现率
三账期应收账款贴现率	8.00 %	在三个季度内到期的应收账款贴现率
四账期应收账款贴现率	10.00 %	在四个季度内到期的应收账款贴现率
办公场地所需费用	10000.00 元	公司租赁办公场地的费用，每季度初自动扣除该租金
公司注册费用	3000.00 元	公司设立开办过程中所发生的所有相关的费用。该笔费用在第一季度初自动扣除
养老保险比率	20.00 %	根据工资总额按该比率缴纳养老保险费用
失业保险比率	2.00 %	根据工资总额按该比率缴纳失业保险费用
工伤保险比率	0.50 %	根据工资总额按该比率缴纳工伤保险费用
生育保险比率	0.60 %	根据工资总额按该比率缴纳生育保险费用
医疗保险比率	11.50 %	根据工资总额按该比率缴纳医疗保险费用

图 5-11　教师端基本环境设置中的财务参数设置

项目	当前值	说明
广告影响时间	3 个季度/次	投入广告后能够对定单分配进行影响的时间
每季广告最低投入	1000.00 元	每季度最低广告投入金额
市场订单未完成部分罚金率	30.00 %	未按要求及时交付的订单，按该比率对未交付的部分缴纳处罚金
市场需求预测提前期	8 个季度	公司能看到最多当前经营周期后若干时间的市场需求走势。
订单报价，最低价比例	60.00 %	订单报价，最低价比例。最低限价=上季度同一市场同一渠道同一消费群体所有产品报价平均数 * 该比例
上期未满足需求延续到本期上限比例	40.00 %	上期未得到满足的部分订单需求可以在期末自动延续到本期需求中。最大延续数量=本期需求数量*上限比例.上限比例=0 表示不延续;上限比例=100 表示最多延续的需求量不超过本期有需求量.比例越大表示延续到本期的需求越多.但最多不超过上期所有未满足需求量

	当前值	说明
盈利表现	30.00 分	综合评价分数中，盈利表现所占的权重
财务表现	30.00 分	综合评价分数中，财务表现所占的权重
市场表现	20.00 分	综合评价分数中，市场表现所占的权重
投资表现	10.00 分	综合评价分数中，投资表现所占的权重
成长表现	10.00 分	综合评价分数中，成长表现所占的权重
综合评价下限	0 倍	综合评价分数中，各项表现实际分数的最小值，即该表现的权重分乘以此倍数
综合评价上限	2 倍	综合评价分数中，各项表现实际分数的最大值，即该表现的权重分乘以此倍数
紧急借款扣除分数	5.00 分	每出现一次紧急借款，综合表现所扣除的分数

财务参数设置	市场参数设置	评分体系设置	设计研发参数	生产制造参数

	当前值			说明
公司产品上限	6个			每个公司最多能设计研发的产品类别数量
产品研发每期投入	20000.00元			产品研发每季度需投入的费用
产品设计费用	30000.00元			产品设计一次所需投入的费用

数设置	财务参数设置	市场参数设置	评分体系设置	设计研发参数	生产制造参数	组间交易设置

项目	当前值	说明
厂房折旧率	2.00%	每季度按该折旧率对购买的厂房原值计提折旧
设备折旧率	5.00%	每季度按该折旧率对购买的设备原值计提折旧
每个产品改造加工费	2.00元	订单交易,买方产品与卖方产品功能差异之处的改造费加工费。单个产品改造费 = 买方产品比卖方产品少的原料配制无折扣价;和 + 差异个数 * 产品改造加工费
原料紧急采购额外支付的比例	50.00%	原料紧急采购额外支付的比例。紧急采购单价 = 原料无折扣单价 * (1 + 该比例)。

数设置	财务参数设置	市场参数设置	评分体系设置	设计研发参数	生产制造参数	组间交易设置

项目	当前值	说明
是否允许订单交易	☐	是否允许各组之间在交易市场交易订单。(选中代表允许)
是否允许原料交易	☐	是否允许各组之间在交易市场交易原料。(选中代表允许)
每期组间交易限制金额	10000.00元	每期组间交易限制金额,每季度买入和卖出之间的组间交易金额不能大于此数值。
组间交易信息公示时间(分钟)	5分钟	组间交易信息公示时间(分钟),在此时间内,发布交易信息者不能结束交易。

图 5-12 教师端基本环境设置中的市场参数、评分体系、设计研发参数、生产制造参数的设置

表 5-1 学生端的总运营规则查询

项 目	当前值	说 明
公司初始现金	600,000.00	正式经营开始之前每家公司获得的注册资金(实收资本)
公司注册设立费用	3,000.00	公司设立开办过程中所发生的所有相关的费用。该笔费用在第1季度初自动扣除
办公室租金	10,000.00	公司租赁办公场地的费用,每季度初自动扣除当季的租金
所得税率	25.00%	企业经营当季如果有利润,按该税率在下季初缴纳所得税
营业税率	0.00%	根据企业营业外收入总额,按该税率缴纳营业税
增值税率	17.00%	按该税率计算企业在采购商品时所支付的增值税款(即进项税)以及企业销售商品所收取的增值税款(即销项税额)
城建税率	7.00%	根据企业应缴增值税和营业税,按此缴纳城建维护税
教育附加税率	3.00%	根据企业应缴增值税和营业税,按此缴纳教育附加税
地方教育附加税率	2.00%	根据企业应缴增值税和营业税,按此缴纳地方教育附加税
行政管理费(每位员工)	1,000.00 元	公司每季度运营的行政管理费用
小组人员工资(每组)	10,000.00 元	小组管理团队所有人员的季度工资,不分人数多少
养老保险比率	20.00%	根据工资总额按该比率缴纳养老保险费用
失业保险比率	2.00%	根据工资总额按该比率缴纳失业保险费用

续表

项　　目	当前值	说　　明
工伤保险比率	0.50%	根据工资总额按该比率缴纳工伤保险费用
生育保险比率	0.60%	根据工资总额按该比率缴纳生育保险费用
医疗保险比率	11.50%	根据工资总额按该比率缴纳医疗保险费用
未办理保险罚款	2,000.00/人	在入职后没有给员工办理保险的情况下按该金额缴纳罚款
普通借款利率	5.00%	正常向银行申请借款的利率
普通借款还款周期	3 (季度)	普通借款还款周期
紧急借款利率	20.00%	公司资金链断裂时系统自动给公司申请紧急借款时的利率
紧急借款还款周期	3 (季度)	紧急借款还款周期
同期最大借款授信额度	200,000.00	同一个周期内，普通借款允许的最大借款金额
一账期应收账款贴现率	3.00%	在一个季度内到期的应收账款贴现率
二账期应收账款贴现率	6.00%	在两个季度内到期的应收账款贴现率
三账期应收账款贴现率	8.00%	在三个季度内到期的应收账款贴现率
四账期应收账款贴现率	10.00%	在四个季度内到期的应收账款贴现率
公司产品上限	6 个	每个公司最多能设计研发的产品类别数量
厂房折旧率	2.00%	每季度按该折旧率对购买的厂房原值计提折旧
设备折旧率	5.00%	每季度按该折旧率对购买的设备原值计提折旧
未交付订单的罚金比率	30.00%	未及时交付的订单按该比率对未交付的部分缴纳罚金。订单违约金 = (该订单最高限价 × 未付订单数量) × 该比例
产品设计费用	30,000.00	产品设计修改的费用
产品研发每期投入	20,000.00	产品研发每期投入的资金
广告累计影响时间	3 季度	投入广告后能够对订单分配进行影响的时间
紧急贷款扣分	5.00 分/次	出现紧急贷款时，综合分值扣除分数/次
每个产品改造加工费	2.00 元	订单交易时原始订单报价产品与买方接受订单的产品之间功能差异的改造费。单个产品改造费 = 买方产品比卖方产品少的原料配制无折扣价之和 + 差异数量 × 产品改造加工费
每期广告最低投入	1,000.00 元	每期广告最低投入，小于该数额将不允许投入
每期组间交易每期限制金额	10,000.00 元	每期组间交易每期限制金额。买入 + 卖出的原料和订单总金额不能超过此限制
组间交易信息公示时间	5 分钟	组间交易信息公示时间。此时间内发布者不能结束交易
订单报价，最低价比例	60.00%	订单报价，最低价比例。最低价 = 上季度同一市场同一渠道同一消费群体所有报价产品平均数 × 该比例

2. 教师端的综合参数设置之财务指标设置

综合参数设置中的财务指标设置由教师设定，参见图 5-13。

分析类别	指标	权重	上限	下限	参考	分段一	颜色一	分段二	颜色二	分段三	颜色三	分段四	颜色四
盈利能力分析	销售毛利率	15.0	30.0	7.0	50.00%	25.0%	#FF0000	50.00%	#FFFF33	75.0%	#3333FF	100.0%	#00CC00
	销售净利率	10.0	20.0	5.0	15.00%	7.5%	#FF0000	15.00%	#FFFF33	22.5%	#3333FF	30.0%	#00CC00
	净资产收益率	10.0	20.0	5.0	10.00%	5.0%	#FF0000	10.00%	#FFFF33	15.0%	#3333FF	20.0%	#00CC00
	成本费用净利率	10.0	20.0	5.0	50.00%	25.0%	#FF0000	50.00%	#FFFF33	75.0%	#3300FF	100.0%	#00CC00
经营能力分析	固定资产周转率	5.0	10.0	2.0	100.00%	50.0%	#FF0000	100.00%	#FFFF00	150.0%	#3300FF	200.0%	#00CC00
	应收账款周转率	5.0	10.0	2.0	100.00%	50.0%	#FF0000	100.00%	#FFFF00	150.0%	#3300FF	200.0%	#00CC00
	总资产周转率	10.0	20.0	5.0	25.00%	50.0%	#FF0000	25.00%	#FFFF00	75.0%	#3300FF	100.0%	#00CC00
	存货周转率	10.0	20.0	5.0	400.00%	200.0%	#FF0000	400.00%	#FFFF00	600.0%	#3300FF	800.0%	#00CC00
偿债能力分析	流动比率	5.0	10.0	2.0	200.00%	100.0%	#FF0000	200.00%	#FFFF00	300.0%	#3300FF	400.0%	#00CC00
	速动比率	5.0	10.0	2.0	100.00%	50.0%	#FF0000	100.00%	#FFFF00	150.0%	#3300FF	200.0%	#00CC00
	资产负债率	10.0	20.0	5.0	50.00%	25.0%	#009900	50.00%	#3300FF	75.0%	#FFFF00	100.0%	#FF0000
	已获利息倍数	5.0	10.0	5.0	500.00%	250.0%	#FF0000	500.00%	#FFFF00	750.0%	#3300FF	1000.0%	#00CC00

图 5-13 教师端基本环境设置中的财务指标设置

3. 教师端的各部门运营规则设置

1) 市场营销部门规则

市场营销部门的运营规则参见图 5-14。

当前位置：市场类型设置

市场名称	渠道名称	每期开发成本	开发周期
北京	零售渠道	20000.00	0
上海	零售渠道	20000.00	1
广州	零售渠道	20000.00	2
武汉	零售渠道	20000.00	2
成都	零售渠道	20000.00	3

消费群体配置

群体名称	最高参考价格	报价权重	品牌权重	配置权重	能力权重	市场权重	操作
品质型客户	150.00	15.00	25.00	40.00	10.00	10.00	修改 删除
经济型客户	120.00	30.00	15.00	25.00	20.00	10.00	修改 删除
实惠型客户	90.00	50.00	10.00	20.00	10.00	10.00	修改 删除

销售人员类型参数设置

销售人员类型	销售能力	招聘费用	工资	试用时间	培训费用	培训提升能力	辞退费用
业务员	500 个产品/季度	500.0 元/人	3600.0元/季度	1季度	500.0 元/次	5.0 %	300.0 元/人

图 5-14 市场营销参数设置

2) 生产制造部门规则

生产制造部门的运营规则参见图 5-15 和图 5-16。

工人类型参数设置

工人类型	生产能力	招聘费用	工人工资	试用时间	培训费用	培训提升能力	辞退费用
生产工人	450 个产品/季度	500.0 元/人	3000.0元/季度	1季度	300.0 元/次	3.0 %	300.0 元/人

厂房参数设置

厂房名称	购买价格(元)	租用价格(元)	厂房容量(条)
大型厂房	100000.0	7000.0	6条设备
中型厂房	80000.0	5000.0	4条设备
小型厂房	60000.0	3000.0	2条设备

设备参数设置

设备名称	价格	成品率	最大产能	安装期	搬迁期	搬迁费用	下线周期	升级费用	升级时间	升级成品率	维修费用	加工费	工人上限
柔性线	120000.0	90.0%	2000	1	1	3000.0	0	1000.0	1	1.0%	3000.0	2.0	4 人
自动线	80000.0	80.0%	1500	1	0	2000.0	0	1000.0	1	2.0%	2500.0	3.0	3 人
手工线	40000.0	70.0%	1000	0	0	1000.0	0	1000.0	1	3.0%	2000.0	4.0	2 人

资质名称	认证周期	每期认证成本
ISO9001	2	30000.00
ICTI认证	3	30000.00

综合参数设置
市场营销参数
生产制造参数
工人类型设置
厂房参数设置
设备参数设置
资质认证设置
明细原料设置
原料折扣设置
导入导出数据
评测案例政策
任务进度控制
公司经营状况
紧急贷款管理
综合分析报告
综合分析图表

当前位置：明细原料设置

大类	必选	名称	1期单价	2期单价	3期单价	4期单价	5期单价	6期单价	7期单价	8期单价	到货周期	应付账期	研发系数	价格预测	原料说明
包装材料	◉是 ○否 ○可不选	玻璃包装纸	2.00	1.80	2.00	2.10	2.10	2.10	2.00	1.80	0	0	0.10	4	简单，实用，容易起皱，易破损
		纸质包装盒	4.00	4.20	4.50	4.30	4.00	3.70	3.60	3.50	0	1	0.20	4	经济，美观，略显档次。
		金属包装盒	6.00	6.20	6.50	5.60	6.90	7.10	7.20	7.20	1	1	0.30	4	高档，时尚，富有质感，做工细
面料	◉是 ○否 ○可不选	短平绒	10.00	11.00	11.00	12.00	13.00	12.00	12.00	12.00	0	1	0.10	4	手感柔软且弹性好、光泽柔和，
		松针绒	15.00	17.00	16.00	18.00	17.00	19.00	18.00	18.00	0	0	0.20	4	经济适用，高雅富贵，立体感强
		玫瑰绒	20.00	21.00	22.00	21.00	20.00	18.00	16.00	15.00	0	1	0.30	4	手感舒适、美观高贵、便于洗涤
填充物	◉是 ○否 ○可不选	PP棉	15.00	16.00	16.00	16.00	15.00	17.00	17.00	16.00	0	0	0.10	4	人造材料，使用最广泛，经济实
		珍珠棉	21.00	23.00	24.00	26.00	26.00	25.00	27.00	28.00	0	1	0.20	4	相比PP棉更有弹性、柔软性和均
		棉花	25.00	26.00	28.00	29.00	30.00	30.00	31.00	32.00	1	1	0.30	4	纯天然材质，柔软富有弹性，均
辅件	○是 ◉否 ○可不选	发声装置	3.00	3.10	3.00	3.40	3.20	3.00	2.90	3.30	1	1	0.10	4	附加功能，使玩具可以模拟真人
		发光装置	4.80	4.80	5.00	5.10	5.30	5.20	5.20	5.40	1	1	0.20	4	附加功能，可使玩具具有闪光功

图 5-15　生产制造参数设置(未含折扣参数设置)

折扣参数设置

原料名称	起始量(件)	结束量(件)	折扣
玻璃包装纸	0	200	100.0%
	201	500	95.0%
	501	1000	90.0%
	1001	1500	85.0%
	1501	2000	80.0%
	2001	999999999	75.0%
纸质包装盒	0	200	100.0%
	201	500	95.0%
	501	1000	90.0%
	1001	1500	85.0%
	1501	2000	80.0%
	2001	999999999	75.0%
金属包装盒	0	200	100.0%
	201	500	95.0%
	501	1000	90.0%
	1001	1500	85.0%
	1501	2000	80.0%
	2001	999999999	75.0%
短平绒	0	200	100.0%
	201	500	95.0%
	501	1000	90.0%
	1001	1500	85.0%
	1501	2000	80.0%
	2001	999999999	75.0%
松针绒	0	200	100.0%
	201	500	95.0%
	501	1000	90.0%
	1001	1500	85.0%
	1501	2000	80.0%
	2001	999999999	75.0%
玫瑰绒	0	200	100.0%
	201	500	95.0%
	501	1000	90.0%
	1001	1500	85.0%
	1501	2000	80.0%
	2001	999999999	75.0%

PP棉	0	200	100.0%
	201	500	95.0%
	501	1000	90.0%
	1001	1500	85.0%
	1501	2000	80.0%
	2001	999999999	75.0%
珍珠棉	0	200	100.0%
	201	500	95.0%
	501	1000	90.0%
	1001	1500	85.0%
	1501	2000	80.0%
	2001	999999999	75.0%
棉花	0	200	100.0%
	201	500	95.0%
	501	1000	90.0%
	1001	1500	85.0%
	1501	2000	80.0%
	2001	999999999	75.0%
棉花	0	200	100.0%
	201	500	95.0%
	501	1000	90.0%
	1001	1500	85.0%
	1501	2000	80.0%
	2001	999999999	75.0%
发声装置	0	200	100.0%
	201	500	95.0%
	501	1000	90.0%
	1001	1500	85.0%
	1501	2000	80.0%
	2001	999999999	75.0%
发光装置	0	200	100.0%
	201	500	95.0%
	501	1000	90.0%
	1001	1500	85.0%
	1501	2000	80.0%
	2001	999999999	75.0%

图 5-16 采购折扣参数设置

4. 学生端各部门运营规则说明的浏览

1) 研发部的规则说明

学生在自己研发部的运行界面中的每个决策界面(产品设计和产品研发)的旁边,都能看到此决策相关的决策规则,参见图5-17。

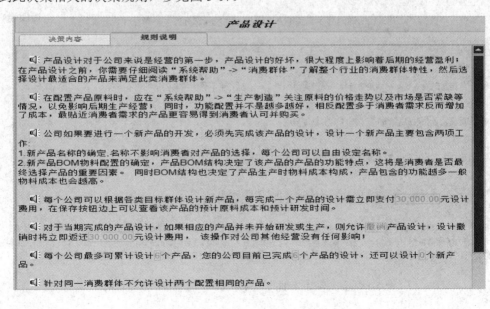

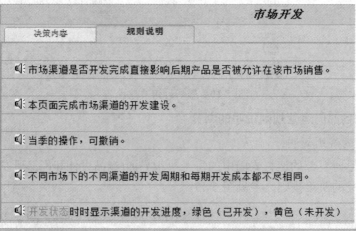

产品研发

| 决策内容 | 规则说明 |

🔊 对于已完成设计的产品，每个公司都可以对其进行研发，由于不同产品设计的BOM配置表具有差异，所以产品研发需要的总时间也会有所差异，BOM配置表越复杂，产品研发成功所需的总时间周期就越长。

🔊 只有研发完成的产品才允许生产制造。

🔊 每个产品每期最多可投入固定的 20,000.00 元作为研发费用。

🔊 当然也可以选择不投入任何研发费用。每投入一期研发费用，该产品的研发周期就缩短一个季度。

🔊 本期所投入的研发费用允许 撤销 投入，撤销后将返还 20,000.00 元研发费用。

图 5-17　学生端研发部的产品设计和产品研发的规则说明

2) 市场部的规则说明

学生在自己市场部的运行界面中的每个决策界面(市场开发和广告宣传)的旁边，都能看到此决策相关的决策规则，参见图 5-18。

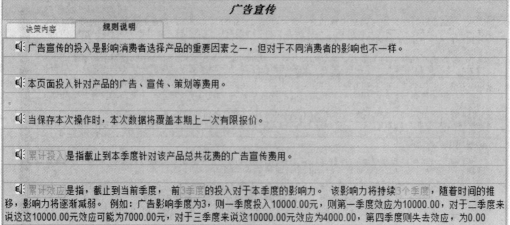

市场开发

| 决策内容 | 规则说明 |

🔊 市场渠道是否开发完成直接影响后期产品是否被允许在该市场销售。

🔊 本页面完成市场渠道的开发建设。

🔊 当季的操作，可撤销。

🔊 不同市场下的不同渠道的开发周期和每期开发成本都不尽相同。

🔊 开发状态 时时显示渠道的开发进度，绿色（已开发），黄色（未开发）

微课视频

广告宣传

| 决策内容 | 规则说明 |

🔊 广告宣传的投入是影响消费者选择产品的重要因素之一，但对于不同消费者的影响也不一样。

🔊 本页面投入针对产品的广告、宣传、策划等费用。

🔊 当保存本次操作时，本次数据将覆盖本期上一次有限报价。

🔊 累计投入 是指截止到本季度针对该产品总共花费的广告宣传费用。

🔊 累计效应 是指，截止到当前季度，前3季度的投入对于本季度的影响力。该影响力将持续3个季度，随着时间的推移，影响力将逐渐减弱。例如：广告影响季度为3，则一季度投入10000.00元，则第一季度效应为10000.00，对于二季度来说这10000.00元效应可能为7000.00元，对于三季度来说这10000.00元效应为4000.00，第四季度则失去效应，为0.00

图 5-18　学生端市场部的市场开发和广告宣传的规则说明

3) 销售部的规则说明

学生在自己销售部的运行界面中的每个决策界面(销售人员和产品报价)的旁边,都能看到此决策相关的决策规则,参见图 5-19。

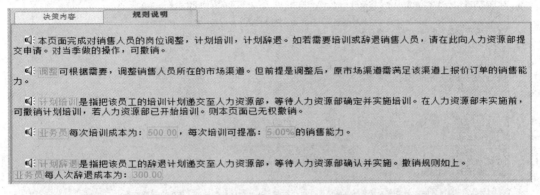

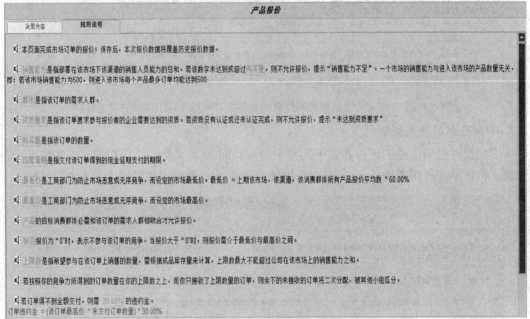

图 5-19　学生端销售部的销售人员和产品报价的规则说明

4) 人力资源部的规则说明

学生在自己人力资源部的运行界面中的每个决策界面(签订合同、解除合同和员工培训)的旁边,都能看到此决策相关的决策规则,参见图 5-20。

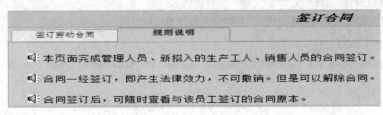

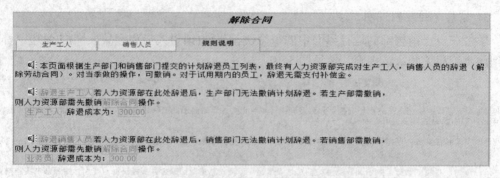

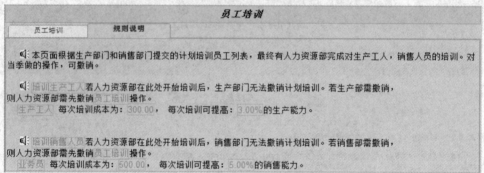

图 5-20　学生端人力资源部的签订合同和解除合同以及员工培训的规则说明

5) 制造部的规则说明

学生在自己制造部的运行界面中的每个决策界面(原料采购、厂房购置、设备购置、资质认证和订单交付)的旁边，都能看到此决策相关的决策规则，参见图 5-21～图 5-24。

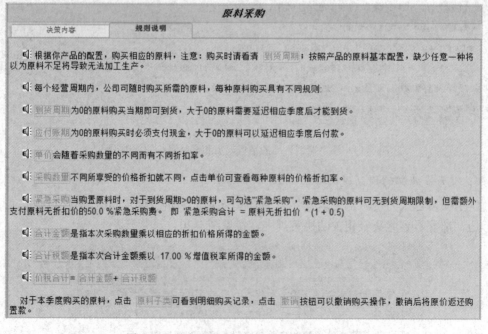

图 5-21　学生端制造部的原料采购的规则说明

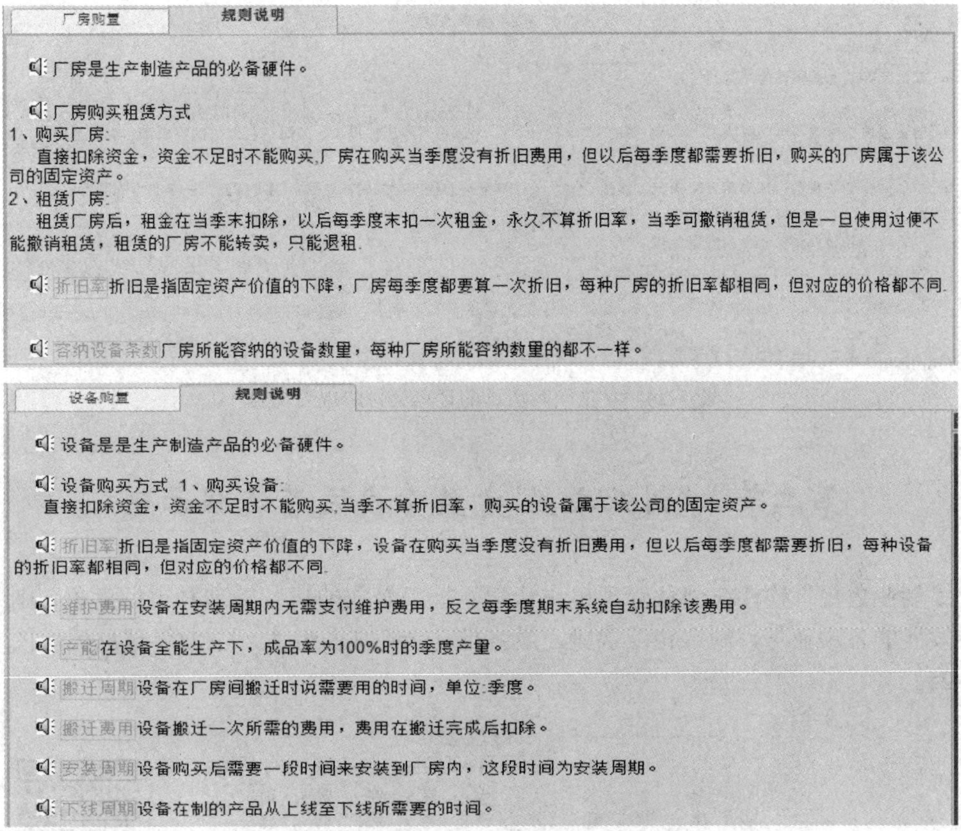

厂房购置 | 规则说明

◁ 厂房是生产制造产品的必备硬件。

◁ 厂房购买租赁方式
1、购买厂房:
　直接扣除资金,资金不足时不能购买,厂房在购买当季度没有折旧费用,但以后每季度都需要折旧,购买的厂房属于该公司的固定资产。
2、租赁厂房:
　租赁厂房后,租金在当季末扣除,以后每季度末扣一次租金,永久不算折旧率,当季可撤销租赁,但是一旦使用过便不能撤销租赁,租赁的厂房不能转卖,只能退租。

◁ 折旧率 折旧是指固定资产价值的下降,厂房每季度都要算一次折旧,每种厂房的折旧率都相同,但对应的价格都不同。

◁ 容纳设备系数 厂房所能容纳的设备数量,每种厂房所能容纳数量的都不一样。

设备购置 | 规则说明

◁ 设备是是生产制造产品的必备硬件。

◁ 设备购买方式 1、购买设备:
　直接扣除资金,资金不足时不能购买,当季不算折旧率,购买的设备属于该公司的固定资产。

◁ 折旧率 折旧是指固定资产价值的下降,设备在购买当季度没有折旧费用,但以后每季度都需要折旧,每种设备的折旧率都相同,但对应的价格都不同。

◁ 维护费用 设备在安装周期内无需支付维护费用,反之每季度期末系统自动扣除该费用。

◁ 产能 在设备全能生产下,成品率为100%时的季度产量。

◁ 搬迁周期 设备在厂房间搬迁时说需要用的时间,单位:季度。

◁ 搬迁费用 设备搬迁一次所需的费用,费用在搬迁完成后扣除。

◁ 安装周期 设备购买后需要一段时间来安装到厂房内,这段时间为安装周期。

◁ 下线周期 设备在制的产品从上线至下线所需要的时间。

图 5-22　学生端制造部的厂房购置和设备购置的规则说明

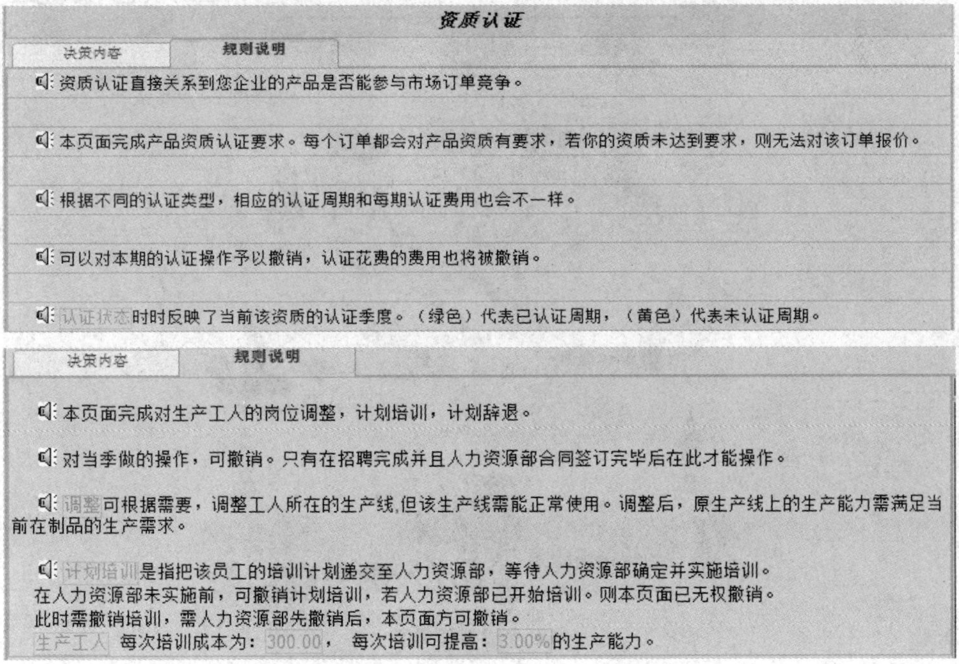

资质认证

决策内容 | 规则说明

◁ 资质认证直接关系到您企业的产品是否能参与市场订单竞争。

◁ 本页面完成产品资质认证要求。每个订单都会对产品资质有要求,若你的资质未达到要求,则无法对该订单报价。

◁ 根据不同的认证类型,相应的认证周期和每期认证费用也会不一样。

◁ 可以对本期的认证操作予以撤销,认证花费的费用也将被撤销。

◁ 认证状态 时时反映了当前该资质的认证季度。(绿色)代表已认证周期,(黄色)代表未认证周期。

决策内容 | 规则说明

◁ 本页面完成对生产工人的岗位调整,计划培训,计划辞退。

◁ 对当季做的操作,可撤销。只有在招聘完成并且人力资源部合同签订完毕后在此才能操作。

◁ 调整 可根据需要,调整工人所在的生产线,但该生产线需能正常使用。调整后,原生产线上的生产能力需满足当前在制品的生产需求。

◁ 计划培训 是指把该员工的培训计划递交至人力资源部,等待人力资源部确定并实施培训。
在人力资源部未实施前,可撤销计划培训,若人力资源部已开始培训。则本页面无权撤销。
此时需撤销培训,需人力资源部先撤销后,本页方可撤销。
生产工人 每次培训成本为:300.00, 每次培训可提高:3.00%的生产能力。

图 5-23　学生端制造部的资质认证的规则说明

1季度订单交付

决策内容	规则说明

- 本页面完成上季度订单交付的任务。

- 若误操作交付后，可以撤销(鼠标移到"已交"字段即可)，系统将还原历史操作，公司现金也将回到操作之前的金额。

- 交付数量可根据自己成品库存来决定，但是不能大于订单量。如果交付数量未达到，则需要支付一定的违约费用。

- 合计金额指订单报价和交付数量之积。

- 合计税是指销项税。

- 价税合计是合计金额与合计税之和（公司得到的现金金额）。

图 5-24　学生端制造部的订单交付的规则说明

第二节　"创业之星"完整季度运营流程示例

"创业之星"软件在创业管理模块让学生模拟企业的运营管理和市场竞争，围绕着企业发展的各项业务，制定相应决策，最终推动企业成长壮大。创业管理总流程图参见图 5-25。

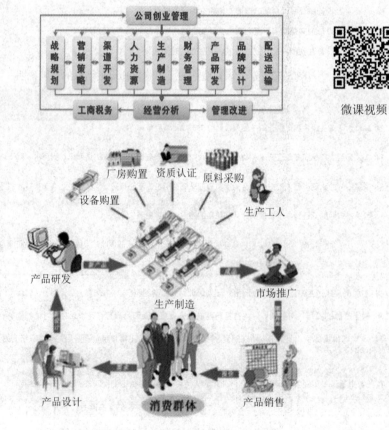

微课视频

图 5-25　创业管理总流程图

同学们即将开始经营一家集研究、开发、生产、批发及零售电子玩具产品为一体的公司，之前已有多家企业进入此行业，市场竞争异常激烈，当然也可能合作双赢。每个公司初期都将拥有一笔来自股东的 60 万元创业资金，公司股东团队即公司管理团队。公司将经历 8 个季度经营，每个季度都有机会进行新产品设计，新产品研发，产品原料采购，生产厂房/生产设备的变更，生产工人招聘、调整、培训，产品生产，产品广告宣传，新市场开发，销售人员招聘、调整、培训，产品订单报价等经营活动，每个团队都需仔细分析讨论每一步决策任务，并形成一致决策意见输入计算机。

一、产品研发

1. 新产品设计

在点击"研发部"弹出的窗口中选择"决策内容→产品设计"，设计数个产品的名称及各产品的原料构成，参见图 5-26。注意：有些原料(如纸质包装盒)选择后，最右下角的"预计研发时间"会由"0"变为"1"，表明需设计 1 季度，当季不能安排生产此新品。若相应产品并未研发或生产，当期的产品设计允许免费撤销设计，否则不可撤销(如图 5-26 中的产品"新林")。

图 5-26　新产品设计

2. 新产品研发

在点击"研发部"弹出的窗口中选择"决策内容→产品研发"，完成产品研发投入工作，全部投入完成后才允许正式生产制造该产品。原料组合情况不同，产品的研发周期也会不同。一般而言，原材料组成种类越多，设计复杂性越高，研发时间及费用越多。产品右边有一个"ⓘ"标志，将鼠标移到该位置会实时显示该产品的原料构成等信息。本期投入的研发费用允许"撤销"投入，撤销后将返还当期投入金额。如"新林"在投入后又撤销了(参见图 5-27 的中间)，则图 5-26 中"新林"又可撤销"产品设计"了(参见图 5-27 的底部)。

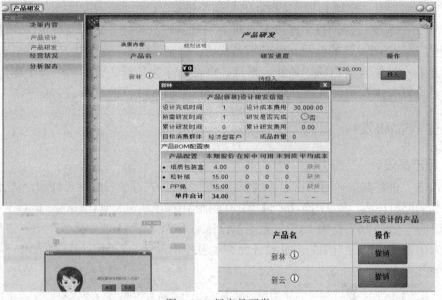

图 5-27　新产品开发

二、生产制造计划

1. 厂房购置

在点击"制造部"弹出的窗口中选择"决策内容→厂房购置"，根据公司生产规模需要以及现金状况，通过购买或租用的方式获取相应的厂房，参见图 5-28。将鼠标移至厂房名称旁的"①"标志上，会显示出该厂房有关详细信息；"内部设备"栏显示的是该厂房内设备最大安装能力与已经安装的设备数量，相关"①"标志可看到该厂房内设备详情。

微课视频

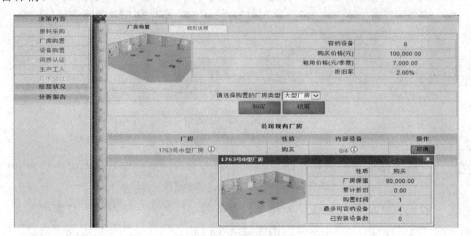

图 5-28　厂房购置

2. 设备购置

在点击"制造部"弹出的窗口中选择"决策内容→设备购置",根据生产规模需要以及现金状况,购买所需要的生产设备,参见图 5-29(自动线)和图 5-30(手工线)。对于刚采购的设备,如果没有设备在线上生产,可以点击该设备名称右边的"撤销"按钮取消购买决策。

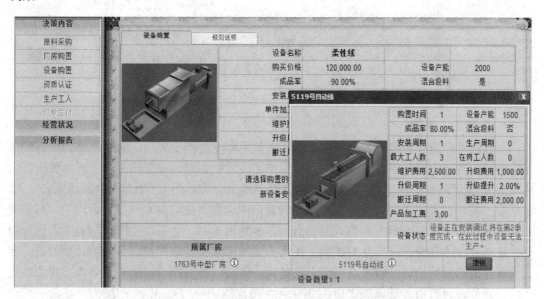

图 5-29 设备购置(此处为有 1 个安装周期的自动线)

5120号手工线			
购置时间	1	设备产能	1000
成品率	70.00%	混合投料	否
安装周期	0	生产周期	0
最大工人数	2	在岗工人数	0
维护费用	2,000.00	升级费用	1,000.00
升级周期	1	升级提升	3.00%
搬迁周期	0	搬迁费用	1,000.00
产品加工费	4.00		
设备状态	设备可以正常使用。		

图 5-30 设备购置(此处为无安装周期、可立即使用的手工线)

特别注意:

① 设备只能购买不能租赁;

② 无论手工线、自动线还是柔性线,生产周期为 0,意味着所有生产线皆为当季上线生产并且当季出产,可以当季交货。

3. 资质认证

在点击"制造部"弹出的窗口中选择"决策内容→资质认证",对公司确认要投资的认证体系投入认证费用,参见图 5-31。绿色(深色)代表已认证周期,黄色(浅色)代表未认证周期。认证是对整个公司的生产资质进行的认证,而不是针对某一个产品品牌。在市场要求具体相应资质而公司没有时，将不允许进入该市场销售产品。

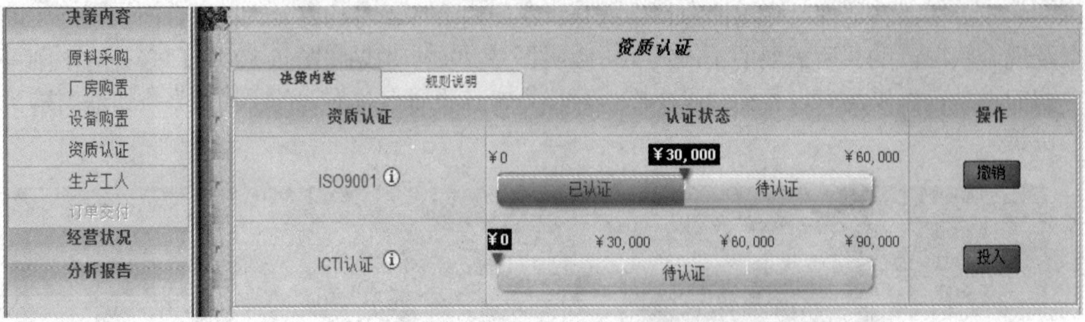

图 5-31　资质认证

4. 生产工人管理

在点击"制造部"弹出的窗口中选择"决策内容→生产工人"，对制造部门现有的所有生产工人进行管理。生产设备需要配备生产工人才能完成设备使用生产工作。生产工人招聘由人力资源部来完成，首先需要人力资源部跳出公司界面去"市场"中招聘生产工人，参见图 5-32。在点击"人力资源部"弹出的窗口中选择"决策内容→签订合同"，与公司管理层人员和招聘的生产工人签订劳动合同，参见图 5-33。之后，生产部门对工人进行调整、培训或辞退等管理，参见图 5-34。在人力资源部未实施培训前，可撤销计划培训；若人力资源部已开始培训，则本页面已无权撤销。此时，若需撤销培训，需要人力资源部先撤销，此处方可撤销。培训成本每次 300 元，每次培训可提高 3%生产能力。注意：培训只提高下季度的产能，不影响任何生产。

图 5-32　生产工人招聘

图 5-33 与招聘员工签订合同

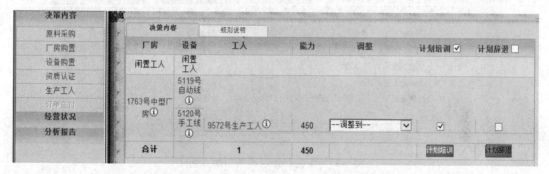

图 5-34 生产工人管理

5. 主生产计划

在进入"生产车间"窗口后可以看到所有的厂房情况及生产设备情况，参见图 5-35。如果要对某一条生产进行计划编排，则首先在图 5-35 中"进入"厂房，可以看到生产线，参见图 5-36。在双击图 5-35 中某生产线后的弹出窗口中，可完成对该设备的生产计划编排，参见图 5-37。

图 5-35 厂房及设备现况

图 5-36　进入生产线(进入厂房后找到有工人的生产线)

5120号设备

决策内容			
	5120号设备		
所在厂房	1763号中型厂房 ⓘ	设备类型	手工线
购入时间(季度)	1	设备原值(元)	40,000.00
累计折旧(元)	0.00	设备净值(元)	40,000.00
当前成品率(%)	70.00%	设备最大产能(件)	1000
设备上工人(个)	1 ⓘ	工人最大生产能力(件)	450
安装周期(季度)	0	每期维护费(季度/元)	2,000.00
下线周期(季度)	0	加工费(个/元)	4.00
升级耗时(季度)	1	升级费(元)	1,000.00 [升级]
升级对成品率的提升	3.00%	折旧率(%)	5.0%
搬迁耗时(季度)	0	搬迁费(元)	1,000.00 -搬迁到- ∨
设备状态	设备可以正常使用。		
在制品(件)	0 ⓘ	-请选择产品- ∨ 生产数量...	[生产]

图 5-37　主生产计划编制初始界面

在安排上线生产时，发现原设计的"新林"和"新云"产品都在研发中，无法上线生产，故设计了一个无需研发周期的新实惠型产品"新火"(参见图 5-38)。为安排后续的生产，首先需要采购相应原料，可参见下一节"物料需求计划"。

新火 ✕

产品(新火)设计研发信息

设计完成时间	1	设计成本费用	30,000.00
所需研发时间	0	研发是否完成	✔是
累计研发时间	0	累计研发费用	0.00
目标消费群体	实惠型客户	成品数量	0

产品BOM配置表

产品配置	本期报价	在库中	可用	未到货	平均成本
玻璃包装纸	2.00	0	0	0	缺货
短平绒	10.00	0	0	0	缺货
PP棉	15.00	0	0	0	缺货
单件合计	27.00	--	--	--	--

辅件

产品名
新林 ⓘ
新云 ⓘ
新火 ⓘ

[撤销]

图 5-38　实惠型产品"新火"(无研发时间的产品)

6. 物料需求计划

在点击"制造部"弹出的窗口中选择"决策内容→原料采购",根据产品的原料结构 BOM、销售预测、到货周期等信息,完成所有需要生产产品的原料采购。根据多个产品的 设计 BOM,先计算好总共需要采购的原料种类与数量,在"采购数量"栏输入需采购相 应原料的数量,完成后务必点击"保存"按钮,参见图 5-39。

决策内容										

原料采购

决策内容 | 规则说明

原料大类	原料子类	到货周期	付款周期	单价	采购数量	紧急采购	库存数量	合计金额	合计税额	价税合计
包装材料	玻璃包装纸 ⓘ	0	0	1.90	450		0	855.00	145.35	1,000.35
	纸质包装盒 ⓘ	0	1	4.00	0		0	0.00	0.00	0.00
	金属包装盒 ⓘ	1	1	6.00	1501	☐	0	0.00	0.00	0.00
面料	短平绒 ⓘ	0	1	9.50	450		0	4,275.00	726.75	5,001.75
	松针绒 ⓘ	0	1	15.00	0		0	0.00	0.00	0.00
	玫瑰绒 ⓘ	0	1	20.00	0		0	0.00	0.00	0.00
填充物	PP棉 ⓘ	0	0	12.75	1001		0	12,762.75	2,169.67	14,932.42
	珍珠棉 ⓘ	0	1	21.00	0		0	0.00	0.00	0.00
	棉花 ⓘ	0	1	25.00	0		0	0.00	0.00	0.00
辅件	发声装置 ⓘ	1	1	3.00	0	☐	0	0.00	0.00	0.00
	发光装置 ⓘ	1	1	4.80	0	☐	0	0.00	0.00	0.00

合计支付金额(元) 20,934.52

保存

图 5-39 原料采购

注意:

① 这里所有的单价都指不含税的价格,实际支付金额是最右边的 价税合计金额。

② 不同原料的订货周期是不同的,要根据公司整个生产计划的安 排,提前做好所有原料的采购计划。

微课视频

③ 原料如果买错了或买多了可以取消原购买操作,将鼠标移到"原 料子类"下相关原料名称边的"ⓘ"标志上会显示出该类原料的采购计 划,在要取消采购计划最右边的"操作"栏点击"撤销",取消该笔采购计划,参见图 5-40。

原料大类	原料子类	到货周期	付款周期	单价	采购数量	紧急采购	库存数量	合计金额	合计税额	价税合计
包装材料	玻璃包装纸 ⓘ	0	0	2.00	**0**		450 ⓘ	0.00	0.00	0.00
	纸质包装盒 ⓘ	0	1	4.00	**0**		0	0.00	0.00	0.00
	金属包装盒 ⓘ	1	1	6.00	**0**	☐	1501 ⓘ	0.00	0.00	0.00
面料	短平绒 ⓘ		0							
	松针绒 ⓘ		0							
	玫瑰绒 ⓘ		0							
	PP棉 ⓘ		0							
	珍珠棉 ⓘ		0							

金属包装盒

原料状态

数量	单价	购买时间	到货时间	合计金额	合计税额	状态	操作
1501	4.80	第1季度	第2季度	7,204.80	1,224.82	未到货	撤销

合计

| 1501 | | 在库中:0 | 可用:0 | 未到货:1501 | | 总价值: 8,429.62 | |

图 5-40　原料采购计划的取消界面(注意："在库中"或"未到货"都可做"撤销")

　　本例中，"玻璃包装纸"和"短平绒"都按照生产线上一个工人的最大生产能力 450 个产品来定原料；由于"新火"产品和"新林"产品都要使用 PP 棉，并且大量采购有更大折扣，故 PP 棉采购 1001 个。特别注意：下季度准备生产的"新云"产品使用了有 1 个季度"到货周期"的金属包装盒，故第 1 季度就采购金属包装盒，采购数量是按照自动线的产能(1500 个)加上采购折扣因素考量而定为 1501 个。第 1 季度的原料库中该金属包装盒其实并未到货，参见图 5-41。

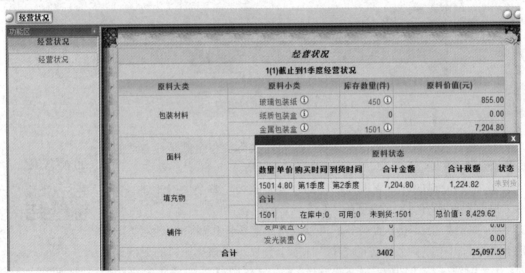

图 5-41　原料库中的库存数量(注意：金属包装盒状态实际属于"未到货"而非"在库中")

7. 主生产计划(续)

　　原料到货后可以开始上线生产，参见图 5-42。特别注意：一定要确定看到"在制品"数量才算真正投产成功，参见图 5-43。另外，在图 5-35 所示的"厂房及设备现况"中，"利用"栏显示了该厂房内装有几条生产设备，点击"出售"按钮可以卖掉该设备；如果设备上还有产品在生产中，则设备不能马上出售，只是制订出售计划，到季度结束时产品下线后才能出售。

　　为了能够销售生产出的当季产品，还需招聘销售人员并开拓市场，给出广告和报价。

这些内容参见下小节的"市场营销计划"。

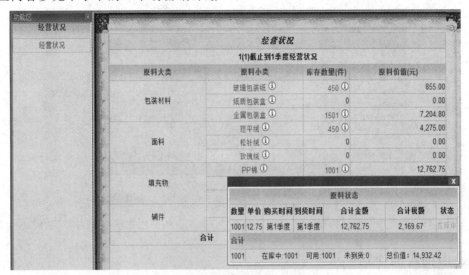

微课视频

图 5-42 主生产计划编制(已有原料)

5120号设备

决策内容			
5120号设备			
所在厂房	1763号中型厂房 ①	设备类型	手工线
购入时间(季度)	1	设备原值(元)	40,000.00
累计折旧(元)	0.00	设备净值(元)	40,000.00
当前成品率(%)	70.00%	设备最大产能(件)	1000
设备上工人(个)	1 ①	工人最大生产能力(件)	450
安装周期(季度)	0	每期维护费(季度/元)	2,000.00
下线周期(季度)	0	加工费(个/元)	4.00
升级耗时(季度)	1	升级费(元)	1,000.00 升级
升级对成品率的提升	3.00%	折旧率(%)	5.0%
搬迁耗时(季度)	0	搬迁费(元)	1,000.00 -搬迁到- ⌄
设备状态	设备可以正常使用。		
在制品(件)	0 ① 新火 ⌄ 450	生产	
产品(新火)设计研发信息			
设计完成时间	1	设计成本费用	30,000.00

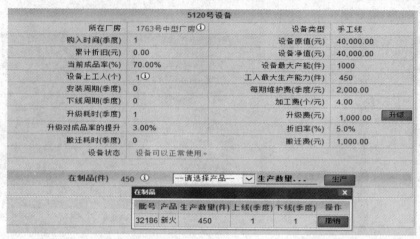

图5-43　生产投产前后状态(一定要确定看到"在制品"的红色数量才算投产成功)

三、市场营销计划

在点击"市场部"弹出的窗口中选择"决策内容→市场开发",开发目标市场,见图5-44。"开发状态"实时显示渠道的开发进度,绿色(深色)表示已开发,黄色(浅色)表示未开发。

图5-44　市场开发

在"市场部"弹出的窗口中选择"决策内容→广告宣传",确定当季度公司计划投入的广告费用,见图5-45。特别注意:广告一经投放,无法撤销,请慎重决策。

图5-45　广告宣传

四、人力资源计划

公司在运营中需要招聘销售人员和生产工人,可在人才市场上完成员工招聘。点击"市场"后进入人才市场,点击"销售招聘",选择需要招聘的销售人员的类型,并指定派往工作的市场区域,点击"招聘"按钮,将该销售人员招聘到相关区域市场,人力资源部门与销售人员签订合同,参见图5-46。

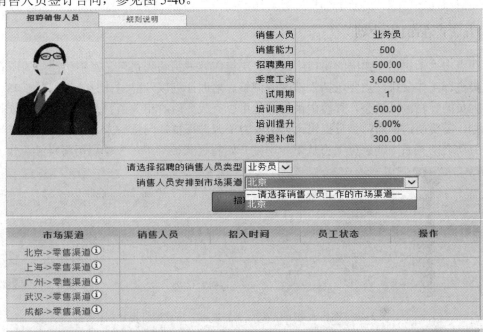

图5-46 销售员工招聘(第1季只能招聘到北京市场)

如果需要对不适用的员工解除劳动合同,首先需要由相关部门提供解聘申请,再在人力资源部完成劳动合同解聘事项。在点击"人力资源部"弹出窗口中选择"决策内容→解除合同",列表显示相关部门已提交辞退的人员清单,人力资源部确认是否正式解除劳动合同并辞退,参见图5-47。注意:被辞退的员工将从下一季度开始正式辞退,本季度仍将继续工作。

解除合同				
生产工人	销售人员	规则说明		
销售人员	入职时间	销售能力	薪金	操作
6528号业务员 ⓘ	第1季度	500	3,600.00	辞退
合计：1人		500	3,600.00	

图 5-47　解除合同

五、产品销售计划

在点击"销售部"弹出的窗口中选择"决策内容→销售人员"，对销售部门的所有销售人员进行工作安排，主要包括管辖区域调整、培训计划以及辞退计划，参见图5-48。对销售人员的管辖区域调整，直接由销售部就可以完成。但对相关销售人员的培训计划和辞退计划，需要由销售部门负责提出，再由人力资源部审核，同意后人力资源部解除与该员工的劳动合同关系，即该员工将从下一季度开始将正式被辞退，本季度仍将继续工作。

决策内容	规则说明					
市场	渠道	销售人员	销售能力	调整	计划培训 ☑	计划辞退 ☐
北京	零售渠道	第6528号业务员 ⓘ	500			☐
上海	零售渠道					
广州	零售渠道					
武汉	零售渠道					
成都	零售渠道					
合计		1	500		计划培训	计划辞退

图 5-48　销售人员工作安排(调整渠道、培训或辞退计划)

在点击"销售部"弹出的窗口中选择"决策内容→产品报价"，填写各产品的市场报价以及期望的最大订货数量，参见图 5-49。

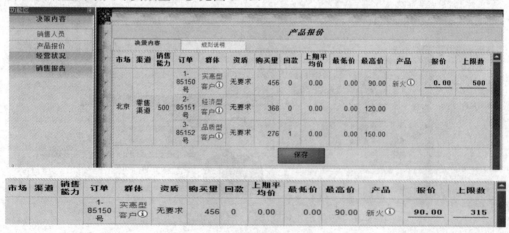

图 5-49　销售产品报价

注意：

① 在公司完成市场开发的情况下可以进入该市场进行销售，即最右边的"报价"栏和"上限数"可以设定，而未开发完成的市场没有空格可以填报数据。

② 最右边的"报价"栏和"上限数"一定要慎重设定,否则不允许参与报价销售。

③ "报价"栏的金额指的是产品销售单价,不能超过产品在该市场的最高限价。

④ "上限数"栏的数字表示在该市场上该产品最多只期望拿到多少订货量,以便防止拿到过多订货量而产能不足导致的违约罚金。如果不希望在此市场拿订单,可在"报价"中输入正常价格但在"上限数"中输入"零"值。

⑤ 全部报价及上限数填写好后,一定点击"保存"按钮提交产品的销售报价。

微课视频

本例中,原上限数是 500,对应一个销售人员的销售能力;实际报价时,上限数取了更小的出产数量 315 个(生产工人产能 450×70%产出率);系统将分配给本公司的订单不会超过公司实际生产线的产出数量,并且是销售人员能够销售的数量。

六、订单交货

当老师等所有组投完广告后,点击"产品配送"按钮就可分配订单给各组,各组当季即可看到市场中标的订单情况。之后,可以到制造部完成订单交货。在点击"制造部"弹出的窗口中点击"决策内容→订单交付",见图 5-50。首先,本案例中,生产线产出正好是 315 个,全部售出。填好"交付数量"并确认后,一定要看到"已交"数量才算完成交货。

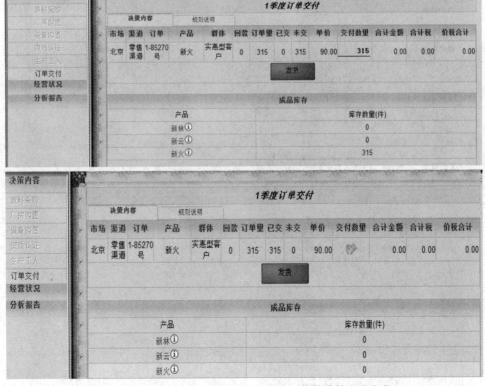

图 5-50 订单交付(一定要看到"已交"数量才算完成交货)

七、总经理查询决策

订单交货后将进入下一个季度，系统会自动扣除许多季度末结算费用。为避免现金断流，总经理需点击头像查询"管理驾驶舱→决策历史"，参见图 5-51(尤其季末扣除项目和红色显示的撤销项目)，与财务部沟通是否要贷款。

决策项目	决策时间	决策明细
		1(1)1季度决策历史明细
自动更新	1季度	2018-11-02 17:39:30.823 经营开始，您的公司获得注资：600,000.00
自动更新	1季度	2018-11-02 17:39:31.083 公司注册费用 扣除前现金余量： 600,000.00 扣除公司注册费用： 3,000.00 扣除后现金余量： 597,000.00
自动更新	1季度	2018-11-02 17:39:31.11 季度初扣除办公室租金： 10,000.00 扣除前现金余量： 597,000.00 扣除办公室租金： 10,000.00 扣除后现金余量： 587,000.00
自动更新	1季度	2018-11-02 17:39:31.22 季度初公司现金： 587,000.00
自动更新	1季度	2018-11-02 17:39:31.28 自动更新利润表。
自动更新	1季度	2018-11-02 17:39:31.37 自动更新资产负债表。
产品设计	1季度	2018-11-02 17:47:38.817 设计了产品： 新林 扣除前现金余量： 587,000.00 扣除产品设计费用： 30,000.00 扣除后现金余量： 557,000.00
产品研发	1季度	2018-11-02 19:08:45.257 产品： 新林 追加了研发投入 扣除前现金余量： 557,000.00 扣除产品研发费用： 20,000.00 扣除后现金余量： 537,000.00
产品设计	1季度	2018-11-02 19:49:12.03 设计了产品： 新云 扣除前现金余量： 537,000.00 扣除产品设计费用： 30,000.00 扣除后现金余量： 507,000.00
产品研发	1季度	2018-11-02 19:55:07.947 产品: 新林 撤销了研发投入 撤销前现金余量： 507,000.00 撤销产品设计费用： 20,000.00 撤销后现金余量： 527,000.00
产品研发	1季度	2018-11-02 19:55:20.707 产品： 新林 追加了研发投入 扣除前现金余量： 527,000.00 扣除产品研发费用： 20,000.00 扣除后现金余量： 507,000.00

订单报价	1季度	2018-11-02 22:58:19.803 完成了订单报价
自动更新	1季度	2018-11-02 22:59:57.657 成品成本－1763号厂房下-5120号设备 设备维护费：　2,000.00 本笔现金将在期末支付！
自动更新	1季度	2018-11-02 22:59:57.697 成品成本－1763号厂房－5120号设备－所有工人 工人工资：3,000.00 养老保险：600.00 医疗保险：345.00 失业保险：60.00 工伤保险：15.00 生育保险：18.00 本笔现金将在期末支付！
自动更新	1季度	2018-11-02 22:59:57.747 成品成本： 1763号厂房－5120号设备加工费用：　4.00/个 合计在制品数量：450件 合计加工费用：　1,800.00 下线成品数量：　315.00 合计需要分摊成本：　7,838.00 除原材料以外成本：24.88/个 本笔现金将在期末支付！

图 5-51　总经理查看第 1 季度所有历史决策的示例

八、财务管理计划

在方向盘上点击"银行"进入创业银行后，点击"信贷业务"窗口，在弹出的窗口中完成借款决策任务，参见图 5-52。注意：① 软件只设置了一种长期贷款，利息 5%，3 个季度后季末自动归还本金(如 1 季度贷款将于 4 季度末归还本金)；② 贷款操作无法撤销，请慎重决策；③ 当季借款金额不能超过本期授信额度，累计借款金额不能超过总授信额度。

申请新借款

借款利率	5.00%	利息为申请时一次性支付，实际到帐金额＝申请金额－申请金额x借款利率。
还款周期	3季度	到还贷时间的借款，将于到期季度期末由系统作自动还款处理。
总授信额度	600,000.00	总授信额度＝上季末净资产－累计已借款金额。
本期授信额度	200,000.00	同期内累计最大借款额度。
借款金额	**100000**	如申请新借款，在这里输入借款金额。

申请贷款

现存借款情况

借款类型	借款时间	到期时间	金额	利率	利息
合计			0.00		0.00

共有借款：0

现存借款情况

借款类型	借款时间	到期时间	金额	利率	利息
短期借款	1	4	100,000.00	5.00%	5,000.00
合计			100,000.00		5,000.00

共有借款：1

图 5-52　申请贷款

九、总经理查看系统季末/季初自动扣除项目费用

当教师点击"任务进度控制"进入第 2 季之后，总经理需要再次查看"决策历史"以核对系统上季末和下季初自动扣除的费用，如上季度的应付账款(源于原料采购)、增值税、城建税、教育附加税、地方教育附加税，以及本季度的办公室租金和本季度到货且立即付款的金属包装盒的货款，参见图 5-53。注意：金属包装盒采购时不是立即到货，而是有 1 个季度的"到货周期"和 1 个季度的"付款周期"，

微课视频

这意味着第 1 季度订购的金属包装盒在第 2 季度的季初到货时立即付款(无赊购)。只有"付款周期"大于"到货周期"，才有赊购所形成的应付款，如图 5-53 显示的短平绒的应付款就是"付款周期"(等于 1)大于"到货周期"(等于零)。季度运营的财务报表示例(利润表、资产负债表和部分的现金流量表)见图 5-54。

1(1)2季度决策历史明细		
决策项目	决策时间	决策明细
自动更新	2季度	2018-11-03 18:00:35.49 应付账款：5,001.75 结算前现金余量：239,793.13 结算应付账款：5,001.75 结算后现金余量：234,791.38
自动更新	2季度	2018-11-03 18:00:35.55 上缴上季度税费 增值税：1,777.73 上缴前现金余量：234,791.38 上缴增值税：1,777.73 上缴后现金余量：233,013.65
自动更新	2季度	2018-11-03 18:00:35.59 上缴上季度税费 城建税：124.44 教育附加税：53.33 地方教育附加税：35.55 所得税：0.00 合计：213.33 上缴前现金余量：233,013.65 上缴以上税费：213.33 上缴后现金余量：232,800.32
自动更新	2季度	2018-11-03 18:00:35.627 季度初扣除办公室租金：10,000.00 扣除前现金余量：232,800.32 扣除办公室租金：10,000.00 扣除后现金余量：222,800.32
自动更新	2季度	2018-11-03 18:00:35.68 原料：87836号金属包装盒 付款期限已到 原料购买时间：1季度 原料数量：1501 原料到货时间：2季度 原料付款时间：2季度 扣除前现金余量：222,800.32 扣除原料采购金额：8,429.62 扣除后现金余量：214,370.71
自动更新	2季度	2018-11-03 18:00:35.8 季度初公司现金：214,370.71
自动更新	2季度	2018-11-03 18:00:35.883 自动更新利润表。
自动更新	2季度	2018-11-03 18:00:36.007 自动更新资产负债表。

原料采购	1季度	2018-11-02 21:42:42.267 采购原料：短平缝(应付账款) 采购数量：450件 原始单价：10.0000 折扣单价：9.5000 单件税额：1.6150 合计金额：4,275.0000 合计税额：726.7500 产生应付账款：5,001.7500 采购款计入应付账款。 应付账款(价税合计)：5,001.7500 付款时间：2季度

图 5-53 总经理查看第 2 季度初系统自动扣除的历史决策(含应付所对应的上季度业务)

利润表

公司: 1(1) 时间:1季度   单位: 元

项目	本期发生	累计发生
一、营业收入	28,350.00	28,350.00
减：营业成本	18,705.50	18,705.50
减：营业税金及附加	213.33	213.33
减：销售费用	74,845.60	74,845.60
减：管理费用	189,760.00	189,760.00
减：财务费用	5,000.00	5,000.00
三、营业利润	-260,174.43	-260,174.43
加：营业外收入	0.00	0.00
减：营业外支出	0.00	0.00
四、税前利润	-260,174.43	-260,174.43
减：所得税	0.00	0.00
五、净利润	-260,174.43	-260,174.43

资产负债表

公司: 1(1) 时间:1季度   单位: 元

资产	期初数	期末数	负债和股东权益	期初数	期末数
流动资产：			流动负债：		
货币资金	600,000.00	239,793.13	短期借款	0.00	100,000.00
应收账款	0.00	0.00	应付账款	0.00	5,001.75
预付账款	0.00	0.00	应交税费	0.00	1,902.17
存货	0.00	7,025.25	其他应付款	0.00	88.89
其中：原材料	0.00	7,025.25	流动负债合计	0.00	106,992.81
成品	0.00	0.00			
流动资产合计	0.00	246,818.38	非流动负债		
非流动资产			非流动负债合计		
固定资产原值	0.00	200,000.00	负债合计	0.00	106,992.81
减：累计折旧		0.00	股东权益：		
固定资产净值	0.00	200,000.00	实收资本	600,000.00	600,000.00
无形资产	0.00	0.00	未分配利润	0.00	-260,174.43
非流动资产合计	0.00	200,000.00	股东权益合计	600,000.00	339,825.57
资产总计	600,000.00	446,818.38	负债和股东权益总计	600,000.00	446,818.38

现金流量表

公司: 1(1) 时间:1季度   单位: 元

项目	本期发生	累计发生
一、经营活动产生的现金流量		
销售商品、提供劳务收到的现金	33,169.50	33,169.50
收到的税费返还	0.00	0.00
收到的其他与经营活动有关的现金	0.00	0.00
现金流入小计	33,169.50	33,169.50
购买商品、接收劳务支付的现金	10,931.02	10,931.02
支付给职工以及为职工支付的现金	18,305.60	18,305.60
支付的各项税费	0.00	
支付的其他与经营活动有关的现金	254,138.00	254,138.00
现金流出小计	283,374.62	283,374.62
经营活动产生的现金流量净额	-250,205.12	-250,205.12
二、投资活动产生的现金流量		
收回投资所收到的现金	0.00	0.00
取得投资收益所收到的现金	0.00	0.00
处置固定资产、无形资产和其他长期资产收回的现金	0.00	0.00
收到其他与投资活动有关的现金	0.00	0.00
现金流入小计	0.00	0.00
购建固定资产、无形资产和其他长期资产支付的现金	200,000.00	200,000.00

图 5-54 季度运营的财务报表示例(利润表、资产负债表和部分的现金流量表)

第三节　“创业之星”运营仿真的实战分析

“创业之星”运营仿真的实战分析充分利用了软件提供的丰富的查询分析功能。

一、研发部门数据查询分析

微课视频

在研发部中选择“分析报告→产品分析”，在产品品牌类别中选择需要对比查看的产品。对比列出所有公司被选中的品牌产品的原料构成情况，见图5-55。

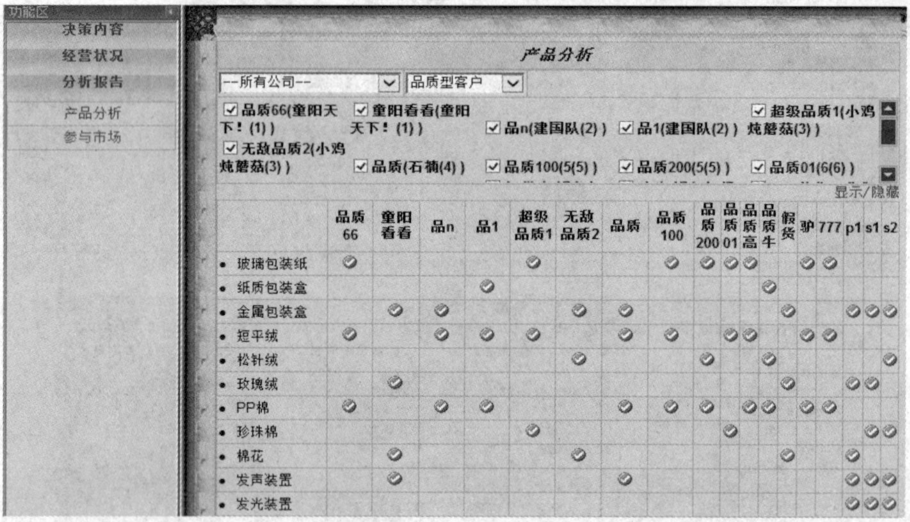

	品质66	童阳看看	品n	品1	超级品质1	无敌品质2	品质	品质100	品质200	品质01	品质高	品质牛	假货	驴	777	p1	s1	s2
玻璃包装纸	✓				✓			✓	✓	✓	✓			✓	✓			
纸质包装盒				✓								✓						
金属包装盒		✓	✓			✓	✓						✓			✓	✓	✓
短平绒	✓		✓	✓	✓		✓	✓		✓	✓			✓	✓			
松针绒						✓			✓			✓						✓
玫瑰绒		✓											✓			✓	✓	
PP棉	✓		✓	✓			✓	✓	✓		✓	✓		✓	✓			
珍珠棉					✓					✓							✓	✓
棉花		✓				✓							✓			✓		
发声装置		✓					✓									✓	✓	✓
发光装置																✓	✓	✓

图5-55　产品设计查询结果

在研发部中选择“分析报告→参与市场”，再选择要查看的季度及市场，可以查看该季度在选中市场上所有公司销售的产品品牌，见图5-56。

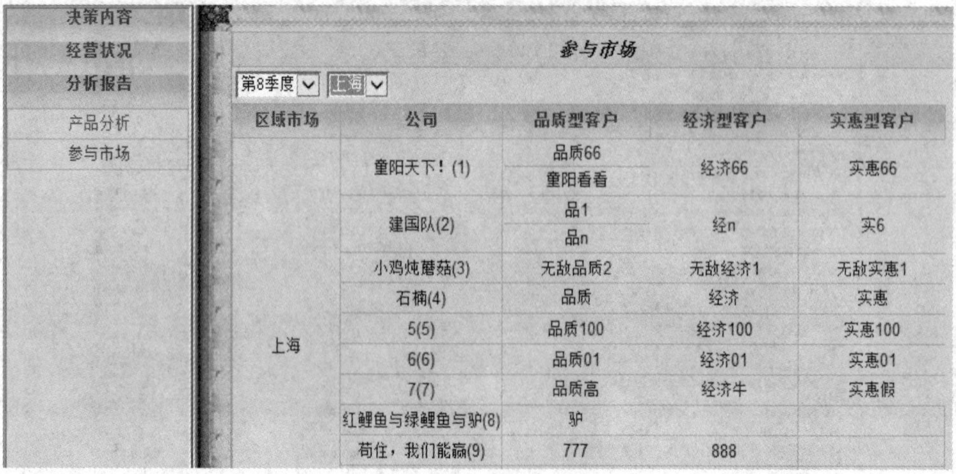

区域市场	公司	品质型客户	经济型客户	实惠型客户
上海	童阳天下！(1)	品质66 童阳看看	经济66	实惠66
	建国队(2)	品1 品n	经n	实6
	小鸡炖蘑菇(3)	无敌品质2	无敌经济1	无敌实惠1
	石楠(4)	品质	经济	实惠
	5(5)	品质100	经济100	实惠100
	6(6)	品质01	经济01	实惠01
	7(7)	品质高	经济牛	实惠假
	红鲤鱼与绿鲤鱼与驴(8)	驴		
	苟住，我们能赢(9)	777	888	

图5-56　参与市场查询结果

二、市场部门数据查询分析

1. 产品评价

在研发部中选择"市场报告→产品评价"，再选择要查看的季度、市场、渠道(默认零售渠道)、消费群体，可以查看到所有市场中的全部消费群体对各类公司产品的评价分数，参见图 5-57。

8季度-所有市场-全部消费群体-产品评价

市场	渠道	群体	产品	产品价格	产品品牌	产品功能	销售能力	产品口碑	总分
		品质型客户	童阳看看 (童阳天下！(1))	1.2209	5.7048	13.7931	0.7452	0.6139	22.0779
			品n (建国队(2))	1.4329	6.2324	4.1379	0.9080	0.7106	13.4219
			品质 (石楠(4))	1.2793	0.7885	7.5862	0.9080	1.2375	11.7995
			无敌品质2 (小鸡炖蘑菇)	1.2211	0.6768	7.2414	1.2302	1.0124	11.3819
			品1 (建国队(2))	1.7053	3.4707	1.0345	0.9080	0.7824	7.9009
			品质66 (童阳天下！(1))	1.2209	3.1029	1.0345	0.7452	1.4942	7.5976
			驴 (红鲤鱼与绿鲤鱼与驴(8))	1.4329	2.4100	1.0345	0.7176	1.0767	6.6717
			品质01 (6(6))	1.3206	0.5008	1.0345	1.7575	1.1860	5.7993
			品质100 (5(5))	1.2209	1.0563	1.0345	0.8787	0.8670	5.0574
			777 (苟住，我们能赢(9))	1.7053	0.7527	1.0345	0.9086	0.5344	4.9355
			品质高 (7(7))	1.2399	0.2180	1.0345	0.2929	0.4850	3.2703
			经n (建国队(2))	3.9649	6.2546	3.8462	2.3890	0.9575	17.4122

市场	渠道	群体	产品	产品价格	产品品牌	产品功能	销售能力	产品口碑	总分
北京	零售渠道	经济型客户	经n (建国队(2))	3.9649	6.2546	3.8462	2.3890	0.9575	17.4122
			经济01 (6(6))	3.9649	0.4809	3.8462	4.6239	2.0593	14.9751
			经济 (石楠(4))	3.7944	1.5169	3.8462	2.3890	1.6728	13.2192
			无敌经济1 (小鸡炖蘑菇(3))	3.6354	0.6865	3.8462	3.2367	1.2216	12.6263
			SKT1 (苟住，我们能赢(9))	3.5585	0.8588	3.8462	2.3906	0.8098	11.4638
			经济100 (5(5))	3.5585	2.1106	0.9615	2.3120	1.6557	10.5983
			经济牛 (7(7))	3.5585	0.5451	3.8462	0.7707	0.9215	9.6419
			红鲤鱼 (红鲤鱼与绿鲤鱼与驴(8))	3.9649	0.8143	0.9615	1.8881	0.7019	8.3307
		实惠型客户	实惠 (石楠(4))	9.6216	3.7770	4.8276	1.6446	2.6017	22.4725
			实惠01 (6(6))	10.2229	0.7964	4.8276	3.1830	2.4307	21.4606
			绿鲤鱼 (红鲤鱼与绿鲤鱼与驴(8))	9.3407	2.9146	4.8276	1.2997	1.9422	20.3249
			实6 (建国队(2))	11.9977	0.0000	2.7586	1.6446	1.5512	17.9521
			无敌实惠1 (小鸡炖蘑菇(3))	8.8171	0.6365	2.7586	2.2281	1.4740	15.9144

图 5-57　产品评价查询结果

2. 价格评价

在研发部中选择"市场报告→价格评价",再选择要查看的产品品牌及季度,可以查看到不同产品品牌在市场上报价的消费者评价分数,也可以再选择"统计排名",查看所有品牌的分数排名,参见图 5-58。

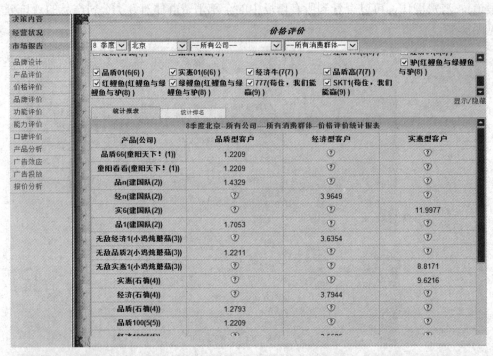

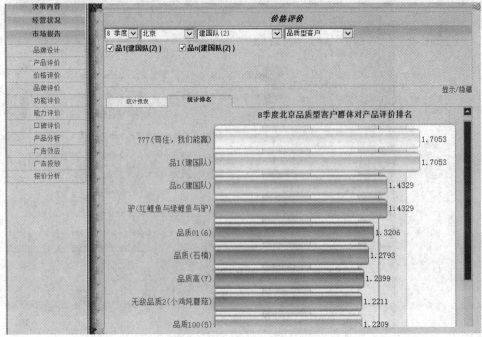

图 5-58　价格评价查询结果

类似的，可以在研发部中选择“市场报告→品牌评价”“市场报告→功能评价”“市场报告→能力评价”和“市场报告→口碑评价”，对图 5-57 中各项子项目分值查看相应的详情。限于篇幅，此处不再一一列举。

3. 广告效应

在研发部中选择“市场报告→广告效应”，可查看本公司各季度广告累计投入剩余效应，见图 5-59。

建国队(2)第8季度广告效应

公司(小组)	产品	累计投入(元)	累计效应(元)
建国队(2)	经2	30,000.00	0.00
	实6	0.00	0.00
	品1	146,000.00	91,461.48
	经3	1,000.00	0.00
	品n	250,000.00	164,239.91
	经n	110,000.00	85,672.78

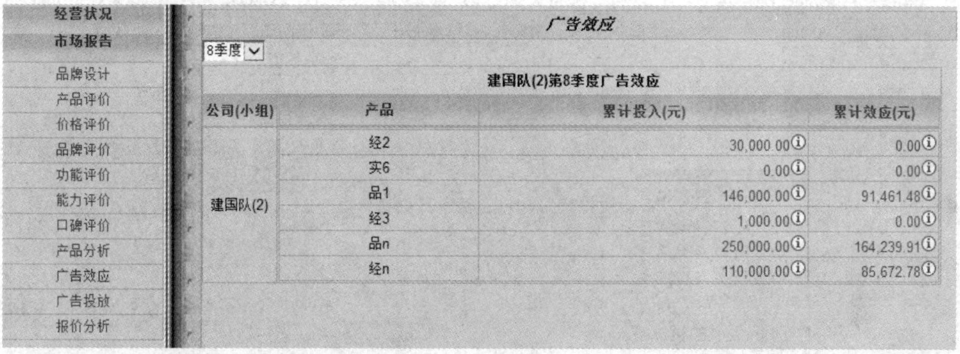

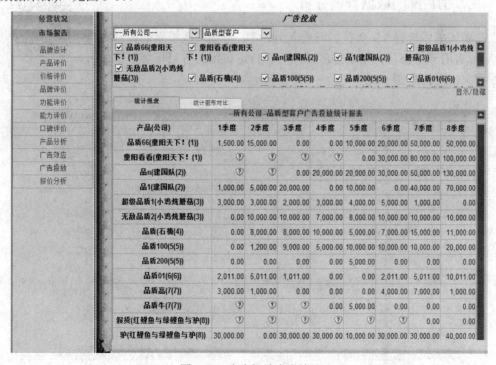

图 5-59 广告效应

4. 广告投放

在研发部中选择“市场报告→广告投放”，再选择要查看对手公司及其产品品牌客户类型,可以查看到所有公司各个品牌客户类型中各个产品的广告投放金额(这是极重要的分析数据来源)，见图 5-60。

--所有公司--品质型客户广告投放统计报表

产品(公司)	1季度	2季度	3季度	4季度	5季度	6季度	7季度	8季度
品质66(童阳天下！(1))	1,500.00	15,000.00	0.00	0.00	10,000.00	20,000.00	50,000.00	50,000.00
童阳看看(童阳天下！(1))					0.00	30,000.00	80,000.00	100,000.00
品n(建国队(2))			0.00	20,000.00	20,000.00	30,000.00	50,000.00	130,000.00
品1(建国队(2))	1,000.00	5,000.00	20,000.00	0.00	10,000.00	0.00	40,000.00	70,000.00
超级品质1(小鸡炖蘑菇(3))	3,000.00	3,000.00	2,000.00	3,000.00	4,000.00	5,000.00	1,000.00	0.00
无敌品质2(小鸡炖蘑菇(3))	0.00	10,000.00	10,000.00	7,000.00	8,000.00	10,000.00	10,000.00	10,000.00
品质(石楠(4))	0.00	8,000.00	8,000.00	10,000.00	5,000.00	7,000.00	15,000.00	11,000.00
品质100(5(5))	0.00	1,200.00	9,000.00	5,000.00	10,000.00	10,000.00	10,000.00	20,000.00
品质200(5(5))	0.00	0.00	0.00	0.00	5,000.00	0.00	0.00	0.00
品质01(6(6))	2,011.00	5,011.00	1,011.00	0.00	0.00	2,011.00	5,011.00	10,011.00
品质高(7(7))	3,000.00	1,000.00	0.00	0.00	0.00	4,000.00	7,000.00	1,000.00
品质牛(7(7))				0.00	5,000.00	0.00	0.00	0.00
假货(红鲤鱼与绿鲤鱼与驴(8))							0.00	0.00
驴(红鲤鱼与绿鲤鱼与驴(8))	30,000.00	0.00	30,000.00	30,000.00	10,000.00	30,000.00	30,000.00	40,000.00

图 5-60 广告投放查询结果

5. 报价分析

在研发部中选择"市场报告→报价分析",再选择要查看的对手公司,可以查看到该对手公司在不同市场中各个产品的报价数据(这是极其重要的分析数据来源),参见图 5-61。

决策内容							
经营状况				报价分析			
市场报告	建国队(2) ▼	8季度 ▼					
	童阳天下!(1)		建国队(2)8季度品质型客户报价分析统计报表				
品牌设计	建国队(2)				建国队(2)		
产品评价	小鸡炖蘑菇(3)	订单号	经2(元)	实6(元)	品1(元)	经3(元)	品n(元)	经
价格评价	石楠(4)						
品牌评价	5(5)	175			110.00		120.00	
	6(6)							
功能评价	7(7)	174						9
能力评价	红鲤鱼与绿鲤鱼与驴(8)	173		60.00				
	苟住,我们能赢(9)							
口碑评价	10(10)	179			110.00		129.00	
产品分析	13(13)	177						10
	15(15)							
广告效应	上海	实惠型客户	176		80.00			
广告投放		品质型客户	182			110.00		117.00	
报价分析	广州	经济型客户	181					9
		实惠型客户	180		70.00			
	武汉	品质型客户	227			115.00		120.00	
		经济型客户	226					9
		实惠型客户	225		75.00			
	成都	品质型客户	230			110.00		112.00	
		经济型客户	229					9
		实惠型客户	228		70.00			

图 5-61　报价分析查询结果

三、销售部门数据查询分析

在销售部中选择"销售报告→收入分析",再选择要查看的经营期间,可以查看到本公司在指定季度期间内在特定市场的各目标客户群体的占有率情况,见图 5-62。

微课视频

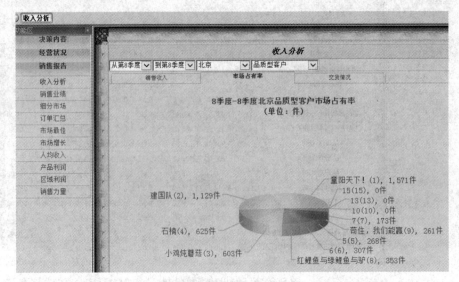

图 5-62　收入分析查询结果

在公司场景中点击"销售部",在弹出窗口中选择"分析报告→增长情况",再选择要查看的经营期间,可以查看到公司在指定季度期间内的各细分市场的占有率情况,见图5-63。

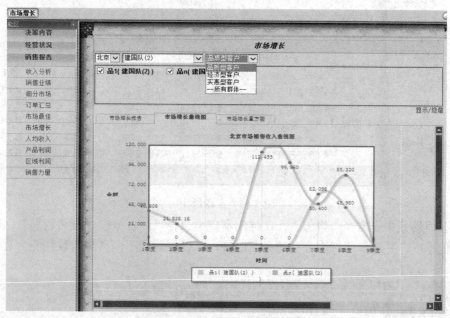

图5-63 增长情况

在公司场景中点击"销售部",在弹出窗口中选择"分析报告→市场表现",再选择要查看的经营期间、市场区域、销售渠道、消费者类别等,可以查看到公司各产品在相关市场的占有率情况,见图5-64。

第8季度到第8季度细分市场情况

细分市场	细分渠道	品质型客户		经济型客户		实惠型客户		合计	
		占有量	占有率	占有量	占有率	占有量	占有率	占有量	占有率
北京	零售渠道	1129	21.34%	1389	21.47%	800	16.61%	3318	20.02%
上海	零售渠道	1736	23.52%	1400	17.98%	1602	20.94%	4738	20.76%
广州	零售渠道	1731	26.84%	500	8.04%	800	15.71%	3031	17.06%
武汉	零售渠道	982	20.54%	500	9.20%	875	14.83%	2357	14.63%
成都	零售渠道	1041	22.55%	500	8.59%	800	17.63%	2341	15.63%
合计		6619	23.21%	4289	13.52%	4877	17.42%	15785	17.89%

图5-64 市场表现

在公司场景中点击"销售部",在弹出窗口中选择"分析报告→市场最佳",再选择要查看的经营期间,可以查看到在指定季度期间内的各细分市场表现最好的公司情况,见图5-65。

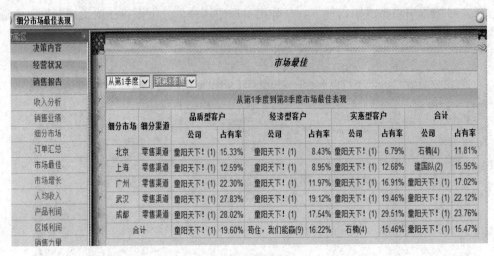

图 5-65　市场最佳

在公司场景中点击"销售部"，在弹出窗口中选择"分析报告→产品利润"，再选择要查看的季度，并选择要对比分析的产品品牌，可以查看到不同产品的盈利能力对比，见图 5-66。

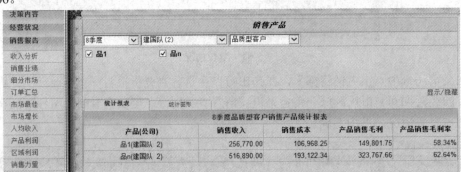

图 5-66　产品利润

在公司场景中点击"销售部"，在弹出窗口中选择"分析报告→区域利润"，再选择要查看的季度和产品品牌，可以查看到产品在不同区域市场上的盈利能力。两个子页面选择分别以表格和图形方式显示具体的表现，参见图 5-67。

区域利润

市场区域	销售收入	销售成本	区域毛利	区域毛利率
北京	304,310.00	157,745.07	146,564.93	48.16%
上海	479,621.00	224,269.88	255,351.12	53.24%
广州	277,639.00	128,546.99	149,092.01	53.70%
武汉	228,175.00	108,855.35	119,319.65	52.29%
成都	218,822.00	109,667.94	109,154.06	49.88%
合计	1,508,567.00	729,085.23	779,481.77	----

图 5-67　区域利润

四、总经理部门数据查询分析

1. 管理驾驶舱

在公司场景中点击"总经理",在弹出窗口中选择"管理驾驶舱→财务管理",可以查看到公司关键财务绩效指标的数据及行业平均值,参见图 5-68。

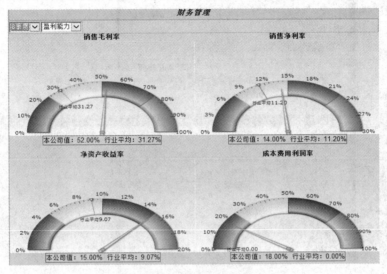

图 5-68 管理驾驶舱之财务管理

2. 查看经营绩效

1) 综合评价

在公司场景中点击"总经理",在弹出窗口中选择"经营绩效→综合评价",可查看到公司总体经营绩效评价分数与排名情况。综合评价是最终各公司的排名分数,参见图 5-69。

排名	公司名称	盈利表现	财务表现	市场表现	投资表现	成长表现	综合表现	紧急借款次数	合计扣分	最终得分
第1名	重阳天下!(1)	60.0000	39.5977	40.0000	16.5172	20.0000	176.1149	0	0.00	176.1149
第2名	石榴(4)	50.1609	36.1596	36.0368	15.7809	17.7327	155.8709	1	5.00	150.8709
第3名	建国队(2)	44.7306	33.8276	39.5498	16.1658	19.4659	153.7397	1	5.00	148.7397
第4名	6(6)	35.4212	34.6019	36.0489	13.3023	16.8257	136.2000	1	5.00	131.2000
第5名	小鸡炖蘑菇(3)	32.4153	34.3590	28.7682	12.6989	15.1129	123.3541	0	0.00	123.3541
第6名	5(5)	32.9350	31.5842	24.4777	13.1591	12.8049	114.9608	2	10.00	104.9608
第7名	红鲤鱼与绿鲤鱼与驴(8)	31.4411	35.9512	21.1010	12.4116	10.4251	111.3300	0	0.00	111.3300
第8名	苟住,我们能赢(9)	25.5089	34.9099	24.4987	11.9877	11.8257	108.7308	0	0.00	108.7308
第9名	7(7)	23.8250	33.9727	21.6798	11.2290	10.6692	101.3757	0	0.00	101.3757
第10名	15(15)	1.7269	25.4229	10.5097	10.3476	6.0538	54.0609	2	10.00	44.0609
第11名	13(13)	0.0000	20.9894	6.1498	9.7619	2.6326	39.5338	7	35.00	4.5338
第12名	10(10)	0.0000	19.4857	4.5898	6.6381	2.3161	33.0297	7	35.00	-1.9703
行业平均	——	28.1804	31.7385	24.4508	12.5000	12.1554	109.0251	——	8.7500	100.2751

图 5-69 综合表现

2) 盈利表现

在公司场景中点击“总经理”，在弹出窗口中选择“经营绩效→盈利表现”，可以查看到综合评价分数中的盈利表现情况，参见图 5-70。

建国队(2)8季度盈利表现

排名	公司名称	盈利表现	累计盈利	股东权益
第1名	童阳天下！(1)	60.0000	1,999,829.11	2,599,829.11
第2名	石楠(4)	50.1609	1,116,861.08	1,716,861.08
第3名	建国队(2)	44.7306	930,997.35	1,530,997.35
第4名	6(6)	35.4212	612,365.04	1,212,365.04
第5名	5(5)	32.9350	527,267.51	1,127,267.51
第6名	小鸡炖蘑菇(3)	32.4153	509,479.11	1,109,479.11
第7名	红鲤鱼与绿鲤鱼与驴(8)	31.4411	476,137.19	1,076,137.19
第8名	苟住，我们能赢(9)	25.5089	273,096.61	873,096.61
第9名	7(7)	23.8250	215,458.73	815,458.73
第10名	15(15)	1.7269	-540,894.39	59,105.61
第11名	10(10)	0.0000	-1,033,230.31	-433,230.31
第12名	13(13)	0.0000	-1,089,429.88	-489,429.88
行业平均	----	28.1804	333,161.43	933,161.43

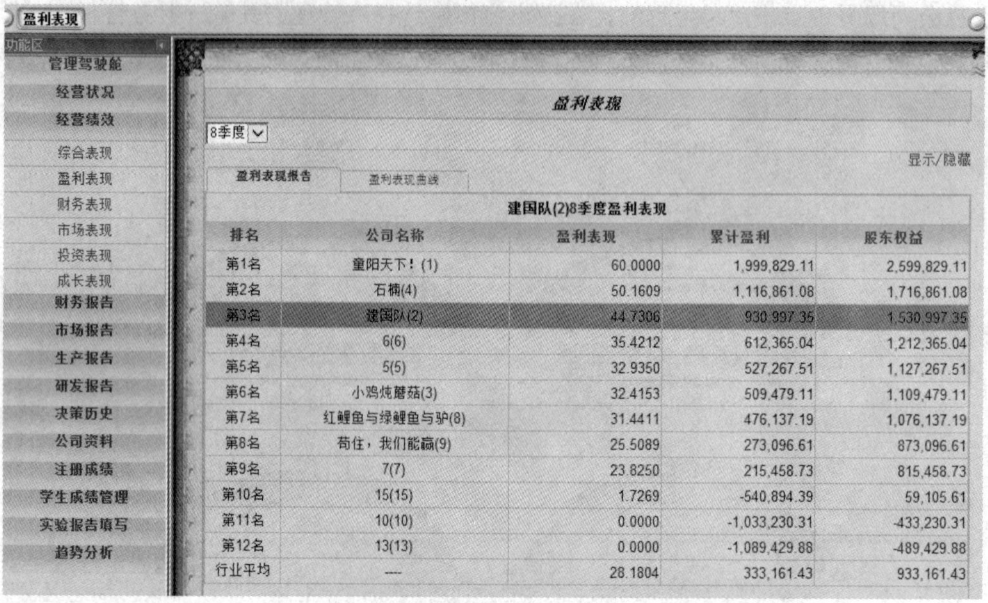

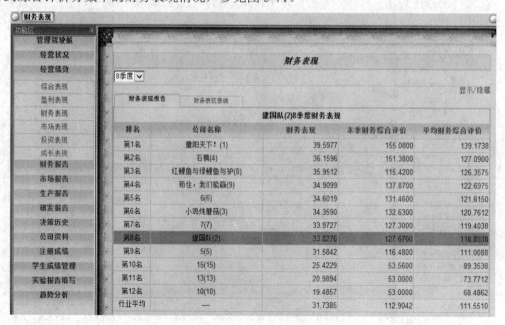

图 5-70　盈利表现

3) 财务表现

在公司场景中点击“总经理”，在弹出窗口中选择“经营绩效→财务管理”，可以查看到综合评价分数中的财务表现情况，参见图 5-71。

建国队(2)8季度财务表现

排名	公司名称	财务表现	本季财务综合评价	平均财务综合评价
第1名	童阳天下！(1)	39.5977	155.0800	139.1738
第2名	石楠(4)	36.1596	151.3800	127.0900
第3名	红鲤鱼与绿鲤鱼与驴(8)	35.9512	115.4200	126.3575
第4名	苟住，我们能赢(9)	34.9099	137.8700	122.6975
第5名	6(6)	34.6019	131.4600	121.6150
第6名	小鸡炖蘑菇(3)	34.3590	132.6300	120.7612
第7名	7(7)	33.9727	127.3000	119.4038
第8名	建国队(2)	33.8276	127.6700	118.8938
第9名	5(5)	31.5842	116.4800	111.0088
第10名	15(15)	25.4229	53.5600	89.3538
第11名	13(13)	20.9894	53.0000	73.7712
第12名	10(10)	19.4857	53.0000	68.4862
行业平均	----	31.7385	112.9042	111.5510

图 5-71　财务表现

4) 市场表现

在公司场景中点击“总经理”，在弹出窗口中选择“经营绩效→市场管理”，可以查看到综合评价分数中的市场表现情况，参见图 5-72。

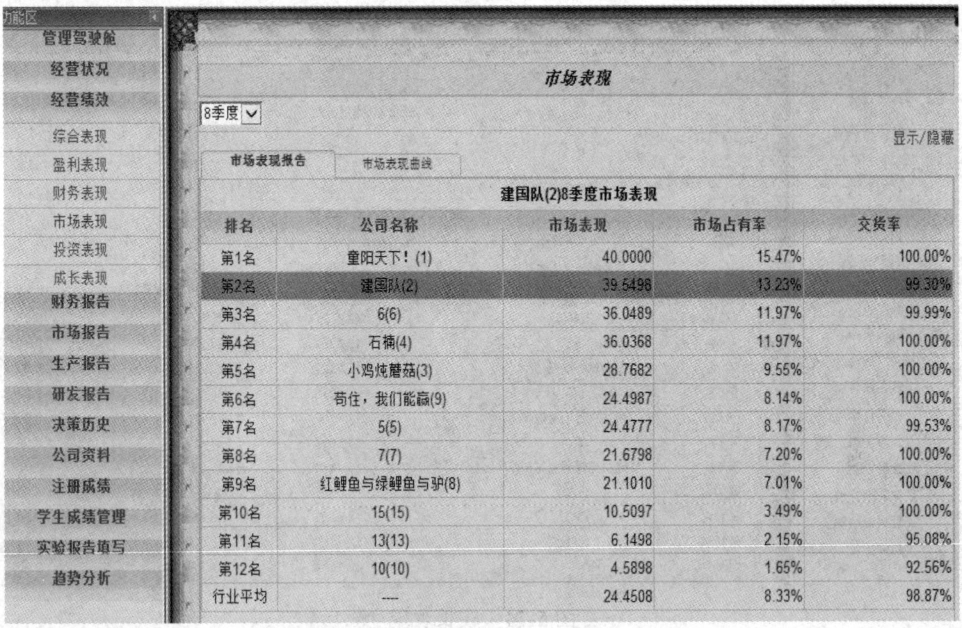

建国队(2)8季度市场表现

排名	公司名称	市场表现	市场占有率	交货率
第1名	童阳天下！(1)	40.0000	15.47%	100.00%
第2名	建国队(2)	39.5498	13.23%	99.30%
第3名	6(6)	36.0489	11.97%	99.99%
第4名	石楠(4)	36.0368	11.97%	100.00%
第5名	小鸡炖蘑菇(3)	28.7682	9.55%	100.00%
第6名	苟住，我们能赢(9)	24.4987	8.14%	100.00%
第7名	5(5)	24.4777	8.17%	99.53%
第8名	7(7)	21.6798	7.20%	100.00%
第9名	红鲤鱼与绿鲤鱼与驴(8)	21.1010	7.01%	100.00%
第10名	15(15)	10.5097	3.49%	100.00%
第11名	13(13)	6.1498	2.15%	95.08%
第12名	10(10)	4.5898	1.65%	92.56%
行业平均	---	24.4508	8.33%	98.87%

图 5-72 市场表现

5) 投资表现

在公司场景中点击“总经理”，在弹出窗口中选择“经营绩效→投资管理”，可以查看到综合评价分数中的投资表现情况，参见图 5-73。

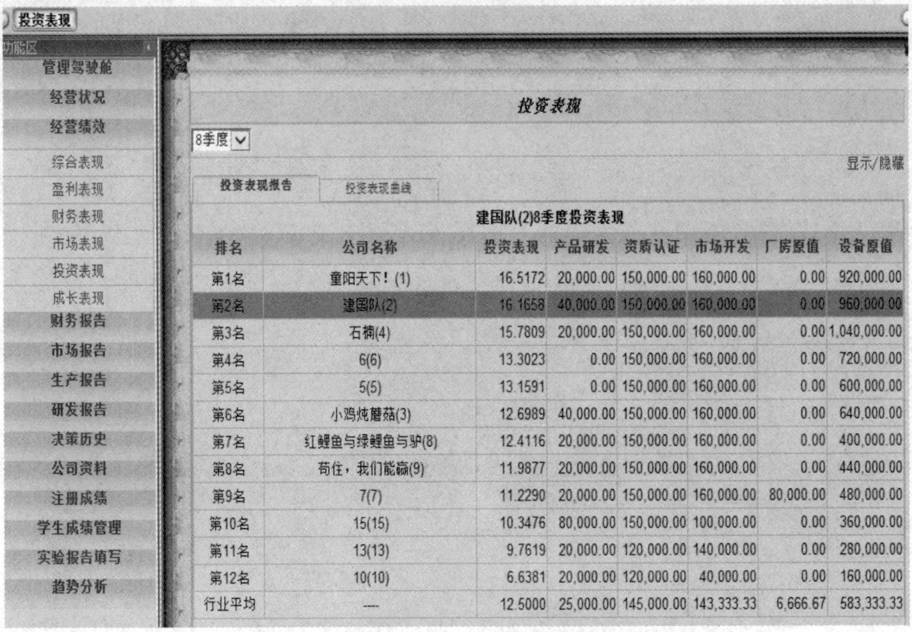

建国队(2)8季度投资表现

排名	公司名称	投资表现	产品研发	资质认证	市场开发	厂房原值	设备原值
第1名	童阳天下！(1)	16.5172	20,000.00	150,000.00	160,000.00	0.00	920,000.00
第2名	建国队(2)	16.1658	40,000.00	150,000.00	160,000.00	0.00	960,000.00
第3名	石楠(4)	15.7809	20,000.00	150,000.00	160,000.00	0.00	1,040,000.00
第4名	6(6)	13.3023	0.00	150,000.00	160,000.00	0.00	720,000.00
第5名	5(5)	13.1591	0.00	150,000.00	160,000.00	0.00	600,000.00
第6名	小鸡炖蘑菇(3)	12.6989	40,000.00	150,000.00	160,000.00	0.00	640,000.00
第7名	红鲤鱼与绿鲤鱼与驴(8)	12.4116	20,000.00	150,000.00	160,000.00	0.00	400,000.00
第8名	苟住，我们能赢(9)	11.9877	20,000.00	150,000.00	160,000.00	0.00	440,000.00
第9名	7(7)	11.2290	20,000.00	150,000.00	160,000.00	80,000.00	480,000.00
第10名	15(15)	10.3476	80,000.00	150,000.00	100,000.00	0.00	360,000.00
第11名	13(13)	9.7619	20,000.00	120,000.00	140,000.00	0.00	280,000.00
第12名	10(10)	6.6381	20,000.00	120,000.00	40,000.00	0.00	160,000.00
行业平均	---	12.5000	25,000.00	145,000.00	143,333.33	6,666.67	583,333.33

图 5-73 投资表现

6) 成长表现

在公司场景中点击"总经理",在弹出窗口中选择"经营绩效→成长管理",可以查看到综合评价分数中的成长表现情况,参见图 5-74。

图 5-74　成长表现

第三篇　Excel 决策辅助工具制作篇

在介绍 ERP 原理的 Excel 电子表格工具实现基础上，分别针对"商战"电子沙盘讲解如何编制 Excel 决策辅助工具，针对创业之星电子沙盘讲解如何编制 Excel 决策辅助工具。其中，关键是讲解 ERP 销售、生产与采购间衔接的 MPS/MRP 逻辑以及物流与资金流的对接逻辑等的 Excel 实现。

第六章　ERP 系统原理的 Excel 电子表格工具实现

第一节　物料需求计划(MRP)原理及其 Excel 实现

一、物料需求计划(MRP)原理

1. MRP 基本工作逻辑流程图

物料需求计划(MRP)基本工作逻辑流程图细化了图2-4(MRP 基本原理示意图)，见图 6-1。它与相应基本运算逻辑(即各步骤详细公式)配套，完成 MRP 逻辑计算并给出补充建议。

微课视频

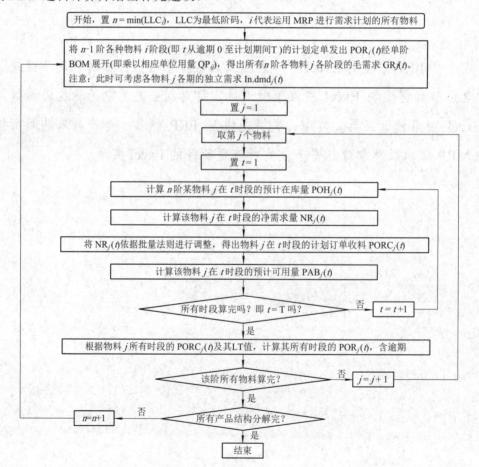

图 6-1　物料需求计划(MRP)基本工作逻辑流程图

2. MRP 基本运算逻辑

针对上述 MRP 基本工作逻辑流程图，以下相应的基本运算逻辑给出各步骤的详细计算公式。注意：计算过程中溢出/超出计划期间(T)的数值都无需考虑。另外，虽然 MRP 是由处理相关需求发展而来的程序，但是由于某些 MRP 处理的下阶物料可能除了具有相关需求外，还有部分独立需求，此时 MRP 程序应该可以合并处理。比如，在"商战"电子沙盘中，P2 和/或 P3 产品经常是 P4 和/或 P5 产品的半成品，因此在 MRP 基本运作逻辑中需要同时处理子件的相关需求和其可能存在的独立需求。

1) 毛需求(Gross Requirement，GR)的运算逻辑

MRP 中由一个或多个直接上阶物料(父件)引发的依赖需求(相关需求)以及该物料本身可能另有的独立需求的总和称为该物料的毛需求，亦称总需求。其计算公式如下：

$$
GR_j(t) = \begin{cases} \sum_{i=1}^{m} POR_i(0) \times QP_{ij} + In.dmd_j(0), & t=0 \\ \sum_{i=1}^{m} POR_i(1) \times QP_{ij} + In.dmd_j(1) + GR_j(0), & t=1 \\ \sum_{i=1}^{m} POR_i(t) \times QP_{ij} + In.dmd_j(t), & 2 \leqslant t \leqslant T \end{cases} \tag{6.1}
$$

式中，$GR_j(t)$ 为子件 j 在 t 时段的毛需求；m 为 j 的所有直接单阶父件 i 的总个数；$POR_i(t)$ 为父件 i 在 t 时段的计划订单发出；QP_{ij} 为 j 组成 i 时的单位用量；$In.dmd_j(t)$ 为物料 j 在 t 时段的独立需求。

注意：对某 MRP 子件来说，若独立需求部分的客户订单交货日期已过而仍未完全满足该订单，则该订单不足量就会记录为 $In.dmd_j(0)$。

2) 在途量(Scheduled Receipts，SR)的来源

在途量定在未来某期将会取得的量，是一种未来的库存，在交货那期，视为可用量。$SR_j(t)$ 为物料 j 在 t 时段的在途量，其数据由系统记录档案直接给出。对应 $t=0$ 的逾期量 $SR_j(0)$ 是"应到未到量"，即制令单或订购单不良执行情况的反馈结果；而对应 $t \geqslant 1$ 的 $SR_j(t)$ 则为排定在未来 t 时段将会取得的"已订未交量"。

3) 预计在库量(Projected On-Hand，POH)的运算逻辑

预计在库量 POH 是在某期(时段)还未考虑是否有计划订单收料 PORC 的情况下，该期期末预计的在库量。MRP 程序利用 POH 这个中间变量来决定在某期是否有净需求。

$$
POH_j(t) = \begin{cases} OH_j + SR_j(1) + SR_j(0) - AL_j - GR_j(1), & t=1 \\ PAB_j(t-1) + SR_j(t) - GR_j(t), & 2 \leqslant t \leqslant T \end{cases} \tag{6.2}
$$

式中，$POH_j(t)$ 为物料 j 在 t 时段的预计在库量；OH_j 为物料 j 的当前在库量(On-Hand Inventory)；AL_j 为物料 j 当前的保留量(Allocated Inventory，AL)；$PAB_j(t)$ 为物料 j 在 t 时段的预计可用量。

4) 净需求(Net Requirement，NR)的运算逻辑

所拥有的库存数量不足以满足所需的需求时，就会产生净需求。更精确地说：在 MRP 逻辑中，若预计在库量 POH 小于安全库存(Safety Stock，SS)，其差额即为 NR。

$$NR_j(t) = IF\{POH_j(t) \geqslant SS_j，0，SS_j - POH_j(t)\}，\qquad 1 \leqslant t \leqslant T \qquad (6.3)$$

式中，$NR_j(t)$ 为物料 j 在 t 时段的净需求；SS_j 为物料 j 的安全库存。

5) 计划订单收料(Planned Order Receipts，PORC)的运算逻辑

如果某物料某期有净需求，就需要通过生产或采购来补充。计划订单收料是指依据一定批量法则对净需求进行调整后在某个期别计划补充到位的物料数量。这个数量在生产或采购订单发出前是 PORC，发出后就变为在途量 SR，收料后即转变为在库量 OH。

$$PORC_j(t) = F(NR_j(t)，LSR)，\qquad 1 \leqslant t \leqslant T \qquad (6.4)$$

式中，$PORC_j(t)$ 为物料 j 在 t 时段的计划订单收料；LSR 为批量法则(Lot Sizing Rule)的集合；$F(NR_j(t)，LSR)$ 为由 $NR_j(t)$ 和 LSR 决定的函数(具体形式主要取决于 LSR)。

(1) 逐批法(Lot-For-Lot，LFL)。该法则是指一旦有净需求，此批量法则将使每期计划订单量与该期净需求相等。其基本计算公式为

$$PORC_j(t) = NR_j(t)，\qquad 1 \leqslant t \leqslant T$$

(2) 对最小订购量法(Minimum Order Quantity，MOQ)。该法则是指一旦有净需求，计划订单量应至少在设定的最小订购量(Min Lot，ML)之上。其基本计算公式为

$$PORC_j(t) = IF(NR_j(t) > 0，MAX(NR_j(t)，ML_j)，0)，\qquad 1 \leqslant t \leqslant T$$

式中，ML_j 为物料 j 的最小订购量。

(3) 对定量批量法(Fixed Order Quantity，FOQ)。该法则是指一旦有净需求，计划订单量始终为固定的基准批量(Lot Size，LS)的整数倍。其基本计算公式为

$$PORC_j(t) = IF(NR_j(t) > 0，CEILING(NR_j(t)，LS_j)，0)，\qquad 1 \leqslant t \leqslant T$$

式中，$CEILING(x，y)$ 为向上取整函数，即将 x 向上舍入为最接近的基数 y 的倍数；LS_j 为物料 j 的固定订购量。

(4) 对定期批量法(Periodic Order Quantity，POQ)。该法则是指一旦有净需求，计划订单量等于 n 个时段之内的净需求之和。其基本计算公式为

$$PORC_j(t) = IF\left(NR_j(t) > 0，NR_j(t) + \sum_{k=t+1}^{t+n-1} GR_j(k)，0 \right)，\qquad 1 \leqslant t \leqslant T$$

式中，n 为涵盖净需求周期时段的订货周期。

6) 预计可用量(Projected Available Balance，PAB)的运算逻辑

在某期(时段)考虑接收了计划订单收料 PORC 的情况下，该期期末预计的在库量。它等于某期原有的预计在库量 POH 加上该期可能到达的计划订单收料 PORC 数量。如果生

产和采购供应都按计划正常运作，该值才是某物料某期预计的真正期末库存。

$$PAB_j(t) = POH_j(t) + PORC_j(t)，1 \leqslant t \leqslant T \tag{6.5}$$

式中，$PAB_j(t)$ 为物料 j 在 t 时段的预计可用量。

7) 计划订单发出(Planned Order Releases，POR)的运算逻辑

由于完成一个订单需要一定时间，即某作业的提前期(Lead Time，LT)，为按时补充某物料，需将该物料某期的 PORC 向前推移一个提前期 LT，从而得出该物料在相应期别的计划订单发出 POR。父件的 POR 会通过 BOM 展开为其所有子件的总需求 GR。

$$POR_j(t) = \begin{cases} \sum_{k=1}^{LT_j} PORC_j(k), & t = 0 \\ PORC_j(t + LT_j), & 1 \leqslant t \leqslant T - LT_j \\ 0, & T - LT_j \leqslant t \leqslant T \end{cases} \tag{6.6}$$

式中，$POR_j(t)$ 为物料 j 在 t 时段的计划订单发出，LT_j 为物料 j 的提前期。

3. MRP 基本逻辑案例

1) 假设条件

本例以"商战"软件中复杂的产品结构为例(参见图 4-42)，示范 MRP 基本逻辑计算。为体现更多情形，本例假设所有产品都有生产，其中的半成品 P1 和 P2 不作为 MPS 物料而仅为含独立需求的 MRP 物料，并且生产设备涵盖周期手工线、半自动线和自动线/柔性线。所有涉及时间概念的单位都为季度。计划期间需至少涵盖 MPS 物料所需的制造和采购的累计提前期，由材料主文件、BOM 资料及生产时间最长的手工线资料可计算得出最大累计提前期为 8 个季度，故此处计划期间 T 取为 9 个季度。

2) 已知条件

本案例已知条件参见表 6-1～表 6-6。

表 6-1 MPS 物料 P3、P4 和 P5 的计划订单发出 POR 数据(节选自 MPS 报表)

时段	逾期(0)	第 1 季	第 2 季	第 3 季	第 4 季	第 5 季	第 6 季	第 7 季	第 8 季	第 9 季
P3	0	3	3	4	4	4	5	5	5	6
P4	0	0	0	2	2	3	3	4	4	5
P5	0	0	0	0	2	2	3	3	4	4

表 6-2 MRP 物料 P1 和 P2 自有的独立需求(含逾期)

时段	逾期(0)	第 1 季	第 2 季	第 3 季	第 4 季	第 5 季	第 6 季	第 7 季	第 8 季	第 9 季
P1	0	6	6	5	4	3	2	2	1	1
P2	0	6	6	8	7	6	5	5	6	7

表 6-3　材料主文件 IM 中各 MRP 物料的基本属性

件号	P1	P2	P3	P4	P5	R1	R2	R3	R4
提前期 LT	3	2	2	1	1	1	1	2	2
安全库存 SS	2	1	2	1	0	2	0	3	1
批量法则 LSR	FOQ 法则	LFL 法则	FOQ 法则	FOQ 法则	LFL 法则	FOQ 法则	POQ 法则	MOQ 法则	MOQ 法则
LSR 参数	4个	—	3个	2个	—	7个	2季度	6个	6个

表 6-4　材料表 BOM 中的基本属性

父件	P1		P2		P3			P4			P5		
子件	R1	R2	R3	R1	R3	R4	P1	R1	R3	P2	R2	R4	
序号	10	10	20	10	20	30	10	20	30	10	20	30	
单位用量 QP	1	1	1	1	1	1	1	1	1	1	1	1	

表 6-5　在途量 SR 信息(含逾期)

时段	0	1	2	3	4 至 9
P1	0	2	1	1	0
P2	1	1	1	0	0
P3	0	3	0	0	0
P4	0	2	0	0	0
P5	0	1	0	0	0
R1	0	7	0	0	0
R2	0	5	0	0	0
R3	0	7	6	0	0
R4	0	0	6	0	0

表 6-6　在库量 OH 和保留量 AL 信息

	在库量 OH	保留量 AL
P1	19	2
P2	10	1
P3	2	
P4	2	
P5	1	
R1	14	2
R2	8	1
R3	14	2
R4	8	1

3) 计算

(1) 最低阶码(Low-Level Code，LLC)的计算。根据 BOM，首先需要决定每个物料的最低阶码，通常 MPS 物料的最低阶码定为 0，故 P3、P4 和 P5 的 LLC 为 0，而 MRP 物料 P1、P2、R1、R2、R3 和 R4 的最低阶码 LLC 分别对应为 1、1、2、2、2、1。初始的 $n = \min(LLC_i) = 1$。

(2) 此案例 MRP 基本逻辑的 Excel 模拟结果。该模拟结果见图 6-2，最顶头的 A 至 K 指明表格"列"，最左边的 1~75 指明表格"行"。

C19		fx	=IF(C18>0,CEILING(C18,$K11),0)									
	A	B	C	D	E	F	G	H	I	J	K	L	M
1	父件	P1	P2		P3			P4			P5		
2	子件	R1	R2	R3	R1	R3	R4	R1	R1	R3	P2	R2	R4
3	序号	10	10	20	10	20	30	10	20	30	10	20	30
4	单位用量	1	1	1	1	1	1	1	1	1	1	1	1
5													
6	时段	逾期(0)	第1季	第2季	第3季	第4季	第5季	第6季	第7季	第8季	第9季		
7	P3	0	3	3	4	4	5	5	5	5	6		
8	P4	0	0	0	2	2	3	3	4	4	5		
9	P5	0	0	0	0	2	2	3	3	4	4		
10													
11	P1(LT=3)	OH=	19	AL=	2	SS=	2	LSR=	FOQ	LS=	4		
12	时段	逾期	第1季	第2季	第3季	第4季	第5季	第6季	第7季	第8季	第9季		
13	独立需求In.Dmd.	0	6	6	5	4	3	2	2	1	1		
14	毛需求GR	0	6	6	7	6	6	5	6	5	6		
15	在途量SR	0	2	1	1	0	0	0	0	0	0		
16	预计在库量POH		13	8	2	-4	-2	-3	-1	-2	-4		
17	预计可用量PAB		13	8	2	4	2	5	3	2	4		
18	净需求NR		0	0	0	6	4	5	3	4	6		
19	计划订单收料PORC		0	0	0	8	4	8	4	4	8		
20	计划订单发出POR	0	8	4	8	4	4	8	0	0	0		
21													
22	P2(LT=2)	OH=	10	AL=	1	SS=	1	LSR=	LFL	LS=	——		
23	时段	逾期	第1季	第2季	第3季	第4季	第5季	第6季	第7季	第8季	第9季		
24	独立需求In.Dmd.	0	6	6	8	7	6	5	5	6	7		
25	毛需求GR	0	6	6	8	9	8	8	8	10	11		
26	在途量SR	1	1	1	0	0	0	0	0	0	0		
27	预计在库量POH		5	0	-7	-8	-8	-7	-7	-9	-10		
28	预计可用量PAB		5	1	1	1	1	1	1	1	1		
29	净需求NR		0	1	8	9	8	8	8	10	11		
30	计划订单收料PORC		0	1	8	9	8	8	8	10	11		
31	计划订单发出POR	1	8	9	8	8	8	10	11	0	0		
32													
33	R1(LT=1)	OH=	14	AL=	2	SS=	2	LSR=	FOQ	LS=	7		
34	时段	逾期	第1季	第2季	第3季	第4季	第5季	第6季	第7季	第8季	第9季		
35	独立需求In.Dmd.	0	0	0	0	0	0	0	0	0	0		
36	毛需求GR	0	11	7	14	10	11	16	9	9	11		
37	在途量SR	0	7	0	0	0	0	0	0	0	0		
38	预计在库量POH		8	1	-6	-2	-6	-8	-3	-5	-9		
39	预计可用量PAB		8	8	5	8	6	4	2	2	5		
40	净需求NR		0	1	8	4	8	10	5	7	11		
41	计划订单收料PORC		0	7	14	7	14	14	7	7	14		
42	计划订单发出POR	0	7	14	7	14	14	7	7	14	0		
43													

R2 (LT=1)　OH=8　AL=1　SS=0　LSR=POQ　N=2

时段	逾期	第1季	第2季	第3季	第4季	第5季	第6季	第7季	第8季	第9季
独立需求In. Dmd.	0	0	0	0	0	0	0	0	0	0
毛需求GR	1	9	9	8	10	10	13	14	4	4
在途量SR	0	5	0	0	0	0	0	0	0	0
预计在库量POH		3	-6	0	-10	0	-13	0	-4	0
预计可用量PAB		3	8	0	10	0	14	0	4	0
净需求NR		0	6	0	10	0	13	0	4	0
计划订单收料PORC		0	14	0	20	0	27	0	8	0
计划订单发出POR	0	14	0	20	0	27	0	8	0	

R3 (LT=2)　OH=14　AL=2　SS=3　LSR=MOQ　ML=6

时段	逾期	第1季	第2季	第3季	第4季	第5季	第6季	第7季	第8季	第9季
独立需求In. Dmd.	0	0	0	0	0	0	0	0	0	0
毛需求GR	1	12	12	14	14	15	18	20	9	11
在途量SR	0	7	6	0	0	0	0	0	0	0
预计在库量POH		7	1	-7	-11	-12	-15	-17	-6	-8
预计可用量PAB		7	7	3	3	3	3	3	3	3
净需求NR		0	2	10	14	15	18	20	9	11
计划订单收料PORC		0	6	10	14	15	18	20	9	11
计划订单发出POR	6	10	14	15	18	20	9	11	0	0

R4 (LT=2)　OH=8　AL=1　SS=1　LSR=MOQ　ML=6

时段	逾期	第1季	第2季	第3季	第4季	第5季	第6季	第7季	第8季	第9季
独立需求In. Dmd.	0	0	0	0	0	0	0	0	0	0
毛需求GR	0	3	3	4	6	6	8	8	9	10
在途量SR	0	0	6	0	0	0	0	0	0	0
预计在库量POH		4	7	3	-3	-3	-5	-7	-8	-9
预计可用量PAB		4	7	3	3	1	1	1	1	1
净需求NR		0	0	0	4	4	6	8	9	10
计划订单收料PORC		0	0	0	6	6	6	8	9	10
计划订单发出POR	0	0	6	6	6	8	9	10	0	0

图 6-2　案例 MRP 基本逻辑的 Excel 模拟结果

(3) 案例 MRP 基本工作逻辑流程图的解析。对照 MRP 基本工作逻辑流程图，其计算步骤解析如下：① 首先计算第 1 阶 MRP 物料 P1、P2 和 R4 全部期别的毛需求；② 选 P1，按 $POH(t) \rightarrow NR(t) \rightarrow PORC(t) \rightarrow PAB(t)$ 顺序依次计算第 1 至第 9 期数据；③ 计算 P1 所有期别的 POR(至此 P1 计算完毕)；④ 选 P2，按 $POH(t) \rightarrow NR(t) \rightarrow PORC(t) \rightarrow PAB(t)$ 顺序依次计算第 1 至第 9 期数据；⑤ 然后一次性计算 P2 所有期别的 POR(至此 P2 计算完毕)；⑥ 选 R4，按 $POH(t) \rightarrow NR(t) \rightarrow PORC(t) \rightarrow PAB(t)$ 顺序依次计算第 1 至第 9 期数据；⑦ 计算 R4 所有期别的 POR(至此 R4 计算完毕，且第 1 阶 MRP 物料的计算全部结束)；⑧ 开始计算第 2 阶 MRP 物料 R1、R2 和 R3 全部期别的毛需求；⑨ 任选第 2 阶一个 R 系列原料进行类似 MRP 物料计算……

微课视频

二、物料需求计划 MRP 原理的 Excel 公式实现

此处主要以物料 P1 的计算为例讲解 MRP 基本运算逻辑的 Excel 模拟公式输入，读者可参照这些公式自己上机模拟。注意：逻辑相同的公式可通过复制公式功能减少公式的输入工作量，其中，绝对引用有"$"符号，相对引用没有"$"符号。

(1) B14=B8*$H4+B13。

(2) C14=C8*$H4+C13+B14。

(3) D14=D8*$H4+D13。

(4) E14 至 K14 公式复制 D14，即鼠标位于 D14 右下角变成实心十字时往右拖至 K14。

备注：至此，第一个物料 P1 的毛需求计算完毕，另两个 MRP 物料的毛需求计算此处略。

(5) C16=C11+C15+B15−E11−C14。

(6) C18=IF(C16>=$G11, 0, $G11−C16)。

(7) C19=IF(C18>0, CEILING(C18, $K11)，0)。

(8) C17=C16+C19。

备注：至此，第一个物料 P1 第 1 期{POH(*t*)→NR(*t*)→PORC(*t*)→PAB(*t*)}计算完毕。

(9) D16=C17+D15−D14；

(10) D18=IF(D16>=$G11, 0, $G11−D16)。

(11) D19=IF(D18>0，CEILING(D18，$K11)，0)。

(12) D17=D16+D19。

备注：至此，第一个物料 P1 第 2 期{POH(*t*)→NR(*t*)→PORC(*t*)→PAB(*t*)}计算完毕。

(13) 选中 D16 至 D19 区域，当鼠标位于该区域右下角变成实心十字时往右拖至 K 列；也可以分四行(D16、D17、D18、D19)，分别复制对应行第 2 期的计算公式。

备注：至此，一次性完成物料 P1 第 3 期至第 9 期的计算，因为从第 2 期起公式都相同。

(14) B20=C19+D19+E19。

(15) C20=F19。

(16) D20 至 K20 公式复制 C20，即鼠标位于 C20 右下角变成实心十字时往右拖至 K20。

备注：至此，计算完成物料 P1 所有期别的计划订单发出 POR，即 P1 的 MRP 逻辑算完。

后续 MRP 物料的逻辑计算可以整个复制物料 P1 的表格框架和其中公式，然后仅仅需要根据 BOM 信息修改毛需求 GR 的公式，根据批量法则修改计划订单接收 PORC 的公式，根据提前期修改计划订单发出 POR 的公式。整体复制的方法是选中 A11 至 K20 的整个区域后，右键点击"复制"，然后当鼠标在 A22 单元格时右键点击"粘贴"，或点击"选择性粘贴"后选择"全部"；后续修改完 P2 物料的 GR、PORC 和 POR 公式后，就完成 P2 的 MRP 逻辑。其他物料的整体复制以此类推。以下仅再列举几个 GR 和 PORC 的计算。

(1) B36=B20*$B4+B7*$E4+B8*$I4+B35。

这是考虑多个父件的 R1 原料的逾期毛需求。

(2) C52=IF(C51>0, C51+D47，0)。

这是定期批量法 POQ 的计算。

(3) C62=IF(C62>0, MAX(C62, $K55), 0)。

这是最小订购量法 MOQ 的计算。

第二节　主生产计划(MPS)原理及其 Excel 实现

一、主生产计划(MPS)原理

主生产计划(MPS)是在考虑生产规划、预测、待交订单、关键材料、关键产能以及管理目标和政策的基础上，决定完成品(或模块/部件)的生产排程及可答应量(Available to Promise，ATP)的程序。分析独立需求的 MPS 与求解相关需求的 MRP 有一点差异，其应用的是分期间订购点法(Time Phased Order Point，TPOP)。

1. 分期间订购点法 TPOP

分期间订购点法 TPOP 是一种处理独立需求库存补充的方法，它将未来时间分割成等分时段，并依各期具体需求规划补充订单。与同样是处理独立需求的再订购点法 ROP 相比，TPOP 更为优越。因为：① TPOP 将时间分割成许多时段，可考虑未来各期别的需求数量，并针对需求计划组织适当的生产补充订单；而 ROP 方法只能考虑平均需求量。② 类似于 MRP，TPOP 可根据未来需求的变化重做计划，如此可确保计划跟踪变化；而 ROP 无法滚动地编制计划以及时应对需求变化。③ 有些材料同时有独立需求和相关需求，TPOP 可将这两种需求结合在一起处理；而 ROP 只适合处理独立需求。

此外，我们还需区分 TPOP 与 MRP。事实上，TPOP 逻辑与 MRP 逻辑是相似的，两者中绝大部分的计算逻辑是相同的；但两者在计算毛需求时有重大区别，因为处理独立需求的 TPOP 无法像主要处理相关需求的 MRP 那样，由高阶父件计划订单发出 POR 的 BOM 展开计算物料的毛需求。事实上，处理独立需求的 TPOP 计算各物料的毛需求 GR 时，是分析该物料自身的预测与订单得来的。既然主生产计划 MPS 应用的是 TPOP 程序，那么 MPS 是如何从产品的预测与订单中得出 GR 值的呢？这牵涉到以下 MPS 相关时间概念。

1) MPS 相关时间概念

产品从计划、采购、投入到产出需要经历一个时间段，即有提前期。对计划的下达和修改会受到这个时间的约束，并且随着时间的推移，各个时间点对计划的影响力各有不同，因此，集成 MPS 计算的闭环式 MRP 系统引入了时区与时界的概念。

(1) 时区：是一段时间包含的跨度。一般将整个计划期间分为以下三个时区：时区 1 是产品总装加工提前期的时间跨度，即指从产品投入加工开始到产品装配加工完工的时间跨度；时区 2 是产品的累计提前期内超过时区 1 之外的时间跨度，由于累计提前期为采购提前期与加工提前期之和，所以时区 2 对应采购提前期；时区 3 是整个计划期间内超过时区 2 之外的时间跨度。

(2) 时栅或时界：对应一时刻点。一般整个计划期间有需求时栅与计划时栅。需求时栅(Demand Time Fence，DTF)是介于当前日期与计划时栅间的一个时间点，通常设于时区 1 与时区 2 的交界点或其附近。在 DTF 之前包含了确认的客户订单，除非是经过仔细分析和上级核准，MPS 计划才能更改。计划时栅(Planning Time Fence，PTF)又称计划确认时界(Firm PTF，FPTF)，是介于 DTF 和计划末时刻之间的一个时间点，常设于时区 2 与时区 3

的交界点或其附近。在 DTF 至 PTF 间包含实际及预测的订单，而在 PTF 之后只取订单预测。以上几个变量关系示意图见图 6-3。

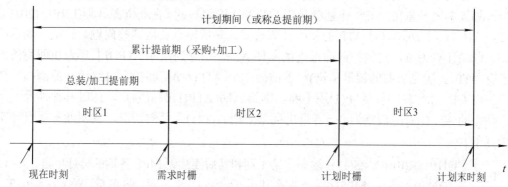

图 6-3 时区与时界关系图

在"现在时刻"，MPS 计划员一般不再接受交货日期在 DTF 之前的客户订单。因为时间已经太紧迫，交货日期减当前日期所得的剩余加工时间小于正常生产所需的时间。然而，计划员一般可接受交货日期在 DTF 之后的订单，因为此时时间还比较充裕，剩余加工时间大于正常所需时间，若原料还有库存或进行(紧急)采购，可安排计划生产去满足订单。实际业务中，为避免过早预付订单采购资金，大部

微课视频

分客户不会过早提交订单。所以，某次计划时，计划员对 DTF 之后各期别的预测通常比已接收的订单总量更能准确反映 DTF 之后各期别的真实需求。当然，也可能因为需求高涨原因导致在计划时交货日期在 DTF 至 PTF 之间的订单总量已经超过原有预测。所以，对 DTF 至 PTF 之间各期别，GR 将取预测与实际订单总量的较大值。而对 PTF 之后各期别，即使需求高涨，一般也不太可能在计划时订单总量就已超过预测。即使超过预测，也可在后续计划中等其期别移入 DTF 至 PTF 之间时再取订单总量这一较大值。所以，对 PTF 之后的各期别，GR 只取预测。

以上分析可总结如下：

① MPS 系统中，DTF 之前各期别 GR 只取已确定客户订单的总量，因为已无法按时完成要求 DTF 之前交货的新接订单(除非有相应可答应量 ATP)。

② DTF 至 PTF 之间各期别 GR 取预测与实际订单总量的较大值(若预测超过订单总量，可能尚有订单未到；若订单总量已超过预测，表示预测偏低并且时间足够多，以便按时完成订单总量)。

③ PTF 之后各期别 GR 只取预测(因此时远期的订单总量不太可能超过预测)。

除"现在时刻"这一角度外，计划员还可考察随着时间推移客户订单对预测的影响。此时，时间推移过程也是实际客户订单逐渐取代或者冲销预测数量的过程。

2) 可答应量 ATP

可答应量 ATP 是公司库存及计划生产量中未被承诺的部分，通常显示在 MPS 报表中，以支持业务员能合理地向顾客承诺订单的数量和交期。ATP 仅出现在第 1 期以及所有"有 MPS 的期别"。所谓"有 MPS 的期别"是指 MPS(t)大于 0 的第 t 期，亦即当期至少出现

一个大于 0 的 SR(t)或 PORC(t)。ATP 初始的计算公式见式(6.7)至式(6.8)。此处公式是考虑仅以订单作为承诺量的简化公式，更复杂的考虑其他种类承诺(比如双阶 MPS 计算相关的上阶计划订单展开量)的 MPS 计划参见田军和刘正刚编写的《企业资源计划(ERP)》(2019)。另外，式(6.7)至式(6.8)只是 ATP 的初始计算公式，其后还有负数调整问题。若第一期后的某期 ATP(t)计算为负，则倒扣前面最近的某期 ATP($t-i$)直到该期 ATP(t)上升为 0(即用前面的已有 ATP 去满足后面的超量承诺)；若前面一个 ATP($t-i$)不够扣，再继续往前倒扣。依此类推，若倒扣到第一期 ATP(1)还不够，则第一期 ATP(1)保留为负，此时其他涉及"倒扣"调整的 ATP(t)必定调整为 0；若真出现第一期 ATP(1)为负的情况，表明业务员已超量承诺订单。

$$\text{ATP}(t) = \begin{cases} \text{OH} + \text{SR}(0) + \text{MPS}(1) - 逾期、第 1 期和其后连续无 MPS 各期的总订单量，& t = 1 \\ \text{IF}(\text{MPS}(t) > 0，\ \text{MPS}(t) - 当期和其后连续无 MPS 各期总订单量，空)，& 2 \leqslant t \leqslant T \end{cases}$$

$$(6.7)$$

$$\text{MPS}(t) = \text{SR}(t) + \text{PORC}(t)，\quad 1 \leqslant t \leqslant T \tag{6.8}$$

2. MPS/ATP 案例

假设有一个 MPS 物料 P，其独立需求的来源是客户的订货及销售预测。需求时栅 DTF 是第 4 期末，计划时栅 PFT 是第 10 期末。首先运用 DTF/PTF 确定 GR，再用 TPOP 程序计算 POH、NR、PORC、PAB 和 POR 数据(其算法与 MRP 逻辑中相应指标的算法完全相同)，最后用式(6.7)至式(6.8)计算 MPS 与 ATP，结果见表 6-7。

微课视频

表 6-7　主生产排程物料 P 的 MPS 与 ATP

时段/期别	0	1	2	3	4	5	6	7	8	9	10	11	12
P(LT = 1)	OH=	55	SS=	0	LSR=	FOQ	LS=	40	DTF=	4	PTF=	10	
预测	0	18	21	17	17	15	15	29	28	25	25	20	20
客户订单	0	19	20	15	25	12	18	14	16	20	20	15	15
毛需求 GR	0	19	20	15	25	15	18	29	28	25	25	20	20
在途量 SR	0	0											
预计在库量 POH		36	16	1	−24	1	−17	−6	6	−19	−4	16	−4
预计可用量 PAB		36	16	1	16	1	23	34	6	21	36	16	36
净需求 NR		0	0	0	24	0	17	6	0	19	4	0	4
计划订单收料 PORC		0	0	0	40	0	40	40	0	40	40	0	40
计划订单发出 POR	0	0	0	40	0	40	40	0	40	40	0	40	0
主生产计划 MPS		0	0	0	40	0	40	40	0	40	40	0	40
可答应量 ATP		1			3		22	10		20	5		25

表中：ATP(1)=55+0+0-0-19-20-15=1；ATP(4)=40-25-12=3；ATP(6)=40-18=22；

ATP(7)=40-14-16=10；ATP(9)=40-20=20；ATP(10)=40-20-15=5；ATP(12)=40-15=25。由此可见，可答应量 ATP 出现在第 1 期和那些排有 MPS 的期别，ATP 数量表示销售人员还可答应客户从这次到下次排有 MPS 期别之间的订单总量。注意：在计算 ATP 时并不考虑 SS，任何库存都可答应销售给客户。

假使现突然接到客户订单采购 30 个 P 并在第 7 期交货。因交货处于 DTF 与 PTF 之间，可接受订单，新 MPS 结果见表 6-8。注意：表 6-7 中第 8 期无 MPS 而第 9 期有 MPS；但表 6-8 中因第 7 期订单增至 44 个，导致原第 9 期 MPS 提前至第 8 期生成。初始 ATP 计算过程：ATP(1)=55+0+0-19-20-15=1；ATP(4)=40-25-12=3；ATP(6)=40-18=22；ATP(7)=40-44=-4；ATP(8)=40-16-20=4；ATP(10)=40-20-15=5；ATP(12)=40-15=25。因为 ATP(7)出现负数而需调整至 0，故 ATP(6)减少至 18(22-4)。如此形成表 6-8 中调整后的 ATP 最终结果。

表 6-8　主生产排程物料 P 的 ATP 不足时的 MPS 报表

时段	0	1	2	3	4	5	6	7	8	9	10	11	12
P(LT=1)	OH=	55	SS=	0	LSR=	FOQ	LS=	40	DTF=	4	PTF=	10	
预测	0	18	21	17	17	15	15	29	28	25	25	20	20
客户订单	0	19	20	15	25	12	18	44	16	20	20	15	15
毛需求 GR	0	19	20	15	25	15	18	44	28	25	25	20	20
在途量 SR	0	0											
预计在库量 POH		36	16	1	−24	1	−17	−21	−9	6	−19	1	−19
预计可用量 PAB		36	16	1	16	1	23	19	31	6	21	1	21
净需求 NR		0	0	0	24	0	17	21	9	0	19	0	19
计划订单收料 PORC		0	0	0	40	0	40	40	40	0	40	0	40
计划订单发出 POR	0	0	0	40	0	40	40	40	0	40	0	40	
主生产计划 MPS		0	0	0	40	0	40	40	40	0	40	0	40
可答应量 ATP		1			3		18	0	4		5		25

3. ATP 自动算法解析

ATP 负数调整可在用图 6-4 的算法流程图自动实现。

注意：① 为实现由后往前的负数自动调整，使用倒序计算；② 为实现连续无 MPS 期别订单(Customer Order，CO)由前期 MPS 来处理，设定"mpsprd(t)"标志位判断该期有、无 MPS；③ 设定累计性质的"accco(t)"变量来累积后期连续无 MPS 期别的订单；④ 设定考察不足量的"Insuf(t)"变量来体现需往前倒扣的 ATP 负值。设置这些中间变量后就可以通过式(6.9)至式(6.12)实现含负数自动调整的 ATP 计算，其中 ABS(x)是绝对值函数。表 6-9 中括号数字显示流程图计算顺序。

$$\text{mpsprd}(t) = IF(MPS(t) = 0, \ 0, \ 1), \ 1 \leqslant t \leqslant T \tag{6.9}$$

$$accco(t)= \begin{cases} CO(0) + CO(1) + accco(2) \times ABS(mpsprd(2)-1) + insuf(2), & t=1 \\ CO(t) + accco(t+1) \times ABS(mpsprd(t+1) - 1) + insuf(t+1), & 2 \leqslant t \leqslant T-1 \\ CO(T), & t = T \end{cases}$$

$$(6.10)$$

$$insuf(t)= \begin{cases} IF(mpsprd(1) = 0, 0, max(accco(1) - MPS(0) - MPS(1) - OH, 0)), & t=1 \\ IF(mpsprd(t) = 0, 0, max(accco(t) - MPS(t), 0)), & 2 \leqslant t \leqslant T \end{cases}$$

$$(6.11)$$

$$ATP(t)= \begin{cases} OH + MPS(0) + MPS(1) - accco(1), & t = 1 \\ IF(mpsprd(t) = 0, 空, IF(insuf(t)=0, MPS(t) - accco(t), 0)), & 2 \leqslant t \leqslant T \end{cases}$$

$$(6.12)$$

图 6-4 ATP 完整算法流程图

表 6-9 ATP 算法解析案例(下标括号内数字代表计算顺序)

期别	0	1	2	3	4	5	6	7	8	9	10	11	12
订单 CO	0	19	20	15	25	12	18	44	16	20	20	15	15
MPS	0	0	0	0	40	0	40	40	40	0	40	0	40
mpsprd		0(1)	0(2)	0(3)	1(4)	0(5)	1(6)	1(7)	1(8)	0(9)	1(10)	0(11)	1(12)
accco		54(46)	35(43)	15(40)	37(37)	12(34)	22(31)	44(28)	36(25)	20(22)	35(19)	15(16)	15(13)
insuf		0(47)	0(44)	0(41)	0(38)	0(35)	0(32)	4(29)	0(26)	0(23)	0(20)	0(17)	0(14)
ATP		1(48)	空(45)	空(42)	3(39)	空(36)	18(33)	0(30)	4(27)	空(24)	5(21)	空(18)	25(15)

二、主生产计划(MPS)原理的 Excel 实现

图 6-5 和图 6-6 显示 MPS 计算(含 ATP 自动计算)结果及相应 Excel 公式(第 2 期至第 9 期公式同)。注意：置"空"在 Excel 中的写法是英文状态的双引号(参见 D19 单元格公式)。

D19　fx =IF(D16=0,"",IF(D18=0,D15-D17,0))

A	B 逾期	C 1	D 2	E 3	F 4	G 5	H 6	I 7	J 8	K 9	L 10
1　产品P / 期别	逾期	1	2	3	4	5	6	7	8	9	10
2　客户订单CO	0	80	70	100	60	80	70	60	50	30	10
3　预测FCS	0	100	80	80	70	70	80	80	80	70	60
4											
5　产品P（LT=1)	Past	OH=	20	DFT=3	PFT=7	SS=	5	LSR=	FOQ	LS=	100
6　Periods（期别)	逾期	1	2	3	4	5	6	7	8	9	10
7　毛需求GR	0	80	70	100	70	80	80	80	80	70	60
8　在途量SR	0	100									
9　预计在库量POH		40	-30	-30	0	20	-60	-40	-20	10	-50
10　预计可用量PAB		40	70	70	100	20	40	60	80	10	50
11　净需求NR		0	35	35	5	0	65	45	25	0	55
12　计划订单收料PORC		0	100	100	100	0	100	100	100	0	100
13　计划订单发出POR	0	100	100	100	0	100	100	100	0	100	
14　客户订单CO	0	80	70	100	60	80	70	60	50	30	10
15　主生产计划MPS		100	100	100	100	0	100	100	100	0	100
16　mps_period		1	1	1	1	0	1	1	1	0	1
17　acc-co		90	110	140	140	80	70	60	80	30	10
18　insufficient		0	10	40	40	0	0	0	0	0	0
19　可答应量ATP		30	0	0	0		30	40	20		90

图 6-5　MPS 运算中 ATP 负数自动调整逻辑的 Excel 模拟结果

	A	B	C 1	D 2
1	产品P / 期别	逾期	1	2
2	客户订单CO	0	80	70
3	预测FCS	0	100	80
4				
5	产品P（LT=1)	Past	OH=	20
6	Periods（期别)	逾期	1	2
7	毛需求GR	0	=C2	=D2
8	在途量SR	0	100	
9	预计在库量POH		=D5+C8+B8-C7	=C10+D8-D7
10	预计可用量PAB		=C9+C12	=D9+D12
11	净需求NR		=IF(C9>=$H5,0,$H5-C9)	=IF(D9>=$H5,0,$H5-D9)
12	计划订单收料PORC		=IF(C11>0,C11+D7+E7,0)	=IF(D11>0,MAX(D11,$L5),0)
13	计划订单发出POR	=C12	=D12	=E12
14	客户订单CO	=B2	=C2	=D2
15	主生产计划MPS		=C8+C12	=D8+D12
16	mps_period		=IF(C15=0,0,1)	=IF(D15=0,0,1)
17	acc-co		=B14+C14+D17*ABS(D16-1)+D18	=D14+E17*ABS(E16-1)+E18
18	insufficient		=IF(C16=0,0,MAX(C17-B15-C15-D5,0))	=IF(D16=0,0,MAX(D17-D15,0))
19	可答应量ATP		=D5+B15+C15-C17	=IF(D16=0,"",IF(D18=0,D15-D17,0))

	D 2	E 3	F 4	G 5	H 6	I 7	J 8	K 9	L 10
6	2	3	4	5	6	7	8	9	10
7	=D2	=E2	=M	=M	=M	=M	=J3	=K	=L3
9	=C10+D8-D7	=D10+E8-E7	=E	=F	=G	=H	=I1	=J1	=K10+L8-L7
10	=D9+D12	=E9+E12	=F	=G	=H	=I9	=J9	=K	=L9+L12
11	=IF(D9>=$H5,0,$H5-D9)	=IF(E9>=$H5,0,$H5-E9)	=IF	=IF	=IF	=IF	=IF	=IF	=IF(L9>=$H5,0,$H5-L9)
12	=IF(D11>0,MAX(D11,$L5),0)	=IF(E11>0,MAX(E11,$L5),0)	=IF	=IF	=IF	=IF	=IF	=IF	=IF(L11>0,MAX(L11,$L5),0)
13	=E12	=F12	=G	=H	=I1	=J	=K		=M12
14	=D2	=E2	=F	=G	=H	=I2	=J2	=K	=L2
15	=D8+D12	=E8+E12	=F	=G	=H		=J8	=K	=L8+L12
16	=IF(D15=0,0,1)	=IF(E15=0,0,1)	=IF	=IF	=IF	=IF	=IF	=IF	=IF(L15=0,0,1)
17	=D14+E17*ABS(E16-1)+E18	=E14+F17*ABS(F16-1)+F18	=F	=G	=H	=I1	=J	=K	=L14
18	=IF(D16=0,0,MAX(D17-D15,0))	=IF(E16=0,0,MAX(E17-E15,0))	=IF	=IF	=IF	=IF	=IF	=IF	=IF(L16=0,0,MAX(L17-L15,0))
19	=IF(D16=0,"",IF(D18=0,D15-D17,0))	=IF(E16=0,"",IF(E18=0,E15-E17,0))	=IF	=IF	=IF	=IF	=IF	=IF	=IF(L16=0,"",IF(L18=0,L15-L17,0))

图 6-6　MPS 运算的 Excel 模拟公式(第 1 期、第 2 期和第 10 期)

第七章　"商战"的 Excel 决策辅助工具制作

第一节　"商战"运营管理的 Excel 决策辅助工具制作

"商战"中运营管理部分的完整 Excel 决策辅助工具参见图 7-1，其中既有对市场预测和详单的分析，也有相应产品、半成品和原料的 MPS 和 MRP 计划及其运作监控。以下逐步讲解运营管理部分 Excel 决策辅助工具的制作过程。注意：鉴于 2019 年浙江省赛已经将竞赛年度缩减至五年，故本章的 Excel 决策辅助工具的制作也仅考虑五年的 20 个季度。

微课视频

`Q7 ▼ fx =IF(Q2)=Q3+Q4, IF(Q2)Q3+Q4, "急采",""), "错误")`

产品 \ 期别	逾期	1	2	3	4	5	6	7	8	9	10	11	12	13	14	15	16	17	18	19	20
拟获取/实际获取的P1总订单量CO							2		4							4					
1季出产生产线上P1拟获/实获订单CO							2		2							3					
2季出产生产线上P1拟获/实获订单CO									2							2					
1季出产生产线上P1期望/预测的产出						0	2	2	2	2	2	2	3	3	3	3	3	4	4	4	4
2季出产生产线上P1期望/预测的产出							1		1		1		1			1			1		
订单分解所致紧急采购或错误警告																错误					

1季出产生产线上产品P1（LT=1）	Past	SS(1)=	0	OH(1)=	0	SS(2)=	0	OH(2)=	0	ML1=	2	SS(3)=	1	ML2=	3	SS(4)=	1	ML3=	4	DTF=4	PTF=8
Periods（期别）	逾期	1	2	3	4	5	6	7	8	9	10	11	12	13	14	15	16	17	18	19	20
毛需求GR	0	0	0	0	0	0	2	2	2	2	2	3	3	3	3	3	4	4	4	4
在途量SR	0	0																			
预计在库量POH		0	0	0	0	0	-2	-2	-2	-2	-1	0	-2	-2	-1	0	1	-3	-3	-3	-3
预计可用量PAB		0	0	0	0	0	0	0	0	1	2	0	1	3	1	1	1	1			
净需求NR		0	0	0	0	0	2	2	2	2	3	0	4	4	4	4	4	4			
计划订单收料PORC		0	0	0	0	0	3	3	3	3	0	4	4	4	4	4	4				
计划订单发出POR		0	0	0	0	3	3	3	0	3	4	4	4	4	4	4	4				
客户订单CO		0	0	0	0	0	0	0	0	0	0	0									
主生产计划MPS		0	0	0	0	0	3	3	3	3	0	4	4	4	4	4	4	1			
mps_period		0	0	0	0	0	1	1	1	1	0	1	1	1	1	1	1	1			
acc-co		0	0	0	0	0	0	0	0	3	3	3	4	4	4	4	4				
insufficient		0	0	0	0	0	0	0	0	0	0	0	0	0	0	0	0				
可答应量ATP（第1期为负则产能不足）	0			0		2	0	3	3	3		4	4	1							

规则 | 市场预测 | 详单分析 | P1的MPS | 独立P2的MPS | 独立P3的MPS | P4的MPS | P5的MPS | 半成品P2的MRP | 半成品P3的MRP | R系列原料的MRP | 第1年

图 7-1　"商战"运营管理部分的完整 Excel 决策辅助工具

一、"规则"表

竞赛规则是沙盘模拟经营计算中的基础参数，参见图 7-2。在后续需要计算的表格中，可以直接链接并调用相关设置好的规则参数。特别注意：需引用表格单元中的数值都去掉了相应的计量单位。另外，因为每次大赛规则都会发生变化，为了在最短时间内用最简洁的公式完成 Excel 决策辅助工具的制作，参数的取值只记录本次竞赛所定数值即可。这样可以在后续相关公式编制参数调用时，减少 IF 函数中对参数不同类取值的判读，从而在保证相关逻辑处理的正确性基础上，保证 Excel 决策辅助工具的简洁性。

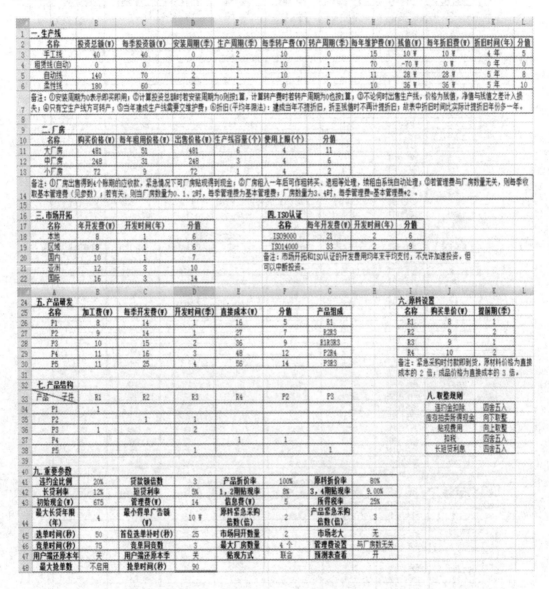

图 7-2　竞赛规则表

二、"市场预测"表

教师或大赛组委会发布的市场预测信息参见图 7-3，其涵盖了各种产品在各个市场中的均价、需求量和订单张数。根据所得信息可计算各种产品在各市场中的平均利润(参见图 7-4)，以及除以组数(此处 27 组)得到组均的分产品/分市场和汇总产品/汇总年份的需求量或者订单张数(参见图 7-5)。借此分析每年各产品竞争激烈程度，以及本组达到平均水平需要每年获取产品和订单的数量及其分布，作为制订经营方案重要依据。

市场预测表——均价

序号	年份	产品	本地	区域	国内	亚洲	国际
1	第2年	P1	41.22	39.55	50.51	0	0
2	第2年	P2	63.19	64	68.83	0	0
3	第2年	P3	71.5	70.76	78.08	0	0
4	第2年	P4	0	102.12	113.32	0	0
6	第3年	P1	45.12	42.82	50.45	0	0
7	第3年	P2	66.97	64.73	70.26	0	0
8	第3年	P3	73.21	71.51	76.15	0	0
9	第3年	P4	0	96.22	105.48	0	0
10	第3年	P5	111.62	0	123.42	0	0
11	第4年	P1	40.13	0	42.06	0	45.04
12	第4年	P2	0	61.63	64.68	63.61	68.97
13	第4年	P3	71.57	0	74.17	72.25	80.31
14	第4年	P4	100.27	103.15	0	109.56	0
15	第4年	P5	0	112.26	117.54	0	0
16	第5年	P1	0	44.54	46.57	48	53.7
17	第5年	P2	62.94	63.39	0	68.88	69.65
18	第5年	P3	75.28	78.78	0	77.26	76.88
19	第5年	P4	98.6	103.65	108	0	0
20	第5年	P5	111.19	0	116.44	119.71	0

市场预测表——需求量

序号	年份	产品	本地	区域	国内	亚洲	国际
1	第2年	P1	45	77	43	0	0
2	第2年	P2	67	44	42	0	0
3	第2年	P3	44	51	37	0	0
4	第2年	P4	0	34	28	0	0
6	第3年	P1	52	60	33	0	0
7	第3年	P2	36	59	43	0	0
8	第3年	P3	47	39	26	0	0
9	第3年	P4	0	40	25	0	0
10	第3年	P5	26	0	12	0	0
11	第4年	P1	46	0	33	0	23
12	第4年	P2	0	54	47	33	37
13	第4年	P3	51	0	47	40	35
14	第4年	P4	48	48	0	25	0
15	第4年	P5	0	38	26	0	0
16	第5年	P1	0	50	49	36	23
17	第5年	P2	53	54	0	48	31
18	第5年	P3	39	37	0	34	33
19	第5年	P4	42	34	32	0	0
20	第5年	P5	42	0	25	14	0

市场预测表——订单张数

序号	年份	产品	本地	区域	国内	亚洲	国际
1	第2年	P1	15	25	14	0	0
2	第2年	P2	18	16	15	0	0
3	第2年	P3	15	19	12	0	0
4	第2年	P4	0	12	8	0	0
6	第3年	P1	16	20	10	0	0
7	第3年	P2	13	18	13	0	0
8	第3年	P3	16	12	9	0	0
9	第3年	P4	0	12	9	0	0
10	第3年	P5	8	0	5	0	0
11	第4年	P1	16	0	13	0	10
12	第4年	P2	0	18	16	14	11
13	第4年	P3	18	0	16	15	11
14	第4年	P4	14	13	0	9	0
15	第4年	P5	0	11	9	0	0
16	第5年	P1	0	16	13	12	10
17	第5年	P2	0	17	0	14	11
18	第5年	P3	15	14	0	13	11
19	第5年	P4	14	12	12	0	0
20	第5年	P5	14	0	8	4	0

图 7-3　市场预测(涵盖了平均价格、需求量和订单张数)

M3　=IF(D3=0,0, IF($C3="P1", D3-规则!$E$26, IF($C3="P2", D3-规则!$E$27, IF($C3="P3", D3-规则 IF($C3="P5", D3-规则!$E$30,0))))))

市场预测表——均价

序号	年份	产品	本地	区域	国内	亚洲	国际
1	第2年	P1	41.22	39.55	50.51	0	0
2	第2年	P2	63.19	64	68.83	0	0
3	第2年	P3	71.5	70.76	78.08	0	0
4	第2年	P4	0	102.12	113.32	0	0
6	第3年	P1	45.12	42.82	50.45	0	0
7	第3年	P2	66.97	64.73	70.26	0	0
8	第3年	P3	73.21	71.51	76.15	0	0
9	第3年	P4	0	96.22	105.48	0	0
10	第3年	P5	111.62	0	123.42	0	0
11	第4年	P1	40.13	0	42.06	0	45.04
12	第4年	P2	0	61.63	64.68	63.61	68.97
13	第4年	P3	71.57	0	74.17	72.25	80.31
14	第4年	P4	100.27	103.15	0	109.56	0
15	第4年	P5	0	112.26	117.54	0	0
16	第5年	P1	0	44.54	46.57	48	53.7
17	第5年	P2	62.94	63.39	0	68.88	69.65
18	第5年	P3	75.28	78.78	0	77.26	76.88
19	第5年	P4	98.6	103.65	108	0	0
20	第5年	P5	111.19	0	116.44	119.71	0

市场预测表——平均利润

序号	年份	产品	本地	区域	国内	亚洲	国际
1	第2年	P1	25.22	23.55	34.51	0	0
2	第2年	P2	36.19	37	41.83	0	0
3	第2年	P3	35.5	34.76	42.08	0	0
4	第2年	P4	0	54.12	65.32	0	0
6	第3年	P1	29.12	26.82	34.45	0	0
7	第3年	P2	39.97	37.73	43.26	0	0
8	第3年	P3	37.21	35.51	40.15	0	0
9	第3年	P4	0	48.22	57.48	0	0
10	第3年	P5	55.62	0	67.42	0	0
11	第4年	P1	24.13	0	26.06	0	29.04
12	第4年	P2	0	34.63	37.68	36.61	41.97
13	第4年	P3	35.57	0	38.17	36.25	44.31
14	第4年	P4	52.27	55.15	0	61.56	0
15	第4年	P5	0	56.26	61.54	0	0
16	第5年	P1	0	28.54	30.57	32	37.7
17	第5年	P2	35.94	36.39	0	41.88	42.65
18	第5年	P3	39.28	42.78	0	41.26	40.88
19	第5年	P4	50.6	55.65	60	0	0
20	第5年	P5	55.19	0	60.44	63.71	0

图 7-4　市场预测之产品平均利润计算

产品平均利润的计算参见式(7.1)。

$$产品平均利润 = 产品均价 - 产品成本 \qquad (7.1)$$

以第 2 年 P1 本地产品为例，在 M3 中输入=IF(D3=0, 0, IF($C3="P1", D3-规则!$E$26, IF($C3="P2", D3-规则!$E$27, IF($C3="P3", D3-规则!$E$28, IF($C3="P4", D3-规则!$E$29, IF($C3="P5", D3-规则!$E$30, 0))))))；再对 M3 单元格公式向右拖动填充柄至 Q3；并选中 M3 至 Q3 整个公式集向下拖动填充柄至第 21 行。

R24　=SUM(M24:Q24)

组均的分产品/分市场和汇总产品/汇总年份的需求量（个）

序号	年份	产品	本地	区域	国内	亚洲	国际	产品汇总	年汇总
1	第2年	P1	1.67	2.85	1.59	0.00	0.00	6.11	
2	第2年	P2	2.48	1.63	1.56	0.00	0.00	5.67	
3	第2年	P3	1.63	1.89	1.37	0.00	0.00	4.89	
4	第2年	P4	0.00	1.26	1.04	0.00	0.00	2.30	18.96
6	第3年	P1	1.93	2.22	1.22	0.00	0.00	5.37	
7	第3年	P2	1.33	2.19	1.59	0.00	0.00	5.11	
8	第3年	P3	1.74	1.44	0.96	0.00	0.00	4.15	
9	第3年	P4	0.00	1.48	0.93	0.00	0.00	2.41	
10	第3年	P5	0.96	0.00	0.44	0.00	0.00	1.41	18.44
11	第4年	P1	1.70	0.00	1.22	0.00	0.85	3.78	
12	第4年	P2	0.00	0.00	1.74	1.22	1.37	6.33	
13	第4年	P3	1.89	0.00	1.74	1.48	1.30	6.41	
14	第4年	P4	1.78	1.78	0.00	0.93	0.00	4.48	
15	第4年	P5	0.00	1.41	0.96	0.00	0.00	2.37	23.37
16	第5年	P1	0.00	1.85	1.81	1.33	0.85	5.85	
17	第5年	P2	1.96	2.00	0.00	1.78	1.15	6.89	
18	第5年	P3	1.44	1.37	0.00	1.26	1.22	5.30	
19	第5年	P4	1.56	1.26	1.19	0.00	0.00		
20	第5年	P5	1.56	0.00	0.93	0.52	0.00		25.04

S53　=SUM(R49:R53)

组均的分产品/分市场和汇总产品/汇总年份的订单张数（张）

序号	年份	产品	本地	区域	国内	亚洲	国际	产品汇总	年汇总
1	第2年	P1	0.56	0.93	0.52	0.00	0.00	2.00	
2	第2年	P2	0.67	0.59	0.56	0.00	0.00	1.81	
3	第2年	P3	0.56	0.70	0.44	0.00	0.00	1.70	
4	第2年	P4	0.00	0.44	0.30	0.00	0.00	0.74	6.26
6	第3年	P1	0.59	0.74	0.37	0.00	0.00	1.70	
7	第3年	P2	0.48	0.67	0.48	0.00	0.00	1.63	
8	第3年	P3	0.59	0.44	0.33	0.00	0.00	1.37	
9	第3年	P4	0.00	0.44	0.33	0.00	0.00	0.78	
10	第3年	P5	0.30	0.00	0.30	0.00	0.00	0.48	5.96
11	第4年	P1	0.59	0.00	0.48	0.00	0.37	1.44	
12	第4年	P2	0.00	0.67	0.59	0.52	0.41	2.19	
13	第4年	P3	0.67	0.00	0.56	0.56	0.41	2.22	
14	第4年	P4	0.52	0.48	0.00	0.33	0.00	1.33	
15	第4年	P5	0.00	0.41	0.33	0.00	0.00	0.74	7.93
16	第5年	P1	0.00	0.59	0.48	0.44	0.37	1.89	
17	第5年	P2	0.63	0.67	0.00	0.52	0.41	2.22	
18	第5年	P3	0.48	0.56	0.00	0.48	0.44	1.96	
19	第5年	P4	0.52	0.44	0.44	0.00	0.00	1.41	
20	第5年	P5	0.52	0.00	0.30	0.15	0.00	0.96	8.44

图 7-5　组均的分产品/分市场和汇总产品/汇总年份的需求量和订单张数计算

计算组均的分产品/分市场和汇总产品/汇总年份的需求量或者订单张数，需在图 7-3

市场预测中的需求量和订单张数除以组数(此处取当前竞赛组数 27)得到图 7-5 中的分产品且分市场基本数据,然后按年对各产品汇总(参见图 7-5 左边 R24 计算),最后按年汇总(参见图 7-5 右边 S53 计算)。由图 7-5 可知每年本组需销售的产品数量和订单张数的保底量。

三、"详单分析"表

市场详单分析参见图 7-6 所示的"每单毛利"计算、图 7-7 所示的"单产品毛利润"和"单产品毛利润率"计算。其中,"每单毛利"的计算参见式(7.2)。

$$每单毛利 = 每单的总价 - 每单中相关产品的数量 × 该产品的直接成本 \tag{7.2}$$

M2 ▾ fx =IF(E2="P1",G2-F2*规则!$E$26,IF(E2="P2",G2-F2*规则!$E$27,IF(E2="P3",G2-F2*规则!$E$28,IF(E2="P4",G2-F2*规则!$E$29,G2-F2*规则!$E$30))))

	A	B	C	D	E	F	G	H	I	J	K	L	M	N	O	P	Q	R	S
1	订单编号	类型	年份	市场	产	数量	总价	交货期	账期	ISO	所属用户	状态	每单毛利	单产品毛利润	单产品毛利润率				
2	X21-0001	选单	2	本地	P1	2	82	2	4	-	-	-	50	25.00	156.25%				
3	X21-0002	选单	2	本地	P1	4	176	3	2	-	-	-	112	28.00	175.00%				
4	X21-0003	选单	2	本地	P1	2	75	3	1	-	-	-	43	21.50	134.38%				
5	X21-0004	选单	2	本地	P1	4	148	2	4	-	-	-	84	21.00	131.25%				
6	X21-0005	选单	2	本地	P1	5	205	3	0	-	-	-	125	25.00	156.25%				
7	X21-0006	选单	2	本地	P1	5	207	2	1	-	-	-	127	25.40	158.75%				
772	X55-0771	选单	5	国际	P3	5	368	1	1	14K		-	188	37.60	104.44%				
773	X55-0772	选单	5	国际	P3	5	393	1	4	14K		-	213	42.60	118.33%				
774	J31-0001	竞单	3	本地	P1	3	0	0	0	-		-	-48	-16.00	-100.00%				
775	J31-0002	竞单	3	本地	P1	2	0	0	0	-		-	-32	-16.00	-100.00%				
776	J31-0003	竞单	3	本地	P4	3	0	0	0	-		-	-144	-48.00	-100.00%				
777	J31-0004	竞单	3	本地	P4	3	0	0	0	-		-	-144	-48.00	-100.00%				
778	J32-0005	竞单	3	区域	P2	3	0	0	0	-		-	-81	-27.00	-100.00%				
779	J32-0006	竞单	3	区域	P3	4	0	0	0	9K		-	-144	-36.00	-100.00%				
780	J32-0007	竞单	3	区域	P4	4	0	0	0	9K		-	-192	-48.00	-100.00%				
781	J33-0008	竞单	3	国内	P2	4	0	0	0	-		-	-108	-27.00	-100.00%				
782	J33-0009	竞单	3	国内	P2	2	0	0	0	-		-	-54	-27.00	-100.00%				
783	J33-0010	竞单	3	国内	P3	3	0	0	0	-		-	-108	-36.00	-100.00%				
784	J33-0011	竞单	3	国内	P3	3	0	0	0	-		-	-108	-36.00	-100.00%				
785	J51-0012	竞单	5	本地	P1	4	0	0	0	-		-	-64	-16.00	-100.00%				
786	J51-0013	竞单	5	本地	P1	2	0	0	0	-		-	-32	-16.00	-100.00%				
787	J51-0014	竞单	5	本地	P3	3	0	0	0	-		-	-54	-27.00	-100.00%				
788	J51-0015	竞单	5	本地	P3	4	0	0	0	-		-	-108	-27.00	-100.00%				
789	J51-0016	竞单	5	本地	P5	4	0	0	0	9K		-	-224	-56.00	-100.00%				
790	J51-0017	竞单	5	本地	P5	4	0	0	0	9K		-	-224	-56.00	-100.00%				
791	J52-0018	竞单	5	区域	P3	4	0	0	0	-		-	-108	-36.00	-100.00%				
792	J52-0019	竞单	5	区域	P3	3	0	0	0	-		-	-108	-36.00	-100.00%				
793	J52-0020	竞单	5	区域	P4	4	0	0	0	-		-	-192	-48.00	-100.00%				
794	J54-0021	竞单	5	亚洲	P3	3	0	0	0	-		-	-108	-36.00	-100.00%				
795	J54-0022	竞单	5	亚洲	P4	4	0	0	0	14K		-	-192	-48.00	-100.00%				
796	J54-0023	竞单	5	亚洲	P4	2	0	0	0	-		-	-96	-48.00	-100.00%				
797	J55-0024	竞单	5	国际	P5	2	0	0	0	14K		-	-112	-56.00	-100.00%				

图 7-6 详单分析的"每单毛利"计算

N2 ▾ fx =M2/F2

	A	B	C	D	E	F	G	H	I	J	K	L	M	N	O
1	订单编号	类型	年份	市场	产	数量	总价	交货期	账期	ISO	所属用户	状态	每单毛利	单产品毛利润	单产品毛利润率
2	X21-0001	选单	2	本地	P1	2	82	2	4	-	-	-	50	25.00	156.25%
3	X21-0002	选单	2	本地	P1	4	176	3	2	-	-	-	112	28.00	175.00%

O2 ▾ fx =IF(E2="P1",N2/规则!$E$26,IF(E2="P2",N2/规则!$E$27,IF(E2="P3",N2/规则!$E$28,IF(E2="P4",N2/规则!$E$29,N2/规则!$E$30))))

	A	B	C	D	E	F	G	H	I	J	K	L	M	N	O	P	Q
1	订单编号	类型	年份	市场	产	数量	总价	交货期	账期	ISO	所属用户	状态	每单毛利	单产品毛利润	单产品毛利润率		
2	X21-0001	选单	2	本地	P1	2	82	2	4	-	-	-	50	25.00	156.25%		
3	X21-0002	选单	2	本地	P1	4	176	3	2	-	-	-	112	28.00	175.00%		

图 7-7 详单分析的"单产品毛利润"和"单产品毛利润率"计算

以编号"X21-0001"订单为例，在 M2 中输入"=IF(E2="P1", G2-F2*规则!\$E\$26, IF(E2="P2", G2-F2*规则!\$E\$27, IF(E2="P3", G2-F2*规则!\$E\$28, IF(E2="P4", G2-F2*规则!\$E\$29, G2-F2*规则!\$E\$30))))"；再对 M2 单元格公式向下拖动填充柄至详单所在的最后一行，即包含了竞单所在行(此时计算结果是负的该产品相应订单数量的直接总成本)。在选单外还包含竞单行，是为了更好地记录其所需支付的订单直接总成本，以便确保高于此成本的竞单的合理报价。

图 7-7 上半部分"单产品毛利润"的计算以"每单毛利"除以该单产品的数量即可，参见该图 N2 单元格的计算：N2=M2/F2。图 7-7 下半部分"单产品毛利润率"计算是将所得的"单产品毛利润"除以该产品直接成本，参见 O2 单元格计算：O2=IF(E2="P1", N2/规则!\$E\$26, IF(E2="P2", N2/规则!\$E\$27, IF(E2="P3", N2/规则!\$E\$28, IF(E2="P4", N2/规则!\$E\$29, N2/规则!\$E\$30)))))。最后，再针对 N2 和 O2 单元格的公式集向下拖动填充柄至详单最后一行即可。汇总各产品的"每单毛利"和"单产品毛利润"有助于确定产品组合。

四、主生产计划 MPS 系列表

主生产计划 MPS 的一系列表格包括"P1 的 MPS""独立 P2 的 MPS""独立 P3 的 MPS""P4 的 MPS"和"P5 的 MPS"五张表格，其中的"独立 P2 的 MPS"和"独立 P3 的 MPS"是针对市场详单中独立需求性质的 P2 和 P3 订单。由第六章可知，MPS 计划和 MRP 计划一样，都是未考虑厂房和生产线设备的能力限制的计划。为体现生产线设备能力的限制，并考虑到竞赛(尤其省赛)时各生产线大多满负荷地连续进行产品加工，本书将通过 MPS 各期别在计划时应用的批量大小来体现生产线的设备数量，进而可体现现有设备能力限制。当然，如果某几个期别因资金或原料不足等各种原因导致生产线停工，可以调整批量大小，故在一系列 MPS 表格中对各产品都设置了多个批量大小，参见图 7-8 中 ML1、ML2 和 ML3 等的设定。

微课视频

J9		fx	=SUM(C11:F11)																	
	A	B	C	D	E	F	G	H	I	J	K	L	M	N	O	P	Q	R	S
1	产品　　　　　　期别	逾期	1	2	3	4	5	6	7	8	9	10	11	12	13	14	15	16	17
2	拟获取/实际获取的P1总订单量CO							2		4							4		
3	1季出产生产线上P1拟获/实获订单CO							2		2							3		
4	2季出产生产线上P1拟获/实获订单CO									2							2		
5	1季出产生产线上P1期望/预测的产出					0	2	2	2	2	2	2	2	2	3	3	3	4	
6	2季出产生产线上P1期望/预测的产出								1		1		1		1		1		1
7	订单分解缺排或超排警告																	超排		
8																				
9	1季出产生产线上产品P1 (LT=1)	Past	SS(1)=	0	OH(1)=	0	SS(2)=	0	OH(2)=	0	ML1=	2	SS(3)=	1	ML2=	3	SS(4)=	1	ML3=
10	Periods (期别)	逾期	1	2	3	4	5	6	7	8	9	10	11	12	13	14	15	16	17
11	毛需求GR	0	0					2	2	2	2	2	2	2	2	3	3	3	4
12	在途量SR	0	0																
13	预计在库量POH		0	0	0	0	0	-2	-2	-2	-1	0	-2	-2	-1	0	1	-3	
14	预计可用量PAB		0	0	0	0	0	0	0	0	1	2	0	1	2	3	1	0	4
15	净需求NR		0	0	0	0	0	2	2	2	2	0	2	2	2	1	0	4	
16	计划订单收料PORC		0	0	0	0	0	2	2	2	3	0	3	4	4	4	0	4	
17	计划订单发出POR	0	0	0	0	2	2	2	2	3	0	3	4	4	4	0	4		
18	客户订单CO		0	0	0	0	0	2	0	2	0	0	0	0	0	3	0		
19	主生产计划MPS		0	0	0	0	0	2	2	2	3	0	3	4	4	4	0	4	
20	mps_period		0	0	0	0	0	1	1	1	1	0	1	1	1	1	0	1	
21	acc-co		0	0	0	0	0	2	0	2	0	0	0	0	0	3	0		
22	insufficient		0	0	0	0	0	0	0	0	0	0	0	0	0	0	0		
23	可答应量ATP(第1期为负则产能不足)		0					0	2	0	3	3		3	4	4	1	4	

I32 　▼ 　fx　=IF(I31>0, $L25,0)

A	B	C	D	E	F	G	H	I	J	K	L	M	N	O	P	Q	R	S	T	U	V
24																					
25 2季出产手工线上产品P1 (LT=2)	Past	SS(1)=	0	OH(1)=	0	SS(2)=	0	OH(2)=	0	ML1=	1	SS(3)=		ML2=		SS(4)=		ML3=		DTF=4	PTF=8
26 Periods（期别）	逾期	1	2	3	4	5	6	7	8	9	10	11	12	13	14	15	16	17	18	19	20
27 毛需求GR	0	0	0	0	0	0	0	1	2	1	0	1	0	1	0	2	0	1	0	1	0
28 在途量SR	0	0																			
29 预计在库量POH		0	0	0	0	0	0	-1	-2	-3	-2	-3	-2	-3	-2	-4	-3	-4	-3	-4	-3
30 预计可用量PAB		0	0	0	0	0	0	0	-2	-2	-2	-2	-2	-2	-2	-3	-3	-3	-3	-3	-3
31 净需求NR		0	0	0	0	0	0	2	3	2	3	2	3	2	3	4	3	4	3	4	3
32 计划订单收料PORC		0	0	0	0	0	0	1	0	1	0	1	0	1	0	1	0	1	0	1	0
33 计划订单发出POR	0	0	0	0	0	1	0	1	0	1	0	1	0	1	0	1	0	1	0	1	0
34 客户订单CO		0	0	0	0	0	0	0	2	0	0	0	0	0	0	2	0	0	0	0	0
35 主生产计划MPS		0	0	0	0	1	0	1	0	1	0	1	0	1	0	1	0	1	0	1	0
36 mps_period		0	0	0	0	0	1	0	1	0	1	0	1	0	1	0	1	0	1	0	1
37 acc-co		1	1	1	1	1	1	2	2	0	0	0	0	1	1	2	0	0	0	0	0
38 insufficient		0	0	0	0	0	0	1	0	0	0	0	0	0	0	0	0	0	0	0	0
39 可答应量ATP(第1期为负则产能不足)	-1							0		1		1		0		1		1			

图 7-8　　P1 的 MPS

　　类似的，安全库存 SS 设置也可以是多个，以便应对在不同年份采用不同的安全库存策略。鉴于省赛时仅有手工线是两个季度的生产周期而其他生产线都仅需一个季度的生产周期，"拟获取或实际获取的某产品总订单量 CO"需分解为"1 季出产生产线上某产品拟获/实获订单 CO"和"2 季出产生产线上某产品拟获/实获订单 CO"(参见"P1 的 MPS"和"独立 P2 的 MPS")。若本组策略是放弃手工线而仅建设或租赁仅需 1 季生产的高档生产线，也可将"拟获取或实际获取的某产品总订单量 CO"直接分解为 1 季出产自动线、柔性线或租赁线上某产品拟获/实获订单 CO(参见"独立 P3 的 MPS"和"P4 的 MPS"等)。

　　图 7-8 为"P1 的 MPS"。其中，G7 至 V7(即 2 至 5 年)"订单分解时缺排或超排警告"的公式可参见图 7-8 中 Q7 单元格计算公式，即 Q7=IF(Q2>=Q3+Q4, IF(Q2>Q3+Q4, "缺排", ""), "超排")。"缺排"或"超排"警告表示总订单量有部分未分解至生产线或超量分解，必须调至正常。注意：是否交不出货而需紧急采购产品由两类生产线第 1 期 ATP(1) 决定。

　　在图 7-8 中，生产线上 P1 期望/预测的产出，实际体现了队员规划的产能的扩充或缩减计划。其中，"2 季出产生产线上 P1 期望/预测的产出"隔季的"1"个产出对应一条需 2 个季度出产 1 个产品的手工线；而"1 季出产生产线上 P1 期望/预测的产出"上 2、3 或 4 个产品，则体现了生产线全力开工且有增购设备情况下生产的输出情况。这些产能的输出情况与 ML1、ML2 和 ML3 设置相关，并体现于第 16 行 G 列至 V 列的 PORC 计算结果中。注意：如果该队有两条手工线并且是错开季度安排生产的，将形成连续季度的"1"个产出。

　　生产线上 P1 拟获/实获订单 CO，可考察接单时想获取的订单及最后实际获取的订单；这些订单通过观察是否引起第 1 季度可答应量 ATP 为负，来判断相应生产线是否超量接单。图 7-8 中，第 8 季度安排给手工线的 2 个交货引发 ATP(1) 为负警告。从两类生产线合并情况看，引发 ATP(1) 为"-1"的手工线上第 7 季度的 1 个不足量 insufficient 可以由 1 季出产生产线上第 7 季度的 2 个可答应量 ATP 来弥补。事实上，只要 1 季出产生产线上截至第 7 季度的可答应量 ATP 能够弥补这 1 个不足量，就无需紧急采购 P1。更多详情参见图 7-9 所示的公式解析。

J9 ▼ (fx =SUM(C11:F11)

	A	B	C	D	E	F	G	H	I	J	K
1	产品	期别 逾期1			2	3	4	5	6	7	8	9
2	拟获取/实际获取的P1总订单量CO							2			4	
3	1季出产生产线上P1拟获/实获订单CO							2			2	
4	2季出产生产线上P1拟获/实获订单CO							2			2	
5	1季出产生产线上P1期望/预测的产出						0	2	2		2	
6	2季出产生产线上P1期望/预测的产出								1		1	
7	订单分解缺排或超排警告						=IF=IF(I2>=I3+I4,IF(=IF(J2>=J3+J4,IF(J2>=J3+J4,"缺排",""),"		=IF(K2>=K3+K4,IF(K2>=K3+K4,"缺排",""),"超排
8											
9	1季出产生产线上产品P1 (LT=1)	Past	SS(1)=	0	H(1	0	S(2)0		OH(2)=	=SUM(C11:F11)	ML1=
10	Periods（期别）	逾期1			2	3	4	5	6	7	8	9
11	毛需求GR	0	=C5	=D	=E	=F	=IF=IF(I3>I5,I3,I5)	=IF(J3>J5,J3,J5)	=IF(K3>K5,K3,K5)
12	在途量SR	0	0						
13	预计在库量POH	=F9+C12+B12-C11	=C	=D	=J9	=G	H14+I12-I11	=I14+J12-J11	=J14+K12-K11
14	预计可用量PAB	=C13+C16	=D	=E	=F	=G	=I13+I16	=J13+J16	=K13+K16
15	净需求NR	=IF(C13>=$D9,0,$D9-C	=D	=E	=F	=G	=IF(I13>=$H9,0,$H9-I13)	=IF(J13>=$H9,0,$H9-J13)	=IF(K13>=$H9,0,$H9-K13)
16	计划订单收料PORC	=IF(C15>0,$L9,0)	=D	=E	=F	=G	=IF(I15>0,$L9,0)	=IF(J15>0,$L9,0)	=IF(K15>0,$P9,0)
17	计划订单发出POR	=C	D16	=E	=F	=G	=H	=I16	=J16	=K16	=L16
18	客户订单CO	=C3	=D	=E	=F	=G	=H	=I4	=J3	=K3
19	主生产计划MPS	=C12+C16	=D	=E	=F	=G	=I12+I16	=J12+J16	=K12+K16
20	mps_period	=IF(C19=0,0,1)	=D	=E	=F	=G	=IF(I19=0,0,1)	=IF(J19=0,0,1)	=IF(K19=0,0,1)
21	acc-co	=B18+C18+D21*ABS(	=D	=E	=F	=G	=I18+K21*ABS(K20-1)+K22	=K18+L21*ABS(L20-1)+L22
22	insufficient	=IF(C20=0,0,MAX(C21	=D	=E	=F	=G	=IF(I20=0,0,MAX(	=IF(J20=0,0,MAX(J21-I19,0))	=IF(K20=0,0,MAX(K21-J19,0))
23	可答应量ATP(第1期为负则产能不足)	=F9+B19+C19-C21	=D	=E	=F	=G	=IF(I20="",IF(	=IF(J20="",IF(J22>0,J19-J21,0))	=IF(K20=0,"",IF(K22>0,K19-K21,0))

J32 ▼ (fx =IF(I32>0, 0, IF(I28>0, 0, IF(J28>0, 0, $L25)))

	A	B	C	D	E	F	G	H	I	J	K
24											
25	2季出产手工线上产品P1 (LT=2)	Past	SS(1)=	0	H(1	0	S(2)0		OH(2)=	=SUM(C27:F27)	ML1=
26	Periods（期别）	逾期1			2	3	4	5	6	7	8	9
27	毛需求GR	0	=C6	=D	=E	=F	=IF(I4>I6,I4,I6)	=IF(J4>J6,J4,J6)	=IF(K4>K6,K4,K6)
28	在途量SR	0	0						
29	预计在库量POH	=F25+C28+B28-C27	=C	=D	=J2	=G	H30+I28-I27	=I30+J28-J27	=J30+K28-K27
30	预计可用量PAB	=C29+C32	=D	=E	=F	=G	=I29+I32	=J29+J32	=K29+K32
31	净需求NR	=IF(C29>=$D25,0,$D2	=D	=E	=F	=G	=IF(I29>=$H25,0,$H25-I29)	=IF(J29>=$H25,0,$H25-J29)	=IF(K29>=$H25,0,$H25-K29)
32	计划订单收料PORC	=IF(C31>0,$L25,0)	=D	=E	=F	=G	=IF(I31>0,$L25,0,IF(I28>0,0,IF(J28>0,0,$L25)))	=IF(I32>0,0,IF(I28>0,0,IF(K28>0,0,$L25)))
33	计划订单发出POR	=C	E32	=F	=G	=I3	=J3	=K32	=L32	=M32
34	客户订单CO	=C4	=D	=E	=F	=G	=H	=I4	=J4	=K4
35	主生产计划MPS	=C28+C32	=D	=E	=F	=G	=I28+I32	=J28+J32	=K28+K32
36	mps_period	=IF(C35=0,0,1)	=D	=E	=F	=G	=IF(I35=0,0,1)	=IF(J35=0,0,1)	=IF(K35=0,0,1)
37	acc-co	=B34+C34+D37*ABS(	=D	=E	=F	=G	=I34+J37*ABS(J3	=J34+K37*ABS(K36-1)+K38	=K34+L37*ABS(L36-1)+L38
38	insufficient	=IF(C36=0,0,MAX(C3	=D	=E	=F	=G	=IF(I36=0,0,MAX(	=IF(J36=0,0,MAX(J37-I35,0))	=IF(K36=0,0,MAX(K37-J35,0))
39	可答应量ATP(第1期为负则产能不足)	=F25+B35+C35-C37	=D	=E	=F	=G	=IF(I36="",IF(I3	=IF(J36="",IF(J38>0,J35-J37,0))	=IF(K36=0,"",IF(K38>0,K35-K37,0))

图 7-9 P1 的 MPS 相应的公式解析

在解释图 7-9 "P1 的 MPS 相应的公式解析" 之前，首先声明一点，此表是针对第一年不进行任何生产(含投入原料操作)的情况。所以，虽然 J9 单元格的公式 J9=SUM(C11:F11)，但其结果为 0(因为 C11 至 F11 都为零)。

特别注意：虽然需求时栅 DTF=4 且计划时栅 PTF=8 意味着 "前 4 期仅取订单、5 至 8 期取订单和预测的最大值以及第 9 期起取预测值"，但鉴于竞赛时的生产实际是按照 1 季/2 季出产的 "生产线上 P1 期望/预测的产出" 进行安排，并且按照相应生产线上某产品实获订单 CO 进行交货的，所以第 11 行和第 27 行第 1 至 4 季的毛需求 GR 分别等于相应季度的 "1 季出产生产线上 P1 期望/预测的产出" 和 "2 季出产生产线上 P1 期望/预测的产出"，而第 5 季度开始都是取订单和预测的最大值。即使从第 5 季度有订单时才真正开始考虑 DTF 和 PTF 的设置，也应该采用这种始终取两者最大值方法，这意味着第 5 季度公式复制至第 1 至 4 季度也是实际可行的。

特别注意：虽然此处未编制复杂的闭环式 MRP 对应的滚动逻辑计划(它可保证某季度的汇总订单滚进 PTF 界限内时再考虑取订单与预测最大值也不迟)，并且未采用 MPS 预测冲销技术(这两部分内容可参看田军主编的《企业资源计划(ERP)》)，但上述各季度毛需求都取订单和预测最大值的方法，配合着多套的安全库存 SS 和最小订购量 ML(亦多套的批量法则)，就可以在一张 Excel 表格中更简洁地实现 MPS 连续计划的本意。还要注意：为了考虑生产线在全力开工情况下的产能限制，产品生产的批量法则是变形了的最小批量法，即一旦某季度有净需求 NR(t)，该季度就补充对应的最小批量 ML，参见 PORC(8)对应 J16 单元格调用了 L9 单元格中 ML1 数值的计算公式 J16=IF(J15>0, $L9, 0)，以及 PORC(9)对应 K16 单元格调用了 P9 单元格中 ML2 数值的计算公式 K16=IF(K15>0, $P9, 0)。这些最小批量 ML 数值可以从任何季度开始变化，以体现生产线的建设和退出实际情况。

最后，为了体现单条手工线隔季才出产一个产品的特性，在最快第 7 季度出产 1 个 P1 产品情况下，第 8 季度开始的计划订单收料 PORC 的公式都增加了一个判断前一季度是否有产出的 IF 函数、前一季度是否有在途量的 IF 函数和当季是否有在途量的 IF 函数；只有这些判断结果均为假情况下才会补充 1 个产品的出产，请对比 I32=IF(I31>0, $L25, 0)公式与 J32=IF(I32>0, 0, IF(I28>0, 0, IF(J28>0, 0, $L25)))公式。此类 PORC 计算时增加两个在途量的 IF 函数判断，主要应对新一年开始运作的状况。

图 7-10 是"独立 P2 的 MPS"，它与图 7-9 "P1 的 MPS"有几个主要区别，便于竞赛者灵活开发不同战略的工具。第一个区别是与 P1 仅为最终产品不同，P2 既可为独立需求性质的最终产品，也可为构成 P4 最终产品所需的半成品。图 7-10 仅考虑了独立销售性质 P2 的 MPS 计划，其作为子件的 MRP 计划在"半成品 P2 的 MRP"中。第二个区别是第一年可以安排生产，并根据手工线和其他 1 季出产生产线的安装和生产进度(还要配合产品研发周期)，安排出产时间。第三个区别是此时两类生产线在第 2 年初(即第 1 年末)都有大于零的在库量 OH(2)了，其数值等于各类"X 季出产生产线上 P2 期望/预测的产出"第 1 至第 4 季度的汇总，如 J9=SUM(C11:F11)而 F11=F5 等，以及 J25=SUM(C27:F27)而 F27=F6 等。第四个区别是此时两类生产线在第 2 年初计划时都有大于零的在途量了，此处分别是 SR(5)=2(对应公式是 G12=L9)，以及 SR(6)=1(对应公式是 H28=L25)。这些都是队员根据"X 季出产生产线上 P2 期望/预测的产出"计划安排生产拟执行或需执行的结果。第五个区别是两类生产线在第 1 年中对应上述在途量 SR 的计划订单发出 POR 不再调用原公式，即不再由后期的计划订单收料 PORC(t+LT)往前提而推导出前期的计划订单发出 POR(t)，而是由相应的在途量 SR(t+LT)往前提而推导出前期的计划订单发出 POR(t)，如 F17=G12 及 F33=H28。

微课视频

| G12 | =L9 |

A	B	C	D	E	F	G	H	I	J	K	L	M	N	O	P	Q	R	S	T	U	V
1 产品　　　　期别	逾期	1	2	3	4	5	6	7	8	9	10	11	12	13	14	15	16	17	18	19	20
2 拟获取/实际获取的P2总订单量CO						4	2	4	2												
3 1季出产生产线上P2拟获/实获订单CO						4	2	4	2												
4 2季出产生产线上P2拟获/实获订单CO						2															
5 1季出产生产线上P2期望/预测的产出				0	2	2	2	2	2	2	2	2	2	3	3	3	3	4	4	4	4
6 2季出产生产线上P2期望/预测的产出						1		1		1		2		2		3		3		4	
7 订单分解缺排或超排警告																					
8 1季出产生产线上产品P2 (LT=1) Past	SS(1)=|0| OH(1)=|0| SS(2)=|0| OH(2)=|2| ML1=|2| SS(3)=|0| ML2=|3| SS(4)=|0| ML3=|4| DFT=4 PFT=8																			
9 Periods（期别）	逾期	1	2	3	4	5	6	7	8	9	10	11	12	13	14	15	16	17	18	19	20
10 毛需求GR	0	0	0	0	2	4	2	2	2	2	2	2	2	2	2	2	4	4	4	4
11 在途量SR	0	0				2															
12 预计在库量POH	0	0	0	0	-2	0	-2	-4	0	-4	-4	-4	-5	-5	-5	-5	-6	-6	-6	-6
13 预计可用量PAB	0	0	0	0	0	0	-2	0	-2	0	-2	-2	-2	-2	-2	-2	-2	-2	-2	-2
14 净需求NR	0	0	0	0	2	2	2	2	2	2	2	2	4	5	5	5	6	6	6	6
15 计划订单收料PORC	0	0	0	0	2	2	2	2	2	2	2	2	3	3	3	3	4	4	4	4
16 计划订单发出POR	0	0	0	2	2	2	2	2	2	2	2	3	3	3	3	4	4	4	4		
17 客户订单CO	0	0	0	0	0	0	0	0	0	0	0	0	0	0	0	0	0	0	0	0
18 主生产计划MPS	0	0	0	0	2	2	2	2	2	2	2	2	3	3	3	3	4	4	4	4
19 mps_period	0	0	0	0	1	1	1	1	1	1	1	1	1	1	1	1	1	1	1	1
20 acc-co	0	0	0	0	0	0	0	0	0	0	0	0	0	0	0	0	0	0	0	0
21 insufficient	0	0	0	0	0	0	0	0	0	0	0	0	0	0	0	0	0	0	0	0
22 可答应量ATP(第1期为负则产能不足)	0		0	0	0	0	2	2	2	2	2	2	3	3	3	4	4	4	4		

F33 ▾ fx =H28

2季出产手工线上产品P2（LT=2)	Past	SS(1)=	0	OH(1)=	0	SS(2)=	0	OH(2)=	1	ML1=	1	SS(3)=		ML2=		SS(4)=		ML3=		DFT=4	PFT=8
Periods（期别)	逾期	1	2	3	4	5	6	7	8	9	10	11	12	13	14	15	16	17	18	19	20
毛需求GR	0	0	0	0	0	1	0	2	0	2	0	1	0	1	0	1	0	1	0	0	0
在途量SR	0	0					1														
预计在库量POH		0	0	0	-1	0	0	0	0	-2	0	-2	-1	-2	-1	-2	-1	0	0	0	1
预计可用量PAB		0	0	0	0	1	0	0	-1	-1	-1	-1	-1	-1	-1	-1	-1	0	0	1	1	2
净需求NR		0	0	0	1	0	0	2	0	2	1	2	1	2	1	2	1	1	0	0	0
计划订单收料PORC		0	0	1	0	0	1	0	2	1	2	1	2	1	1	1	1	0	0	0	
计划订单发出POR	0	0	1	◇	1	0	1	0	1	0	1	0	1	0	1	0	1	0	0	0	0
客户订单CO		0	0	0	0	2	0	2	0	0	0	0	0	0	0	0	0	0	0	0	0
主生产计划MPS		0	0	0	1	0	1	0	1	0	1	0	1	0	1	0	0	0	0		
mps_period		0	0	1	0	1	0	1	0	1	0	1	0	1	0	1	0	0	0		
acc-co		1	1	1	2	2	3	2	0	0	0	0	0	0	0	0	0	0	0		
insufficient		0	0	0	0	0	0	0	0	0	0	0	0	0	0	0	0	0	0		
可答应量ATP(第1期为负则产能不足)		-1														1	1	1	1	1	

图 7-10 独立 P2 的 MPS

特别注意：上一章 MPS/MRP 的基本原理是计算机中 ERP 软件编制一次计划时自动执行 MPS/MRP 程序所需用的算法，在进行 ERP 沙盘竞赛时因为需要结合计划和计划执行环节进行集成思考，故而需要灵活变通。Excel 决策辅助工具制作过程中的变通能力培养，既是学生提升 ERP 沙盘竞赛能力的关键点，也是"ERP 沙盘创业运营仿真"课程培养学生创新能力的重点与难点。

图 7-11 是"独立 P3 的 MPS"。该表与前两张表最大的不同是舍弃了需要 2 个季度才能出产的手工线，全部采用 1 季出产的高级生产线，这是省赛中绝大多数竞赛队伍采用的策略。为便于安排生产线安装建设和计划，将三种高级生产线完全区分开来，分别进行 MPS 计划。此时，需要注意自动线、柔性线、租赁线各自不同的安装周期，并配合产品 P3 的研发周期，来决定第 1 年的出产情况。一般来说，无需安装周期的租赁线会在第 2 年初才会开始运作，参见 E6、F6 和 F7 单元格数值；也因为租赁线会在第 2 年初才会开始运作，所以它在第一次计划时第 2 年的前几个季度中没有在途量 SR。与图 7-10"独立 P2 的 MPS"类似，此处是针对独立需求性质的 P3 销售产品进行 MPS 计划，而作为最终产品 P5 子件的半成品 P3 的 MRP 计划将在"半成品 P3 的 MRP"中完成。

F13 ▾ fx =F6

产品 [期别]	逾期	1	2	3	4	5	6	7	8	9	10	11	12	13	14	15	16	17	18	19	20
拟获取/实际获取的P3总订单量CO						2	4	3	5												
1季出产自动线上P3拟获/实获订单CO						2	2	2													
1季出产柔性线上P3拟获/实获订单CO						2	2														
1季出产租赁线上P3拟获/实获订单CO							1	1													
1季出产自动线上P3期望/预测的产出					0	2	2	2	2	-2	2	2	3	3	3	3	4	4	4	4	
1季出产柔性线上P3期望/预测的产出					0	1	1	1	1	1	1	1	1	1	1	1	1	1	1		
1季出产租赁线上P3期望/预测的产出					0	1	1	1	2	2	2	2	2	2	2	2	2	2	2		
订单分解缺排或超排警告																					

1季出产自动线上产品P3（LT=1)	Past	SS(1)=	0	OH(1)=	0	SS(2)=	0	OH(2)=	0	ML1=	0	SS(3)=	1	ML2=	3	SS(4)=	1	ML3=	4	DFT=4	PFT=8
Periods（期别)	逾期	1	2	3	4	5	6	7	8	9	10	11	12	13	14	15	16	17	18	19	20
毛需求GR	0	0	0	0	2	2	2	2	2	2	2	3	3	3	3	4	4	4	4		
在途量SR	0	0			2	2															
预计在库量POH		0	0	0	-2	2	0	-2	0	-2	-2	-2	-2	-3	-3	-3	-3	-4	-4	-4	-4
预计可用量PAB		0	0	0	0	0	0	0	0	0	0	0	0	0	0	0	0	0	0	0	0
净需求NR		0	0	0	2	0	0	2	0	2	2	3	3	3	4	4	5	5	5		
计划订单收料PORC		0	0	0	2	0	0	2	0	2	2	3	3	4	4	5	5	5			
计划订单发出POR	0	0	0	2	2	0	2	0	2	2	3	3	3	4	4	4	4				
客户订单CO		0	0	0	0	2	0	2	0	0	0	0	0	0	0	0	0	0	0	0	0
主生产计划MPS		0	0	0	2	0	2	0	2	2	2	3	3	3	3	4	4	4	4		
mps_period		0	0	1	0	1	0	1	0	1	0	1	0	1	0	1	0	1			
acc-co		0	0	0	0	0	0	0	0	0	0	0	0	0	0	0	0	0	0		
insufficient		0	0	0	0	0	0	0	0	0	0	0	0	0	0	0	0	0	0		
可答应量ATP(第1期为负则产能不足)		0				0	0	0	0	2	2	3	3	3	3	4	4	4	4		

1季出产柔性线上产品P3（LT=1）　Past　SS(1)=0　OH(1)=0　SS(2)=0　OH(2)=0　ML1=1　SS(3)=　ML2=　SS(4)=　ML3=　DFT=4　PFT=8

Periods（期别）	逾期	1	2	3	4	5	6	7	8	9	10	11	12	13	14	15	16	17	18	19	20
毛需求GR	0	0	0	0	0	1	2	1	2	1	1	1	1	1	1	1	1	1	1	1	1
在途量SR	0	0				1															
预计在库量POH		0	0	0	0	0	-2	-2	-3	-3	-3	-3	-3	-3	-3	-3	-3	-3	-3	-3	-3
预计可用量PAB		0	0	0	0	0	-1	-1	-2	-2	-2	-2	-2	-2	-2	-2	-2	-2	-2	-2	-2
净需求NR		0	0	0	0	0	2	2	3	3	3	3	3	3	3	3	3	3	3	3	3
计划订单收料PORC		0	0	0	0	0	1	1	1	1	1	1	1	1	1	1	1	1	1	1	1
计划订单发出POR	0	0	0	0	0	1	1	1	1	1	1	1	1	1	1	1	1	1	1	1	0
客户订单CO		0	0	0	0	2	2	0	2	0	0	0	0	0	0	0	0	0	0	0	0
主生产计划MPS		0	0	0	0	1	1	1	1	1	1	1	1	1	1	1	1	1	1	1	1
mps_period		0	0	0	0	1	1	1	1	1	1	1	1	1	1	1	1	1	1	1	1
acc-co		0	0	0	0	1	2	0	2	0	0	0	0	0	0	0	0	0	0	0	0
insufficient		0	0	0	0	1	0	1	0	0	0	0	0	0	0	0	0	0	0	0	0
可答应量ATP（第1期为负则产能不足）	0					1	0	1	0	1	1	1	1	1	1	1	1	1	1	1	1

1季出产租赁线上产品P3（LT=1）　Past　SS(1)=0　OH(1)=0　SS(2)=0　OH(2)=0　ML1=1　SS(3)=0　ML2=2　SS(4)=　ML3=　DFT=4　PFT=8

Periods（期别）	逾期	1	2	3	4	5	6	7	8	9	10	11	12	13	14	15	16	17	18	19	20
毛需求GR	0	0	0	0	0	0	1	1	1	2	2	2	2	2	2	2	2	2	2	2	2
在途量SR	0	0																			
预计在库量POH		0	0	0	0	0	-1	-1	-1	-2	-2	-2	-2	-2	-2	-2	-2	-2	-2	-2	-2
预计可用量PAB		0	0	0	0	0	0	0	0	0	0	0	0	0	0	0	0	0	0	0	0
净需求NR		0	0	0	0	0	1	1	1	2	2	2	2	2	2	2	2	2	2	2	2
计划订单收料PORC		0	0	0	0	0	1	1	1	2	2	2	2	2	2	2	2	2	2	2	2
计划订单发出POR	0	0	0	0	0	1	1	1	2	2	2	2	2	2	2	2	2	2	2	2	2
客户订单CO		0	0	0	0	0	1	1	1	2	2	2	2	2	2	2	2	2	2	2	2
主生产计划MPS		0	0	0	0	1	1	1	2	2	2	2	2	2	2	2	2	2	2	2	2
mps_period		0	0	0	0	1	1	1	1	1	1	1	1	1	1	1	1	1	1	1	1
acc-co		0	0	0	0	0	0	0	0	0	0	0	0	0	0	0	0	0	0	0	0
insufficient		0	0	0	0	0	0	0	0	0	0	0	0	0	0	0	0	0	0	0	0
可答应量ATP（第1期为负则产能不足）	0					1	1	1	2	2	2	2	2	2	2	2	2	2	2	2	2

图 7-11　独立 P3 的 MPS

图 7-12 是"P4 的 MPS"，需要注意"自动线上 P4 期望/预测的产出"和"柔性线上 P4 期望/预测的产出"最早都是第 4 季度开始运作且第 5 季度才有产出，这是因为 P4 的研发周期需要 3 个季度。

F19　fx　=G14

产品　　　　期别	逾期	1	2	3	4	5	6	7	8	9	10	11	12	13	14	15	16	17	18	19	20
拟获取/实际获取的P4总订单量CO						2		3		5	3										
1季出产自动线上P4拟获/实获订单CO						1		2		2	3	2									
1季出产柔性线上P4拟获/实获订单CO						1		1		1	2	1									
1季出产租赁线上P4拟获/实获订单CO																					
1季出产自动线上P4期望/预测的产出					0	1	1	1	1	1	1	1	2	2	2	2	2	2	2	2	2
1季出产柔性线上P4期望/预测的产出					0	1	1	1	1	1	1	1	1	1	1	1	1	1	1	1	1
1季出产租赁线上P4期望/预测的产出																					
订单分解缺排或超排警告																					

1季出产自动线上产品P4（LT=1）　Past　SS(1)=0　OH(1)=0　SS(2)=0　OH(2)=0　ML1=1　SS(3)=1　ML2=2　SS(4)=1　ML3=2　DFT=4　PFT=8

Periods（期别）	逾期	1	2	3	4	5	6	7	8	9	10	11	12	13	14	15	16	17	18	19	20
毛需求GR	0	0	0	0	0	1	1	2	2	3	2	3	2	2	2	2	2	2	2	2	2
在途量SR	0	0				1															
预计在库量POH		0	0	0	0	0	-1	-2	-2	-3	-3	-5	-6	-7	-7	-7	-7	-7	-7	-7	-7
预计可用量PAB		0	0	0	0	0	-1	-1	-2	-2	-4	-5	-5	-5	-5	-5	-5	-5	-5	-5	-5
净需求NR		0	0	0	0	0	1	2	2	3	5	6	8	8	8	8	8	8	8	8	8
计划订单收料PORC		0	0	0	0	1	1	1	1	1	1	1	1	2	2	2	2	2	2	2	2
计划订单发出POR	0	0	0	0	1	1	1	1	1	1	1	1	2	2	2	2	2	2	2	2	
客户订单CO		0	0	0	0	2	1	2	0	2	3	2	0	0	0	0	0	0	0	0	0
主生产计划MPS		0	0	0	0	1	1	1	1	1	1	1	2	2	2	2	2	2	2	2	2
mps_period		0	0	0	0	1	1	1	1	1	1	1	1	1	1	1	1	1	1	1	1
acc-co	2	2	2	1	2	3	4	3	4	3	0	0	0	0	0	0	0	0	0	0	0
insufficient		0	0	0	2	3	2	3	2	3	0	0	0	0	0	0	0	0	0	0	0
可答应量ATP（第1期为负则产能不足）	-2					0	0	0	0	0	0	0	0	2	2	2	2	2	2	2	2

图 7-12 P4 的 MPS

在图 7-12 中，C25 单元格中的"−2"其实是第 11 季和第 12 季各超出 1 个交货要求的汇总的超量承诺/不当承诺结果。注意：这里没有通过临时建设租赁线来满足超量承诺的 2 个 P4 的订单(参见第 5 行数据全为空)，因为只到了后期再建设租赁线实际很不划算，有时甚至不如直接紧急采购 2 个 P4 来交货。此外，P4 产品需要产品 P2 来作为半成品，而由图 7-10 可知第 1 年第 4 季度 P2 是可以产出的，可以响应产品 P4 第 1 年第 4 季度计划订单发出 POR(4)的需求。

图 7-13 是"P5 的 MPS"，它与图 7-12 的"P4 的 MPS"基本类似。需要注意的是：因为 P5 的研发周期需要 4 个季度，因此第 1 年无任何生产性运作，相应第 2 年开始展开 MPS 计划时亦无在途量 SR。

	Past	1	2	3	4	5	6	7	8	9	10	11	12	13	14	15	16	17	18	19	20
1季出产柔性线上产品P5 (LT=1)		SS(1)=0		OH(1)=0		SS(2)=0		OH(2)=0		ML1=1		SS(3)=		ML2=		SS(4)=		ML3=		DFT=4	PFT=8
Periods（期别）	逾期	1	2	3	4	5	6	7	8	9	10	11	12	13	14	15	16	17	18	19	20
毛需求GR	0	0	0	0	0	0	1	1	1	1	1	1	1	1	1	1	1	1	1	1	1
在途量SR	0	0																			
预计在库量POH	0	0	0	0	0	0	-1	-1	-1	-1	-1	-1	-1	-1	-1	-1	-1	-1	-1	-1	-1
预计可用量PAB	0	0	0	0	0	0	0	0	0	0	0	0	0	0	0	0	0	0	0	0	0
净需求NR	0	0	0	0	0	0	1	1	1	1	1	1	1	1	1	1	1	1	1	1	1
计划订单收料PORC	0	0	0	0	0	0	1	1	1	1	1	1	1	1	1	1	1	1	1	1	1
计划订单发出POR	0	0	0	0	0	1	1	1	1	1	1	1	1	1	1	1	1	1	1	1	
客户订单CO	0	0	0	0	0	0	0	0	0	0	0	0	0	0	0	0	0	0	0	0	0
主生产计划MPS	0	0	0	0	0	1	1	1	1	1	1	1	1	1	1	1	1	1	1	1	1
mps_period		0	0	0	0	0	1	0	1	0	1	0	1	0	1	0	1	0	1	0	1
acc-co		0	0	0	0	0	0	0	0	0	0	0	0	0	0	0	0	0	0	0	0
insufficient		0	0	0	0	0	0	0	0	0	0	0	0	0	0	0	0	0	0	0	0
可答应量ATP(第1期为负则产能不足)		0																			

	Past	1	2	3	4	5	6	7	8	9	10	11	12	13	14	15	16	17	18	19	20
1季出产租赁线上产品P5 (LT=1)		SS(1)=0		OH(1)=0		SS(2)=0		OH(2)=0		ML1=1		SS(3)=0		ML2=2		SS(4)=		ML3=		DFT=4	PFT=8
Periods（期别）	逾期	1	2	3	4	5	6	7	8	9	10	11	12	13	14	15	16	17	18	19	20
毛需求GR	0	0	0	0	0	0	1	1	1	1	1	1	1	1	1	1	1	1	1	1	1
在途量SR	0	0																			
预计在库量POH	0	0	0	0	0	0	-1	0	-1	0	-1	0	0	0	-1	0	-1	0	-1	0	-1
预计可用量PAB	0	0	0	0	0	0	0	1	0	1	0	1	0	1	0	1	0	1	0	1	0
净需求NR	0	0	0	0	0	0	1	1	1	1	1	1	1	1	1	1	1	1	1	1	1
计划订单收料PORC	0	0	0	0	0	0	1	2	0	2	0	2	0	2	0	2	0	2	0	2	0
计划订单发出POR	0	0	0	0	0	1	2	0	2	0	2	0	2	0	2	0	2	0	2	0	
客户订单CO	0	0	0	0	0	0	0	0	0	0	0	0	0	0	0	0	0	0	0	0	0
主生产计划MPS	0	0	0	0	0	1	2	0	2	0	2	0	2	0	2	0	2	0	2	0	0
mps_period		0	0	0	0	0	1	1	0	1	0	1	0	1	0	1	0	1	0	1	0
acc-co		0	0	0	0	0	0	1	1	0	1	1	0	0	0	0	0	0	0	0	0
insufficient		0	0	0	0	0	1	1	1	1	2	1	2								
可答应量ATP(第1期为负则产能不足)		0						1			1			2							

图 7-13　P5 的 MPS

五、物料需求计划 MRP 系列表

本小节阐述相关需求性质的物料需求计划 MRP，涉及半成品和原料。

半成品 P2 的 MRP 的讲解涉及相关需求及其分解和 MRP 计划表两大部分，参见图 7-14 和图 7-15。

F2 | =(P4的MPS!F19+P4的MPS!F35+P4的MPS!F51)*规则!$F37

	A	B	C	D	E	F	G	H	I	J	K	L	M	N	O	P	Q	R	S	T	U	V
	子件毛需求　　　　期别	逾期	1	2	3	4	5	6	7	8	9	10	11	12	13	14	15	16	17	18	19	20
2	父件P4的POR展开至子件P2的相关需求	0	0	0	0	2	2	2	2	2	2	2	3	3	3	3	3	3	3	3	3	0
3	1季出产生产线上子件P2期望的产出	0	0	0	0	2	2	2	2	2	2	2	2	2	2	2	2	2	2	2	3	2	0
4	2季出产生产线上子件P2期望的产出	0	0	0	0	1	0	1	0	1	0	1	0	1	0	1	0	1	0	0	0	0
5	子件P2需求分解所致缺料或库存提醒						库存		库存		库存			缺吗			库存			缺吗		
6	子件P2是否缺料最终判断													不缺						不缺		

图 7-14　半成品 P2 的相关需求分解

在图 7-14 "半成品 P2 的相关需求分解"中，鉴于半成品 P2 的相关需求源自于产品 P4 的计划订单发出 POR，并且 P4 最早的 POR 位于第 1 年第 4 季度，因此半成品 P2 相关需求先设置第 4 季度公式，即 F2=(P4 的 MPS!F19+P4 的 MPS!F35+P4 的 MPS!F51)*规则!$F37，并对 F2 单元格公式向右拖动填充柄至 V2 即可完成各季度相关需求计算。将该相关需求在 1 季出产和 2 季出产生产线之间进行分解后，就可进行两类生产线的 MRP 计划。特别注意：因为这种分解是在计划之外又涵盖了计划在生产线上的执行，所以分解会涉及超量和不足，对应着相应季度有库存或者是可能的缺料(即可能不能满足父件 P4 的需

求);但这是分解阶段的初步判断,是否真的缺料需要再考察所有类别生
产线上当季预计期末库存 PAB 之和,参见 F5 和 F6 公式。F5=IF(F2>=F3+F4, IF(F2>F3+F4, "缺吗", ""), "库存"),它类似于之前各 MPS 表中"订单分
解缺排或超排警告"公式。F6=IF(F5= "缺吗", IF(F13+F23+F4+F3>=F2, "不缺", "缺"), ""),它可以给出缺不缺的最终答案。注意:因为 MRP 计
划没有可答应量 ATP 计算,最终缺不缺就需要结合代表当期预计真正库

微课视频

存的预计可用量 PAB 来确定。例如,第 13 季度初步分解后,因分解数量缺 1 个出现"缺
吗"的警示,但该季度在 1 季出产生产线上有 1 个 PAB 库存,故整体上并不缺。在分解后
各个季度都处于"不缺"状态情况下,各类生产线的各季度产出就是相应类别生产线相应
季度的毛需求。若最后的第 5 年不想再使用手工线,可在不缺料的情况下,停止分配给手
工线的产出,参见 S4 至 V4 单元格数据。

J8		=F13																					
	A	B	C	D	E	F	G	H	I	J	K	L	M	N	O	P	Q	R	S	T	U	V
7																						
8	1季出产生产线上半成品P2 (LT=1)	Past	SS(1)=	0	OH(1)=	0	SS(2)=	1	OH(2)=	1	ML1=	2	SS(3)=	0	ML2=	3	SS(4)=		ML3=		LSR=	MOQ
9	Periods(期别)	逾期	1	2	3	4	5	6	7	8	9	10	11	12	13	14	15	16	17	18	19	20
10	毛需求GR	0	0	0	0	1	2	2	2	2	2	2	2	3	3	3	3	3	3	3	0
11	在途量SR	0	0																			
12	预计在库量POH		0	0	0	-1	-1	-1	-1	-1	-1	-1	-1	-1	-1	-1	-2	-2	-2	-1	2
13	预计可用量PAB		0	0	0	1	1	1	1	1	1	1	1	1	1	1	1	1	1	2	2
14	净需求NR		0	0	0	2	2	2	2	2	2	2	2	2	2	2	3	3	3	2	0
15	计划订单收料PORC		0	0	0	2	2	2	2	2	2	2	2	2	3	3	3	3	3	3	0
16	计划订单发出POR	0	0	0	2	2	2	2	2	2	2	2	2	3	3	3	3	3	3	0	
17	各期PAB不及当期所用SS值的缺料警讯																					
18																						
19	2季出产手工线上半成品P2 (LT=2)	Past	SS(1)=	0	OH(1)=	0	SS(2)=	0	OH(2)=	0	ML1=		SS(3)=		ML2=		SS(4)=		ML3=		LSR=	MOQ
20	Periods(期别)	逾期	1	2	3	4	5	6	7	8	9	10	11	12	13	14	15	16	17	18	19	20
21	毛需求GR	0	0	0	0	1	0	1	0	1	0	1	0	1	0	0	1	0	0	0	0
22	在途量SR	0	0																			
23	预计在库量POH		0	0	0	-1	0	-1	0	-1	0	-1	0	-1	0	-1	0	-1	0	0	0
24	预计可用量PAB		0	0	0	0	0	0	0	0	0	0	0	0	0	0	0	0	0	0	0
25	净需求NR		0	0	0	1	0	1	0	1	0	1	0	1	0	1	1	0	0	0	0
26	计划订单收料PORC		0	0	0	1	0	1	0	1	0	1	0	1	0	1	1	0	0	0	0
27	计划订单发出POR	0	0	0	1	0	1	0	1	0	1	0	1	0	1	1	0	0	0	0	
28	各期PAB不及当期所用SS值的缺料警讯																					

图 7-15 半成品 P2 的 MRP 计划

图 7-15 "半成品 P2 的 MRP 计划"解析如下。

第一,相应生产线能力(限制)现状与增减,首先反映在批量参数 ML1 和 ML2 等,并
进而通过批量法则计算计划订单收料 PORC 时体现。这种 PORC 计算类似于 MPS 中 PORC
计算(注意:各季 ML 值有差异),同样是变形了的最小批量法。

第二,两类生产线 MRP 计划实际从第 1 年开始且第 4 季度有相关需求需满足,故在
库量 OH(2)等于 PAB(4)而非第 1 年毛需求之和,参见 J8 公式。

第三,安全库存 SS 各季度会变化(可以被使用),如作为半成品的 P2 在中间时段设 SS
为 1。

第四,各季净需求 NR 根据实际安全库存 SS 不同取值而变化,NR(4)公式为
F14=IF(F12>=$D8, 0, $D8−F12),NR(5)公式变为 G14=IF(G12>=$H8, 0, $H8−G12)。

第五,各季度预计可用量 PAB 是该期预计的真正期末库存。

第六,警讯跟随着 NR 计算所使用安全库存 SS 的不同取值需同步变化,如

F14=IF(F12>=$D8, 0, $D8−F12)且 F17=IF(F13<0, "警告", IF(F13<$D8, "警惕", "")), 而 G14=IF(G12>=$H8, 0, $H8−G12)且 G17=IF(G13<0, "警告", IF(G13<$H8, "警惕", ""))。

半成品 P3 的 MRP 参见图 7-16 和图 7-17。其中，"半成品 P3 的相关需求分解"与"半成品 P2 的相关需求分解"类似，参见 F2 单元格公式，即 F2=(P5 的 MPS!F19+P5 的 MPS!F35+P5 的 MPS!F51)*规则!$G38。

特别注意：第 1 年第 4 季相关需求为 0，但此时也可以在 1 季出产生产线上安排 1 个 P3 的产出以形成库存。这个库存会转化为 OH(2)，参见 J8 单元格公式，即 J8=SUM(C10:F10)。

微课视频

此外，对于第 2 年计划来说，也有一个 SR(5)及其对应的 POR(4)，即 G11=P8 且 F16=G11，类似于"独立 P2 的 MPS"中"1 季出产生产线上产品 P2"中 SR(5)和 POR(4)。图 7-16 中"各期 PAB 不及当期所用 SS 值的缺料警讯"与图 7-14 中的相同栏目的计算相同，如 IF17=IF(F13<0, "警告", IF(F13<$D8, "警惕", ""))。"子件 P3 是否缺料最终判断"在第 8 季度等出现"缺"字，为解决缺料，可考虑把第 3 年第 9 季度的 PORC 所用批量大小提前至第 8 季度，即 J15=IF(J14>0, $T8, 0)，请对比图 7-16 和图 7-17。

F2 ▾ fx =(P5的MPS!F19+P5的MPS!F35+P5的MPS!F51)*规则!$G38

	A	B	C	D	E	F	G	H	I	J	K	L	M	N	O	P	Q	R	S	T	U	V
1	子件毛需求　　　期别	逾期	1	2	3	4	5	6	7	8	9	10	11	12	13	14	15	16	17	18	19	20
2	父件P5的POR展开至子件P3的相关需求	0	0	0	0	0	4	4	4	5	3	5	3	6	4	6	4	7	5	7	5	0
3	1季出产生产线上子件P3期望的产出	0	0	0	0	1	3	3	3	4	4	4	4	5	5	5	5	5	5	5	5	0
4	2季出产生产线上子件P3期望的产出	0	0	0	0	0	1	0	1	0	1	0	1	0	1	0	1	0	1	0	1	0
5	子件P3需求分解所致缺料或库存提醒					库存		缺吗		缺吗	库存	缺吗	库存	缺吗	库存	缺吗	库存	缺吗	库存	缺吗	库存	
6	子件P3是否缺料最终判断							不缺		缺		不缺		缺		不缺		缺		缺		

J8 ▾ fx =SUM(C10:F10)

	A	B	C	D	E	F	G	H	I	J	K	L	M	N	O	P	Q	R	S	T	U	V
7																						
8	1季出产生产线上半成品P3 (LT=1)	Past	SS(1)=	0	OH(1)=	0	SS(2)=	1	OH(2)=	1	ML1=	1	SS(3)=	1	ML2=	3	SS(4)=	0	ML3=	4	ML4=	5
9	Periods（期别）	逾期	1	2	3	4	5	6	7	8	9	10	11	12	13	14	15	16	17	18	19	20
10	毛需求GR	0	0	0	0	1	3	3	3	4	4	4	4	5	5	5	5	5	5	5	5	1
11	在途量SR	0	0				3																
12	预计在库POH	0	0	0	0	0	-2	-2	-2	-3	-3	-3	-3	-4	-4	-4	-4	-4	-4	-4	-1	1
13	预计可用量PAB	0	0	0	0	0	1	1	1	1	1	1	1	1	1	1	1	1	1	1	1	1
14	净需求NR	0	0	0	0	0	3	3	3	4	4	4	4	5	5	5	5	5	5	5	5	1
15	计划订单收料PORC	0	0	0	0	1	0	3	3	4	4	4	4	5	5	5	5	5	5	5	5	1
16	计划订单发出POR	0	0	0	1	3	4	3	3	4	4	4	4	5	5	5	5	5	5	5	5	
17	各期PAB不及当期所用SS值的缺料警讯																						

G28 ▾ fx =IF(G24<0, "警告", IF(G24<$H19, "警惕", ""))

	A	B	C	D	E	F	G	H	I	J	K	L	M	N	O	P	Q	R	S	T	U	V
19	2季出产手工线上半成品P3 (LT=2)	Past	SS(1)=	0	OH(1)=	0	SS(2)=	0	OH(2)=	0	ML1=	1	SS(3)=		ML2=		SS(4)=		ML3=			
20	Periods（期别）	逾期	1	2	3	4	5	6	7	8	9	10	11	12	13	14	15	16	17	18	19	20
21	毛需求GR	0	0	0	0	0	1	0	1	0	1	0	1	0	1	0	1	0	1	0	1	0
22	在途量SR	0	0				1																
23	预计在库量POH	0	0	0	0	0	0	-1	0	-1	0	-1	0	-1	0	-1	0	-1	0	-1	0	0
24	预计可用量PAB	0	0	0	0	0	0	0	0	0	0	0	0	0	0	0	0	0	0	0	0	0
25	净需求NR																						
26	计划订单收料PORC																						
27	计划订单发出POR	0	0	0	0	1	0	1	0	1	0	1	0	1	0	1	0	1	0	1		
28	各期PAB不及当期所用SS值的缺料警讯																						

图 7-16　半成品 P3 的 MRP

J15 ▾ ⨍ =IF(J14>0, $T8, 0)

A	B	C	D	E	F	G	H	I	J	K	L	M	N	O	P	Q	R	S	T	U	V
1 子件毛需求　　　　　期别	逾期	1	2	3	4	5	6	7	8	9	10	11	12	13	14	15	16	17	18	19	20
2 父件P5的POR展开至子件P3的相关需求	0	0	0	0	4	4	4	5	3	5	3	6	4	6	4	7	5	7	5	0	
3 1季出产生产线上子件P3期望的产出	0	0	0	1	3	3	0	1	0	1	0	1	0	1	1	0	1	1	0	0	
4 2季出产线上子件P3期望的产出	0	0	0	1	0	1	1	0	1	0	1	0	1	0	1	1	0	1	1	0	
5 子件P3需求分解所致缺料或库存提醒					库存		缺吗		库存		缺吗		库存	缺吗	库存		缺吗	库存	缺吗	库存	缺吗	库存
6 子件P3是否缺料最终判断					不缺		不缺		不缺		不缺			不缺			不缺		不缺		
8 1季出产生产线上半成品P3（LT=1）	Past	SS(1)=	0	OH(1)=	0	SS(2)=	1	OH(2)=	1	ML1=	1	SS(3)=	1	ML2=	3	SS(4)=	0	ML3=	4	ML4=	5
9 Periods（期别）	逾期	1	2	3	4	5	6	7	8	9	10	11	12	13	14	15	16	17	18	19	20
10 毛需求GR	0	0	3	3	3	3	3	3	3	3	3	3	3	3	5	5	5	5	5	0	
11 在途量SR	0	0			3																
12 预计在库量POH		0	0	0	-1	1	-2	-2	-2	-2	-2	-2	-3	-3	-3	-3	-3	-3	-3	-2	0
13 预计可用量PAB		0	0	0	1	2	2	2	2	2	2	2	2	2	2	2	2	2	2	2	2
14 净需求NR		0	0	1	0	3	3	3	3	3	3	3	4	3	3	3	3	3	3	0	
15 计划订单收料PORC		0	0	1	0	3	3	4	4	4	4	4	5	5	5	5	5	5	0		
16 计划订单发出POR	0	0	0	3	3	3	4	4	4	4	4	5	5	5	5	5	5	0			
17 各期PAB不及当期所用SS值的缺料警讯																					

图 7-17　半成品 P3 的 MRP(应对"缺"字的调整部分截图)

　　图 7-18 是"R 系列原料的 MRP"。其中，R 系列原料的所有直接父件的计划订单发出 POR 数据进行了汇总，参见 D3 单元格公式，即 D3=独立 P2 的 MPS!D17+独立 P2 的 MPS!D33。当然，鉴于前文每张表计算了一种类型产品/半成品的 POR 数据，POR 汇总相关的所有公式仅仅是每行进行各自公式复制的填充。由所有直接父件的 POR 数据就可以推导出所有原料的 MRP 计划，如 C12 单元格公式 C12=R 系列原料的 MRP!C2*规则!$B34+(R 系列原料的 MRP!C5+R 系列原料的 MRP!C6)*规则!$B36。至于 MRP 计划主要参见前章讲解，并注意批量法则变化。

C2 ▾ ⨍ =P1的MPS!C17+P1的MPS!C33

A	B	C	D	E	F	G	H	I	J	K	L	M	N	O	P	Q	R	S	T	U	V
1 POR　　　　　　期别	逾期	1	2	3	4	5	6	7	8	9	10	11	12	13	14	15	16	17	18	19	20
2 产品P1的POR	0	0	0	0	3	3	3	3	4	0	4	4	4	5	5	5	4	4	0		
3 独立需求的产品P2的POR	0	1	2	3	2	3	2	3	4	0	4	5	4	5	5	4	4	0			
4 相关需求半成品P2的POR	0	0	2	2	2	2	2	2	3	3	3	3	3	3	3	3	0	0			
5 独立需求的产品P3的POR	0	2	2	2	2	2	2	2	7	7	7	7	0								
6 相关需求半成品P3的POR	0	0	3	3	3	4	4	4	4	4	5	5	5	5	0						
7 产品P4的POR	0	0	2	2	2	2	2	2													
8 产品P5的POR	0	0	0	4	4	4	4	4	7	5	7	5	0								

C12 ▾ ⨍ =R系列原料的MRP!C2*规则!$B34+(R系列原料的MRP!C5+R系列原料的MRP!C6)*规则!$B36

A	B	C	D	E	F	G	H	I	J	K	L	M	N	O	P	Q	R	S	T	U	V
10 原料R1（LT=1）	Past	SS(1)=	0	OH(1)=	0	SS(2)=	1	LSR=	MOQ	ML1=	4	SS(3)=	2	ML2=	10	SS(4)=	0	ML3=	2	LSR=	
11 Periods（期别）	逾期	1	2	3	4	5	6	7	8	9	10	11	12	13	14	15	16	17	18	19	20
12 毛需求GR	0	0	4	6	9	9	11	12	14	9	14	15	17	15	16	18	16	11	0		
13 在途量SR	0	0	0	0	0	0	0	0	0	0	0	0	0	0	0	0	0	0	0		
14 预计在库量POH	0	0	-4	-6	-9	-8	-10	-11	-13	-8	-12	-14	-16	-13	-11	-14	-16	-16	-11	0	
15 预计可用量PAB	0	0	2	2	2	2	2	2	2	2	2	2	2	2	2	2	2	2	2		
16 净需求NR	0	0	6	8	11	10	12	14	15	10	15	16	18	15	13	16	18	16	0		
17 计划订单收料PORC	0	0	6	8	11	10	12	14	15	10	15	16	18	15	13	16	18	16	0		
18 计划订单发出POR（逾期急采）	0	0	6	10	9	11	10	12	14	15	10	15	16	18	15	13	16	18	16	0	
19 计划订单实际发出（POR执行）																					

B29 ▾ ⨍ =C28+D28

A	B	C	D	E	F	G	H	I	J	K	L	M	N	O	P	Q	R	S	T	U	V
21 原料R2（LT=2）	Past	SS(1)=	0	OH(1)=	0	SS(2)=	1	LSR=	MOQ	ML1=	4	SS(3)=	2	ML2=	4	SS(4)=	0	ML3=	2	LSR=	
22 Periods（期别）	逾期	1	2	3	4	5	6	7	8	9	10	11	12	13	14	15	16	17	18	19	20
23 毛需求GR	0	2	4	6	4	6	4	6	7	6	8	6	8	7	8	8	4	0			
24 在途量SR	0	0	0	0	0	0	0	0	0	0	0	0	0	0	0	0	0	0			
25 预计在库量POH	0	-2	-4	-6	-4	-5	-3	-5	-3	-5	-3	-6	-4	-6	-4	-6	-5	-8	-4	0	
26 预计可用量PAB	0	2	2	2	2	2	2	2	2	2	2	2	2	2	2	2	2	2	2		
27 净需求NR	0	2	4	6	4	6	4	6	7	6	8	6	8	7	8	8	4	0			
28 计划订单收料PORC	0	2	4	6	4	6	4	6	7	6	8	6	8	7	8	8	4	0			
29 计划订单发出POR（逾期急采）	2	4	6	4	6	4	6	7	6	8	6	8	7	8	8	4	0	0			
30 计划订单实际发出（POR执行）																					

D35　▾　fx　=C41

	A	B	C	D	E	F	G	H	I	J	K	L	M	N	O	P	Q	R	S	T	U	V
31																						
32	原料R3(LT=1)	Past	SS(1)=	0	OH(1)=	0	SS(2)=	1	LSR=	MOQ	ML1=	12	SS(3)=	2	ML2=	27	SS(4)=	0	ML3=	6	LSR=	
33	Periods(期别)	逾期	1	2	3	4	5	6	7	8	9	10	11	12	13	14	15	16	17	18	19	20
34	毛需求GR	0	0	2	12	18	20	24	24	29	27	29	27	35	33	36	34	39	38	39	23	0
35	在途量SR	0		0	0	0	0	0	0	0	0	0	0	0	0	0	0	0	0	0	0	0
36	预计在库量POH		0	-2	-2	-8	-16	-23	-23	-28	-26	-28	-26	-34	-32	-34	-32	-37	-36	-39	-23	0
37	预计可用量PAB		0	10	10	4	1	1	1	2	2	2	2	2	2	2	2	2	2	2	2	2
38	净需求NR		0	2	12	18	21	24	24	27	29	27	29	35	34	36	34	39	38	39	23	0
39	计划订单收料PORC		0	12	12	12	17	24	24	27	29	27	35	34	36	34	39	38	39	23	0	
40	计划订单发出POR(逾期急采)	0	12	12	12	17	24	24	29	27	29	27	35	34	36	34	39	36	29	23	0	0
41	计划订单实际发出(POR执行)																					

C50　▾　fx　=IF(C49>0,C49+D45, 0)

	A	B	C	D	E	F	G	H	I	J	K	L	M	N	O	P	Q	R	S	T	U	V
42																						
43	原料R4(LT=2)	Past	SS(1)=	0	OH(1)=	0	SS(2)=	1	LSR=	POQ	ML1=	1	SS(3)=	2	ML2=	2	SS(4)=	0	ML3=	1	n=	2
44	Periods(期别)	逾期	1	2	3	4	5	6	7	8	9	10	11	12	13	14	15	16	17	18	19	20
45	毛需求GR	0	0	0	0	2	2	2	0	2	0	2	0	2	0	2	0	3	3	3	0
46	在途量SR	0		0	0	0	0	0	0	0	0	0	0	0	0	0	0	0	0	0	0	0
47	预计在库量POH		0	0	0	-2	0	-1	-1	1	-1	1	-1	1	-2	2	-1	2	-1	0	-3	0
48	预计可用量PAB		0	0	0	0	1	0	1	1	1	4	1	4	1	5	2	5	2	3	0	
49	净需求NR		0	0	0	2	0	1	1	0	1	0	4	0	3	0	1	0	1	0	3	0
50	计划订单收料PORC	0	0	0	4	3	0	4	0	4	0	5	0	7	0	6	0	4	0	3	0	
51	计划订单发出POR(逾期急采)	0	0	4	3	0	4	0	4	0	5	0	7	0	6	0	4	0	3	0	0	
52	计划订单实际发出(POR执行)																					

图 7-18　R 系列原料的 MRP

　　为强化 MRP 计划与其执行的集成,图 7-18"R 系列原料的 MRP"有几点需进一步阐明。第一,计划订单发出 POR 在逾期出现大于零的数字,就意味着采购时间不足,需紧急采购,如 B29 中的数字大于零,则采购提前期为 2 个季度的原料 R2 是来不及在第 2 季度到货的,相应父件 P2 的 D3 和 D4 两个计划订单发出 POR 也无法按期执行。因此,这种联动表格便于提前发现问题。第二,每种原料都新增了一行"计划订单实际发出(POR执行)",在每季度输入实际下单数据,并在相应在途量 SR 一行中,在对应于 POR(t)的 SR(t+LT)处输入了公式,如 D35=C41(相应原料的相应公式一直复制至计划期末);而预计在库量 POH 的正确公式(如 D36=C37+D35−D34)确保及时反映 MRP 计划执行情况至下次的 MRP 计划中。第三,原料采购使用的批量法则可以是最小订购量法 MOQ 或定期批量法 POQ 等,此时的 MOQ 法则是其基本形式公式(而非 MPS 计划中因考虑生产线能力限制的变形公式)。特别注意:在原料 R4 用定期批量法 POQ 时,计划订单收料 PORC 中的 F50 和 G50 还连续出现大于零的数值。这是因为第 4 季度和第 5 季度计算净需求 NR 时使用了不同的安全库存 SS 参数,致使本不应出现净需求的后一季度时仍然出现了大于零的净需求,进而又引发计划订单收料 PORC 的补充。

　　本节通过 MPS 和 MRP 计划的集成,通过计划与其执行(含执行时的能力限制)的集成,讲解了产品销售计划及其实绩、至产品/半成品生产、至原料采购的计划的联动及其相应执行的联动。这种紧密衔接的 Excel 工具的开发,能够更好地支撑正式比赛前两个小时中整体五年竞赛方案的快速调优。当然,这种调优需要紧密结合资金流进行预算,参见以下内容。

第二节　"商战"财会管理的 Excel 决策辅助工具制作

　　财会管理的 Excel 决策辅助工具的制作由 5 年的经营会计及其财务报表等组成。此处以第 1 年和第 2 年的财会管理相关 Excel 决策辅助工具讲解为重点,并以第 3 年至第 5 年 Excel 决策辅助工具的公式复制的讲解为辅助,来阐明"商战"财会管理 Excel 决策辅助工具的制作过程及其中注意事宜,参见图 7-19～图 7-24。

一、第 1 年的财会管理 Excel 决策辅助工具

图 7-19 是第 1 年的财会管理 Excel 决策辅助工具。除"季阈值"和"年阈值"是设置输入的数值外,现金流量表中的其他数字(含"0")都是输入了公式以便反映相关逻辑的结果。另外,"现金低于阈值警告"四个季度(以"年份.季度"更易区分)虽未显示数字,但也有公式:第 2、3 季度的警告可复制第 1 季度公式 B20=IF(B15<=$C1, "警告", "");而年末的警告参见公式 E20=IF(E19<=$E1, "警告", "")。

现金流量表中其他简单的公式包括:B2=规则!B43;B4=B2;B6=B4+B5;B21=MAX($B$2*规则!$D$41, 10);E16=SUM(H3:H7);E17=H8+H9;E19=E15−E16−E17−E18;B22=MAX($B$2*规则!$D$41−$B$5, 10)。

B8 =R系列原料的MRP!C13*规则!$J26+R系列原料的MRP!C24*规则!$J27+R系列原料的MRP!C35*规则!$J28+R系列原料的MRP!C46*规则!$J29

	A	B	C	D	E
4	年初现金	675			
5	申请长期贷款				
6	季初现金盘点	675	661	647	633
7	申请短期贷款				
8	原料入库付现	0	0	0	0
9	购买/租用厂房				
10	新建/续建生产线				
11	紧急采购原料				
12	开始下一批生产				
13	产品研发投资				
14	支付行政管理费	14	14	14	14
15	季末现金	661	647	633	619
16	新市场项目				0
17	ISO认证认证投资				0
18	支付设备维修费				
19	年末现金				619
20	现金低于阈值警告				
21	当年长贷最高额度	2025			
22	各季短贷最高额度	2025	2025	2025	2025

区域		广告费		直接成本	
国内		维护费	0	毛利	0
亚洲		损失		综合费用	56
国际		转产费		折旧前利润	−56
ISO9K认证		(厂房)租金		折旧	
ISO14K认证		市场开拓费	0	支付利息前利润	−56
		产品研发费	0	财务费用	
		ISO认证费	0	税前利润	−56
		信息费		所得税	0
		合计	56	年度净利润	−56

第1年资产负债表					
项目	上年数	本年数	项目	上年数	本年数
现金	675	619	长期贷款		0
应收款			短期贷款		0
在制品			特别贷款		
产成品			所得税		0
原料					
流动资产合计	675	619	负债合计		0
厂房			股东资本	675	675
机器设备			利润留存		
在建工程			年度净利		−56
固定资产合计	0	0	所有者权益合计	675	619
资产总计	675	619	负债和所有者权益总计	675	619

图 7-19 第 1 年的财会管理 Excel 决策辅助工具

现金流量表中第 2 至 4 季度可复制第 1 季度公式的涉及以下单元格:B8=R 系列原料的 MRP!C13*规则!$J26+R 系列原料的 MRP!C24*规则!$J27+R 系列原料的 MRP!C35*规则!$J28+R 系列原料的 MRP!C46*规则!$J29;B14=规则!$D43;B15=B6+B7−B8−B9−B10−B11−B12−B13−B14。

注意:上述公式调用"规则"表相关参数外,仅关联了"R 系列原料的 MRP"表中的 SR 行。该 SR 行是实际运作将形成的数据,其简单清晰便于对接现金流量表。其他 MPS 或 MRP 表格中多为计划数据,并

微课视频

且相关实际运作数据较难体现在表中,进而难与现金流量表对接,故舍弃更复杂的运营与现金流量表的对接。

现金流量表中第 3、4 季度可以复制第 2 季度公式的涉及以下单元格:C6=B15;C22=MAX($B$2*规则!$D$41−$B$5−SUM($B7:B7), 10)。注意:C22 单元格的公式复制至 D22 时,"SUM($B7:B7)"会自动调整为正确的"SUM($B7:C7)"。第 1 年综合费用表、

利润表和资产负债表相关公式参见图 7-20，注意编辑栏 N12 完整公式。

N12	▾	f_x	=ROUND(MAX(N11+规则!$H$43,0),0)

第1年现金流量表	季阈值 50	年阈值 100			第1年市场/认证开拓项目		第1年综合费用表		第1年利润表	
初始权益	=规则!				项目	金额	项目	金额	项目	金额
年度规划	1.1季	1.2季	1.3季	1.4季	本地		管理费	=SUM(B14:E14)	销售收入	
年初现金盘点	=B2				区域		广告费		直接成本	
申请长期贷款					国内		维护费	=E18	毛利	=N3-N4
季初现金盘点	=B4+B5	=B15	=C15	=D15	亚洲		损失		综合费用	=K13
申请短期贷款					国际		转产		折旧前利润	=N5-N6
原料入库付现	=R系列	=R系列	=R系列	=R系列	ISO9K认证		（厂房）租金	=B5	折旧	
购买/租用厂房					ISO14K认证		市场开拓费	=SUM(H3:H7)	支付利息前利润	=N7-N8
新建/续建生产线							产品研发费	=SUM(B13:E13)	财务费用	
紧急采购原料							ISO认证费	=H8+H9	税前利润	=N9-N10
开始下一批生产							信息费		所得税	=ROUND(MA
产品研发投资费							合计	=SUM(K3:K12)	年度净利润	=N11-N12
支付行政管理费	=规则!	=规则!	=规则!	=规则!						
季末现金	=B6+B7	=C6+C7	=D6+D7	=E6+E7						
新市场开拓	=SUM(H				第1年资产负债表					
ISO资格认证投资	=H8+H9				项目	上年数	本年数	项目	上年数	本年数
支付设备维护费					现金	=B2	=E19	长期贷款		=B5
年末现金					应收款			短期贷款		=SUM(B7:E7)
现金低于阈值警告	=IF(B1	=IF(C1	=IF(D1	=IF(E1	在制品			特别贷款		
当年长贷最高额度	=MAX($				产成品			所得税		=N12
各季短贷最高额度	=MAX($	=MAX($	=MAX($	=MAX($	原料					
					流动资产合计	=SUM(H17:H21)	=SUM(I17:I21)	负债合计	=SUM(K17:K20)	=SUM(L17:L20)
					厂房			股东资本	=$B$2	=$B$2
					机器设备			利润留存		=K24+K25
					在建工程			年度净利		=N13
					固定资产合计	=SUM(H23:H25)	=SUM(I23:I25)	所有者权益合计	=SUM(K23:K25)	=SUM(L23:L25)
					资产总计	=H22+H26	=I22+I26	负债和所有者权益总计	K22+K26	L22+L26

图 7-20　第 1 年财会管理 Excel 决策辅助工具公式

二、第 2 至 5 年的财会管理 Excel 决策辅助工具

1. 第 2 年的财会管理 Excel 决策辅助工具

微课视频

图 7-21 为第 2 年的财会管理 Excel 决策辅助工具。在第 2 年现金流量表 Excel 表格中，有些数据调用第 1 年的表格数据，有些则新增或补充了相关业务。前者如：B2=第 1 年!L26；B4=第 1 年!I17；B7=第 1 年!L20。后者如：B6=M7；B8=ROUND(第 1 年!B5*规则!$B42，0)；B17=ROUND B16*规则!$D$42,0)；B11=B4-B5-B6-B7-B8-B9+B10；B14=ROUNDUP(B12*规则!$F42, 0)；B15=ROUNDUP(B13*规则!$H42, 0)；B16=第 1 年!B7；B19=R 系列原料的 MRP!G13*规则!$J$26+R 系列原料的 MRP!G24*规则!$J$27+R 系列原料的 MRP!G35*规则!$J$28+R 系列原料的 MRP!G46*规则!$J$29；B34=B11+B12+B13-B14-B15-B16-B17+B18-B19-B20-B21-B22+B23-B24-B25+B26-B27+B28-B29-B30+B31+B32-B33；B41=MAX($B2*规则!$ D$41-第 1 年!$L$17-第 1 年!$L$18+$B9,10)；B42=MAX($B2*规则!$D$41-第 1 年!$L$17-第 1 年!$L$18+$B9-$B10+B16,10)。

特别注意：第 2 年中"各季短贷最高额度"第 2 季度比第 1 季度多增的考量因素，与第 1 年中"各季短贷最高额度"第 2 季度比第 1 季度多增的考量因素相同。请对比图 7-21 编辑栏中 C42 单元格公式与上述 B42 单元格公式，以及图 7-19 中 C22 单元格公式与 B22 单元格公式。

第 2 年的广告费是新增表格，产品或地域的广告合计都可汇总成第 2 年广告费的总值，参见 M7=SUM(M2:M6)。此外，第 2 年综合费用表中，相关的公式尽量调用第 2 年现金流量表，如：H11=SUM(B33:E33)；H13=E38；H15=SUM(B22:E22)；H17=E35；H18=SUM(B29:E29)；H19=E36；H20=B5。在第 2 年利润表中，新增"财务费用"并有相应新公式 K18=B8+SUM(B14:E14)+SUM(B15:E15)+SUM(B17:E17)，并修改"所得税"公式为 K20=IF(K19>0, IF(K19+K34>0, ROUND((K19+K34)*规则! $H$43, 0), 0), 0)。

C42 ▾ fx =MAX($B2*规则!$D$41-第1年!$L17-第1年!$L18+$B9-$B10+SUM($B16:C16)-SUM($B18:B18),10)

第2年现金流量表	季阈值	60	年阈值	200		第2年广告费	本地	区域	国内	亚洲	国际	产品广告合计
上年末权益	619					产品P1						0
年度规划	2.1季	2.2季	2.3季	2.4季		产品P2						0
年初现金	619					产品P3						0
支付信息费						产品P4						0
支付广告费	0					产品P5						0
支付应交税金	0					地域广告合计	0	0	0	0	0	0
支付长贷利息	0											
偿还长期贷款本金	0					第2年综合费用表		第2年利润表		第2年市场开拓项目		金额
申请长期贷款						项目 / 金额		项目 / 金额		项目		
季初现金盘点	619	605	591	577		管理费 56		销售收入		本地		
1\2期应收账款贴现						广告费 0		直接成本		区域		
3\4期应收账款贴现						维护费 0		毛利		国内		
1\2期应收贴现的贴息	0	0	0	0		损失 0		综合费用 56		亚洲		
3\4期应收贴现的贴息	0	0	0	0		转产费 0		折旧前利润 -56		国际		
归还短期贷款本金	0	0	0	0		(厂房)租金 0		折旧		ISO9K认证		
支付短贷利息	0	0	0	0		市场开拓费 0		支付利息前利润 -56		ISO14K认证		
申请短期贷款	0	0	0	0		产品研发费 0		财务费用 0				
原料入库付现	0	0	0	0		ISO认证费 0		税前利润 -56				
购买/租用厂房						信息费 0		所得税 0				
新建/续建生产线						合计 56		年度净利润 -56				
生产线转产												
生产线变卖												
紧急采购原料						第2年资产负债表						
下一批生产						项目	上年数	本年数	项目	上年数	本年数	
应收款收现						现金	619	563	长期贷款	0	0	
紧急采购产品						应收款	0	0	短期贷款	0	0	
无账期订单交货收现						在制品	0	0	特别贷款	0	0	
产品研发投资						产成品	0	0	所得税	0	0	
厂房租转买付款						原料	0	0				
出售产品库存						流动资产合计	619	563	负债合计	0	0	
出售原料库存						厂房	0	0	股东资本	675	675	
支付行政管理费	14	14	14	14		机器设备	0	0	利润留存	0	-56	
季末现金	605	591	577	563		在建工程	0	0	年度净利	-56	-56	
新市场开拓				0		固定资产合计	0	0	所有者权益合计	619	563	
ISO资格认证投资				0		资产总计	619	563	负债和所有者权益总计	619	563	
缴纳违约订单罚金												
支付设备维护费												
年末现金				563								
现金低于阈值警告												
当年长贷最高额度	1857											
各季短贷最高额度	1857	1857	1857	1857								

图 7-21 第 2 年的财会管理 Excel 决策辅助工具

在第 2 年资产负债表中，除各类合计性质的"上年数"沿用原有公式之外，其他所有"上年数"都调用第 1 年资产负债表中相应栏目的"本年数"，如：左边的 H26=第 1 年!I17 至 H30=第 1 年!I21，H32=第 1 年!I23 至 H34=第 1 年!I25；右边的 K26=第 1 年!L17 至 K29=第 1 年!L20，K32=第 1 年!L23 至 K34=第 1 年!L25。类似的，第 2 年资产负债表中除各类合计性质的"本年数"沿用原有公式外，其他"本年数"基本都有变化，如："长期贷款"公式 L26=第 1 年!L17-B9+B10；"短期贷款"公式 L27=第 1 年!L18-SUM(B16:E16)+SUM(B18:E18)；"所得税"公式 L29= K20；"股东资本"公式 L32=K32+L28；"利润留存"公式 L33=K33+K34。

注意：① 所得税计算需要考虑弥补第 1 年负的净利润，之后若仍有盈利才交税；② "股东资本"在竞赛时无需考虑经营破产或现金断流情况，但此处考虑了平时仿真时可能的特别注资问题，因此 L33 单元格的公式体现了资本的叠加。

2. 第 3 年的财会管理 Excel 决策辅助工具

在同一个表格中，可以快速地将第 2 年的财会管理 Excel 决策辅助工具，横向复制(即向右边空白处复制)出第 3 年的财会管理 Excel 决策辅助工具。因为相关表格中众多公式对应的逻辑关系并没有变化，所以复制出的第 3 年的 Excel 工具只需要处理有逻辑变化的少数公式，参见图 7-22 中加粗的表名栏目及其相应季度中加粗数字(即相应公式有变化)。

R42 ▾ (fx =MAX($Q2*规则!$D$41-$L26-$L27+$Q9-$Q10+SUM($Q16:R16)-SUM($Q18:Q18),10)

第3年现金流量表	季阈值	70		年阈值	250
上年末权益	563				
年度规划	3.1季	3.2季	3.3季	3.4季	
年初现金	563				
支付信息费					
支付广告费	0				
支付应交税金	0				
支付长贷利息					
偿还长期贷款本金					
申请长期贷款					
季初现金盘点	563	549	535	521	
1\2期应收账款贴现					
3\4期应收账款贴现					
1\2期应收现的贴息	0	0	0	0	
3\4期应收现的贴息	0	0	0	0	
归还短贷款本金	0	0	0	0	
支付短贷利息					
申请短期贷款					
原料入库付现	0	0	0	0	
购买/租用厂房					
新建/续建生产线					
生产线转产					
生产线变卖					
紧急采购原料					
下一批生产					
应收款收现					
紧急采购产品					
无账期订单交货收现					
产品研发投资					
厂房租转买付款					
出售产品库存					
出售原料库存					
支付行政管理费	14	14	14	14	
季末现金	549	535	521	507	
新市场开拓					0
ISO资格认证投资					0
缴纳违约订单罚款					
支付设备维护费					
季末现金					507
现金低于阈值警告					
当年长贷最高额度	1689				
各季短贷最高额度	1689	1689	1689	1689	

第3年广告费	本地	区域	国内	亚洲	国际	产品广告合计
产品P1						0
产品P2						0
产品P3						0
产品P4						0
产品P5						0
地域广告合计	0	0	0	0	0	0

第3年综合费用表	
项目	金额
管理费	56
广告费	
维护费	
损失	
转产费	
(厂房)租金	
市场开拓费	
产品研发费	
ISO认证费	
信息费	
合计	56

第3年利润表	
项目	金额
销售收入	
直接成本	
毛利	
综合费用	56
折旧前利润	-56
折旧	
支付利息前利润	-56
财务费用	
税前利润	-56
所得税	0
年度净利润	-56

第3年市场开拓项目	金额
本地	
区域	
国内	
亚洲	
国际	
ISO9K认证	
ISO14K认证	

	第3年资产负债表				
项目	上年数	本年数	项目	上年数	本年数
现金	563	507	长期贷款	0	0
应收款		0	短期贷款		0
在制品		0	特别贷款		0
产成品		0	所得税	0	0
原料		0			
流动资产合计	563	507	负债合计	0	0
厂房		0	股东资本	675	675
机器设备		0	利润留存	-56	-112
在建工程		0	年度净利	-56	-56
固定资产合计	0	0	所有者权益合计	563	507
资产总计	563	507	负债和所有者权益总计	563	507

图 7-22 第 3 年的财会管理 Excel 决策辅助工具

第 3 年现金流量表中有变化的公式包括：Q2=L35；Q4=I26；Q7=L29；Q8=ROUND(L26*规则!$B$42，0)；Q16=B18；Q19=R 系列原料的 MRP!K13*规则!$J$26+R 系列原料的 MRP!K24*规则!$J$27+R 系列原料的 MRP!K35*规则!$J$28+R 系列原料的 MRP!K46*规则!$J$29；Q40=IF(Q34<=$R1，"警告"，"")；Q41=MAX(Q2*规则!$D$41-L26-L27+Q9，10)；Q42=MAX($Q2*规则!$D$41-$L26-$L27+$Q9-$Q10+Q16，10)；T40=IF(T39<=T1，"警告"，"")。

注意：① 上述前面几个公式是直接调用 B 列、I 列、L 列对应的第 2 年相关数据；② "归还短期贷款本金"的 Q16 和 "原料入库付现"的 Q19 对应的第 1 季度公式都可以直接复制至第 2 至第 4 季度；③ "现金低于阈值警告"的 Q40 对应的第 1 季度公式可直接复制至第 2、3 季度(T40 对应年末的警告)；④ "各季短贷最高额度"第 2 季度公式参见图 7-22 中 R42 公式(与 C42 类似)，它可复制至第 3、4 季度。

除现金流量表中公式有上述变化外，第 3 年还有利润表和资产负债表中的公式发生了变化；而广告费、综合管理费和市场开拓项目 3 张表格中的公式，与第 2 年相比没有变化。在利润表中仅所得税公式变为：Z20=IF(Z19>0，IF(L29>0，Z19* 规则 !$H$43，IF(Z19+Z34+K34>0，ROUND((Z19+Z34+K34)*规则!$H$43，0)，0))，0)。注意:计算 Z20 时需考

微课视频

虑第 2 年所得税 L29 为正或零导致的计算差异,其中 L29 不大于零时进一步考虑累计税前利润(即当年应税利润)是否大于零。在资产负债表的左半部分,变化的公式包括:W26=I26;W27=I27;W28=I28;W29=I29;W30=I30;W32=I32;W33=I33;W34=I34;X26=T39。在资产负债表的右半部分,变化的公式包括:Z26=L26;Z27=L27;Z28=L28;Z29=L29;Z32=L32; Z33=L33; Z34=L34; AA26=L26-Q9+Q10 ; AA27=L27-SUM(Q16:T16)+SUM(Q18:T18)。

3. 第 4 年的财会管理 Excel 决策辅助工具

在同一表格"第 2 至 5 年"中,可快速将第 3 年的财会管理 Excel 决策辅助工具横向复制出第 4 年的财会管理 Excel 决策辅助工具,参见图 7-23。因为第 3 年众多逻辑计算时调用第 2 年的相关数据都在同一张表格中(即多为相对引用),为保证公式复制的正确性,只需第 3、4 年之间与第 2、3 年之间留空的列数一致(均为一列)。

图 7-23 第 4 年的财会管理 Excel 决策辅助工具

由图 7-23 可以看出,被加粗显示有变化的公式已很少,现金流量表中只有:①"原料入库付现"相关的 AF19=R 系列原料的 MRP!O13*规则!$J$26+R 系列原料的 MRP!O24*规则!$J$27+ R 系列原料的 MRP!O35*规则!$J$28+R 系列原料的 MRP!O46*规则!$J$29。这个公式复制到第 2 至第 4 季度。②"现金低于阈值警告"第 1 季度的 AF40=IF(AF34<=$AG1, "警告"," ")。这个公式复制到第 2、3 季度。③"现金低于阈值警告"第 4 季度的 AI40=IF(AI39<=AI1, "警告", "")。④"各季短贷最高额度"第 1 季度的 AF42=MAX($AF2*

规则!$D$41-$AA26-$AA27+$AF9-$AF10+AF16, 10)。⑤“各季短贷最高额度”第 2 季度的 AG42=MAX($AF2*规则!$D$41-$AA26-$AA27+$AF9-$AF10+SUM($AF16:AG16)-SUM($AF18:AF18), 10)。该公式复制到第 3、4 季度。广告费、综合管理费、市场开拓项目和资产负债表四张表格中的公式都无变化，仅利润表中有一个变化：A024= IF(A019>0，IF(AA29>0，A019*0.25，IF(L29>0，IF(A019+A034>0，ROUND((A019+A034)*0.25, 0), 0), IF(A019+AP33>0, ROUND((A019+AP33)*0.25, 0), 0))), 0)。注意：① 仍需变化的这几个公式除了所得税之外都是因为引用了位置被固定的表头信息或年初信息；② 所得税的变化则是因为它需考虑更多年份内交税的满足条件及其四舍五入调整(参见表 3-15 至表 3-17)，此外为简化公式直接取税率 0.25。所得税公式因年份增加，判断的 IF 条件越来越多，公式也越来越复杂。鉴于所得税的手工计算较为快捷，为在特定时间内快速完成决策辅助工具的制作，第 4 年所得税公式可略去。

4. 第 5 年的财会管理 Excel 决策辅助工具

图 7-24 是将第 4 年的财会管理 Excel 决策辅助工具横向复制出的第 5 年财会管理 Excel 决策辅助工具。

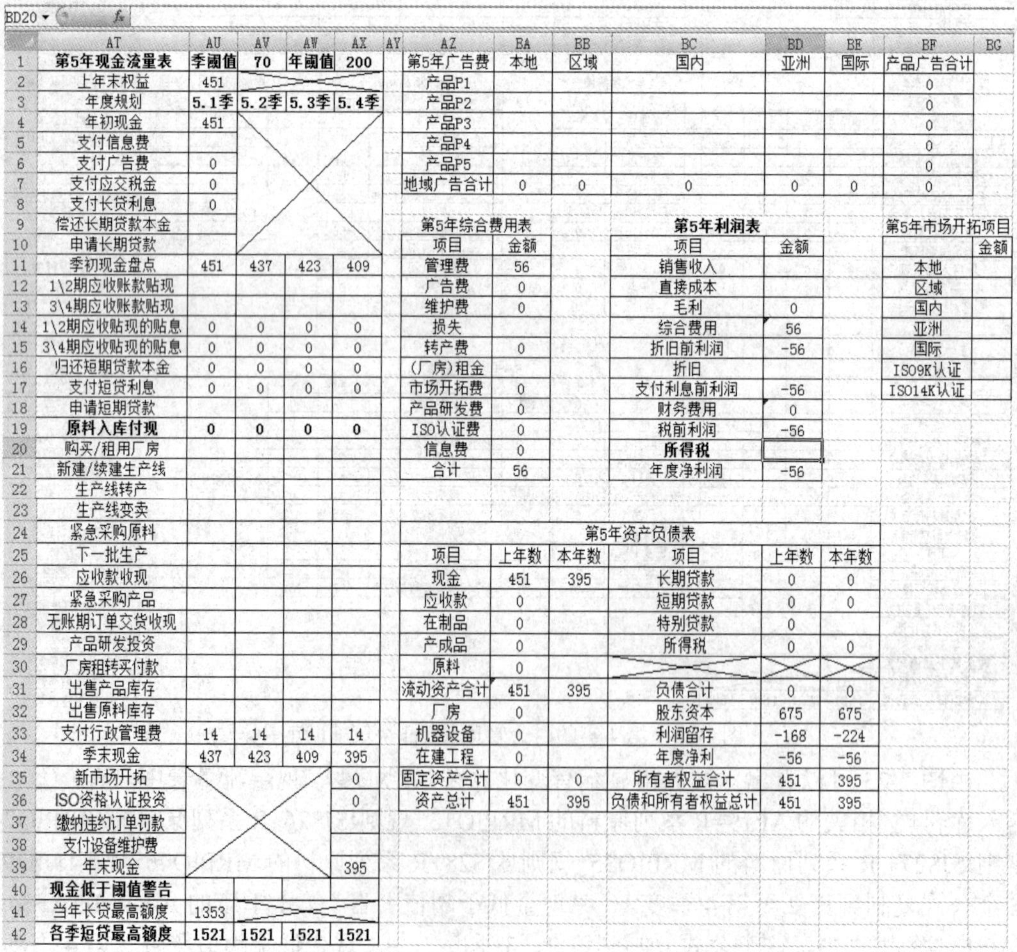

	AT	AU	AV	AW	AX
1	**第5年现金流量表**	**季阈值**	**70**	**年阈值**	**200**
2	上年末权益	451			
3	年度规划	**5.1季**	**5.2季**	**5.3季**	**5.4季**
4	年初现金	451			
5	支付信息费				
6	支付广告费	0			
7	支付应交税金	0			
8	支付长贷利息	0			
9	偿还长期贷款本金				
10	申请长期贷款				
11	季初现金盘点	451	437	423	409
12	1\2期应收账款贴现				
13	3\4期应收账款贴现				
14	1\2期应收贴现的贴息	0	0	0	0
15	3\4期应收贴现的贴息	0	0	0	0
16	归还短期贷款本金	0	0	0	0
17	支付短贷利息	0	0	0	0
18	申请短期贷款				
19	**原料入库付现**	**0**	**0**	**0**	**0**
20	购买/租用厂房				
21	新建/续建生产线				
22	生产线转产				
23	生产线变卖				
24	紧急采购原料				
25	下一批生产				
26	应收款收现				
27	紧急采购产品				
28	无账期订单交货收现				
29	产品研发投资				
30	厂房租转买付款				
31	出售产品库存				
32	出售原料库存				
33	支付行政管理费	14	14	14	14
34	季末现金	437	423	409	395
35	新市场开拓				0
36	ISO资格认证投资				0
37	缴纳违约订单罚款				
38	支付设备维护费				
39	年末现金				395
40	**现金低于阈值警告**				
41	当年长贷最高额度	1353			
42	**各季短贷最高额度**	**1521**	**1521**	**1521**	**1521**

第5年广告费	本地	区域	国内	亚洲	国际	产品广告合计
产品P1						0
产品P2						0
产品P3						0
产品P4						0
产品P5						0
地域广告合计	0	0	0	0	0	0

第5年综合费用表

项目	金额
管理费	56
广告费	0
维护费	0
损失	
转产费	0
(厂房)租金	
市场开拓费	0
产品研发费	0
ISO认证费	0
信息费	0
合计	56

第5年利润表

项目	金额
销售收入	
直接成本	
毛利	0
综合费用	56
折旧前利润	-56
折旧	
支付利息前利润	-56
财务费用	0
税前利润	-56
所得税	
年度净利润	-56

第5年市场开拓项目

	金额
本地	
区域	
国内	
亚洲	
国际	
ISO9K认证	
ISO14K认证	

第5年资产负债表

项目	上年数	本年数	项目	上年数	本年数
现金	451	395	长期贷款	0	0
应收款	0		短期贷款	0	0
在制品	0		特别贷款	0	
产成品	0		所得税	0	0
原料	0				
流动资产合计	451	395	负债合计	0	0
厂房	0		股东资本	675	675
机器设备	0		利润留存	-168	-224
在建工程	0		年度净利	-56	-56
固定资产合计	0	0	所有者权益合计	451	395
资产总计	451	395	负债和所有者权益总计	451	395

图 7-24　第 5 年的财会管理 Excel 决策辅助工具

由图 7-24 可以看出，与第 4 年类似，被加粗显示有变化的公式很少，除利润表中“所得税"公式为力求简洁而被取消之外(参见 BD20 中已无公式)，只有现金流量表中同样的三类项目有公式变化：①"原料入库付现"相关的 AU19=R 系列原料的 MRP!S13*规则!$J$26+R 系列原料的 MRP!S24*规则!$J$27+R 系列原料的 MRP!S35*规则!$J$28+R 系列原料的 MRP!S46*规则!$J$29。这个公式复制到第 2 至第 4 季度。②"现金低于阈值警告"第 1 季度的 AU40=IF(AU34<=$AV1, "警告", "")。这个公式复制到第 2、3 季度。③"现金低于阈值警告"第 4 季度的 AX40=IF(AX39<=AX1, "警告", "")。④"各季短贷最高额度"第 1 季度的 AU42=MAX($AF2*规则!$D$41-$AA26-$AA27+$AF9-$AF10+AU16, 10)。⑤"各季短贷最高额度"第 2 季度的 AV42=MAX($AF2*规则!$D$41-$AA26-$AA27+$AF9-$AF10+SUM($AF16:AV16) -SUM ($AF18:AU18), 10)。该公式复制到第 3、4 季度。

　　通过上述第 1 年至第 5 年财会管理 Excel 决策辅助工具的开发讲解，可以看到各年间复制公式的快捷便利性以及在复制公式中需要注意的事情及相应的修正。这系列表格可以再通过整体复制，尤其是将再次复制的现金流量表直接更名为现金预算表，从而更好地进行依托"商战"的 ERP 沙盘创业运营仿真。

第八章　"创业之星"的 Excel 决策辅助工具制作

第一节　"创业之星"运营管理的 Excel 决策辅助工具制作

与第七章按照标准的主生产计划 MPS 和物料需求计划 MRP 为引导(即实质以倒排计划为引领)展开"商战"的 Excel 决策辅助工具略有不同，本章将以简单的顺排思路来介绍"创业之星"的 Excel 决策辅助工具的制作。

一、市场需求分析

微课视频

图 8-1 是各季度各市场各种类产品的组均和总需求情况，根据预估各组参与竞争情况可计算更准确的组均需求。其中，C19=C4+C7+C10+C13+C16、C22=SUM(C19:D21)、C27=C4*$B$2、C42=SUM(C27, C30, C33, C36, C39)和D47=ROUND(C42/C47, 0)的公式可复制至类似单元格。

C19　fx =C4+C7+C10+C13+C16

各季度各市场中各种类产品的组均需求情况

小组数 20		第一季度		第二季度		第三季度		第四季度		第五季度		第六季度		第七季度		第八季度	
市场	客户类型	订单量	认证需求	订单量	认证需求	订单量	认证需求	订单量	认证需求	订单量	认证需求	订单量	认证需求	订单量	认证需求	订单量	认证需求
北京	实惠型客户	456	无	488	无	521	无	555	无	581	无	556	ISO9001	534	ISO9001	521	全部
	经济型客户	378	无	368	无	422	无	456	无	456	ISO9001	477	ISO9001	481	ISO9001	490	全部
	品质型客户	276	无	276	无	321	无	356	ISO9001	366	ISO9001	388	ISO9001	410	全部	422	全部
上海	实惠型客户	0	无	410	无	439	无	456	无	501	无	557	无	599	ISO9001	645	全部
	经济型客户	0	无	520	无	556	无	588	无	598	ISO9001	721	ISO9001	625	ISO9001	633	全部
	品质型客户	0	无	535	无	536	无	551	ISO9001	533	ISO9001	545	ISO9001	565	全部	575	全部
广州	实惠型客户	0	无	0	无	399	无	410	无	425	无	478	ISO9001	468	ISO9001	455	全部
	经济型客户	0	无	0	无	455	无	465	无	477	ISO9001	470	ISO9001	488	ISO9001	500	全部
	品质型客户	0	无	0	无	485	无	498	无	510	无	505	ISO9001	512	全部	529	全部
武汉	实惠型客户	0	无	0	无	431	无	455	无	465	无	486	无	511	ISO9001	535	全部
	经济型客户	0	无	0	无	386	无	391	无	398	无	412	ISO9001	433	ISO9001	445	全部
	品质型客户	0	无	0	无	331	无	365	无	376	无	387	ISO9001	392	全部	390	全部
成都	实惠型客户	0	无	0	无	0	无	336	无	354	无	376	无	386	ISO9001	399	全部
	经济型客户	0	无	0	无	0	无	455	无	455	无	465	无	460	ISO9001	488	全部
	品质型客户	0	无	0	无	0	无	311	无	330	无	335	无	365	ISO9001	370	全部
各类产品	实惠型客户	456		898		1790		2212		2326		2453		2498		2555	
的组均数	经济型客户	378		888		1819		2355		2384		2545		2487		2556	
的合计	品质型客户	276		811		1673		2072		2115		2160		2244		2286	
各季度组均需求总计		1110		2597		5282		6639		6825		7158		7229		7397	

各季度各市场中各种类产品的总需求情况

小组数 20		第一季度		第二季度		第三季度		第四季度		第五季度		第六季度		第七季度		第八季度	
市场	客户类型	订单量	认证需求	订单量	认证需求	订单量	认证需求	订单量	认证需求	订单量	认证需求	订单量	认证需求	订单量	认证需求	订单量	认证需求
北京	实惠型客户	9120	无	9760	无	10420	无	11100	无	11620	无	11120	ISO9001	10680	ISO9001	10420	全部
	经济型客户	7560	无	7360	无	8440	无	9120	无	9120	ISO9001	9540	ISO9001	9620	ISO9001	9800	全部
	品质型客户	5520	无	5520	无	6420	无	7120	ISO9001	7320	ISO9001	7760	ISO9001	8200	全部	8440	全部
上海	实惠型客户	0	无	8200	无	8780	无	9120	无	10020	无	11140	无	11980	ISO9001	12900	全部
	经济型客户	0	无	10400	无	11120	无	11760	无	11960	ISO9001	14420	ISO9001	12500	ISO9001	12660	全部
	品质型客户	0	无	10700	无	10720	无	11020	ISO9001	10660	ISO9001	10900	ISO9001	11300	全部	11500	全部
广州	实惠型客户	0	无	0	无	7980	无	8200	无	8500	无	9560	ISO9001	9360	ISO9001	9100	全部
	经济型客户	0	无	0	无	9100	无	9300	无	9540	ISO9001	9400	ISO9001	9760	ISO9001	10000	全部
	品质型客户	0	无	0	无	9700	无	9960	无	10200	ISO9001	10100	ISO9001	10240	全部	10580	全部
武汉	实惠型客户	0	无	0	无	8620	无	9100	无	9300	无	9720	无	10220	ISO9001	10700	全部
	经济型客户	0	无	0	无	7720	无	7820	无	7960	无	8240	ISO9001	8660	ISO9001	8900	全部
	品质型客户	0	无	0	无	6620	无	7120	无	7520	无	7740	ISO9001	7840	全部	7800	全部
成都	实惠型客户	0	无	0	无	0	无	6720	无	7520	无	7520	无	7720	ISO9001	7980	全部
	经济型客户	0	无	0	无	0	无	9100	无	9100	无	9300	无	9200	ISO9001	9760	全部
	品质型客户	0	无	0	无	0	无	6220	无	6600	无	6700	无	7300	ISO9001	7400	全部
各季度	实惠型客户	9120		17960		35800		44240		46520		49060		49960		51100	
类产品的	经济型客户	7560		17760		36380		47100		47680		50900		49740		51120	
市场总计	品质型客户	5520		16220		33460		41440		42300		43200		44880		45720	

		生产组数	组均数	生产组数	组均数	生产组数	组均数	生产组数	组均数	生产组数	组均数	生产组数	组均数	生产组数	组均数	生产组数	组均数
预估各组	实惠型客户	16	570	20	898	16	2238	16	2765	13	3578	13	3774	10	4996	10	5110
参与竞争	经济型客户	12	630	18	987	18	2021	16	2944	14	3406	14	3636	14	3553	14	3651
后组均数	品质型客户	8	690	12	1352	15	2231	16	2590	12	3525	12	3600	14	3206	14	3266

图 8-1　"创业之星"的市场需求分析

二、排产

图 8-2 是"创业之星"的排产表,在产品设计时可通过下拉框设计来选择部件的种类。这类在本表中大量使用的下拉框操作通过"数据有效性"(新版"数据验证")功能来实现。本表还配套使用查询函数 VLOOKUP(找什么,在哪找,找到后返回其右侧对应第几列数据,精确或模糊)。在图 8-2 中,首先以第 1 季为例,需要输入以下公式(其余为直接输入决策数字和选下拉框)。

B10　纸质盒

	参数信息				部件及其种类选择				
生产线	成品率	单件加工费	成品率提升		包装物	面料	填充物	发声器	发光件
柔性线	0.9	2	0.01		玻璃纸	短平绒	PP棉	有	有
自动线	0.8	3	0.02		纸质盒	松针绒	珍珠棉	没有	没有
手工线	0.7	4	0.03		金属盒	玫瑰绒	棉花		

		产品设计		
产品名	包装物	面料	填充物	发声器
p1	玻璃纸	短平绒	PP棉	
p2	纸质盒	松针绒	珍珠棉	有

C17　=VLOOKUP($B17,$A$3:$E$5,2,FALSE)

第1季

序列	生产线	初始成品率	升级次数	实际成品率	产品名称	投料量	包装物	面料	填充物	发声器	发光件	产出量	加工费用	费用合计	产品名	数量	期初	销售量	期末
1	手工线	0.7	0	0.7	p1	900	玻璃纸	短平绒	PP棉	有	有	630	3600	5600	p1	630	0	372	258
2	手工线	0.7	0	0.7	p2	500	纸质盒	松针绒	珍珠棉	有		350	2000		p2	350	0	390	-40
3		#N/A	0	#N/A	#N/A		#N/A	#N/A	#N/A	#N/A	#N/A								0
4		#N/A	0	#N/A	#N/A		#N/A	#N/A	#N/A	#N/A	#N/A								0
5		#N/A	0	#N/A	#N/A		#N/A	#N/A	#N/A	#N/A	#N/A								0
6		#N/A	0	#N/A	#N/A		#N/A	#N/A	#N/A	#N/A	#N/A								0
7		#N/A	0	#N/A	#N/A		#N/A	#N/A	#N/A	#N/A	#N/A								0

原材料	本期需要	上期末库存		原材料	本期需要	上期末库存		原材料	本期需要	上期末库存		原材料	本期需要	上期末库存
玻璃纸	900	0		短平绒	900	0		PP棉	900	0		发声器	500	0
纸质盒	500	0		松针绒	500	0		珍珠棉	500	0		发光件	500	0
金属盒	0	0		玫瑰绒	0	0		棉花	0	0				

原材料	普通采购	紧急采购		原材料	普通采购	紧急采购		原材料	普通采购	紧急采购		原材料	普通采购	紧急采购
玻璃纸	900			短平绒	900			PP棉	900			发声器	1313	500
纸质盒	500			松针绒	500			珍珠棉	500			发光件		
金属盒	0			玫瑰绒	0			棉花	0					

N35　=VLOOKUP($B35,$A$3:$C$5,3,FALSE)*G35

第2季

序列	生产线	初始成品率	升级次数	实际成品率	产品名称	投料量	包装物	面料	填充物	发声器	发光件	产出量	加工费用	费用合计	产品名	数量	期初	销售量	期末
1	手工线	0.7	1	0.73	p1	926	玻璃纸	短平绒	PP棉	有		675	3704	11243	p1	1305	258		1563
2	自动线	0.8	0	0.8	p2	1313	纸质盒	松针绒	珍珠棉	有		1050	3939		p2	1050	-40		1010
3	手工线	0.7	0	0.7	p1	900	玻璃纸	短平绒	PP棉	0		630	3600						
4		#N/A	0	#N/A	#N/A		#N/A	#N/A	#N/A	#N/A	#N/A								
5		#N/A	0	#N/A	#N/A		#N/A	#N/A	#N/A	#N/A	#N/A								
6		#N/A	0	#N/A	#N/A		#N/A	#N/A	#N/A	#N/A	#N/A								
7		#N/A	0	#N/A	#N/A		#N/A	#N/A	#N/A	#N/A	#N/A								
8		#N/A	0	#N/A	#N/A		#N/A	#N/A	#N/A	#N/A	#N/A								
9		#N/A	0	#N/A	#N/A		#N/A	#N/A	#N/A	#N/A	#N/A								
10		#N/A	0	#N/A	#N/A		#N/A	#N/A	#N/A	#N/A	#N/A								

原材料	本期需要	上期末库存		原材料	本期需要	上期末库存		原材料	本期需要	上期末库存		原材料	本期需要	上期末库存
玻璃纸	1826	0		短平绒	1826	900		PP棉	1826	900		发声器	1313	1425
纸质盒	1313	925		松针绒	1313	925		珍珠棉	1313	925		发光件		
金属盒	0	0		玫瑰绒	0	0		棉花	0	0				

原材料	普通采购	紧急采购		原材料	普通采购	紧急采购		原材料	普通采购	紧急采购		原材料	普通采购	紧急采购
玻璃纸	1826			短平绒	926			PP棉	926			发声器	2276	-112
纸质盒	388			松针绒	388			珍珠棉	388			发光件		
金属盒	0			玫瑰绒	0			棉花	0					

图 8-2　"创业之星"的排产表

- 在 C17 输入"=VLOOKUP($B17, $A$3:$B$5, 2, FALSE)"，向下拖动填充柄至 C24；
- 在 E17 输入"=C17+(1−C17)/10*D17"，向下拖动填充柄至 E24；
- 在 H17 输入"=VLOOKUP($F17, $A$9:$F$14, 2, FALSE)"，向下拖填充柄至 H24；
- 在 I17 输入"=VLOOKUP($F17, $A$9:$F$14, 3, FALSE)"，向下拖填充柄至 I24；
- 在 J17 输入"=VLOOKUP($F17, $A$9:$F$14, 4, FALSE)"，向下拖填充柄至 J24；
- 在 K17 输入"=VLOOKUP($F17, $A$9:$F$14, 5, FALSE)"，向下拖填充柄至 K24；
- 在 L17 输入"=VLOOKUP($F17, $A$9:$F$14, 6, FALSE)"，向下拖填充柄至 L24；
- 在 M17 输入"=INT(E17*G17)"，向下拖动填充柄至 M24；
- 在 N17 输入"=VLOOKUP($B17, $A$3:$C$5, 3, FALSE)*G17"，向下拖填充柄至 N24；
- 在 O17 输入"=SUMIF(G17:G24, ">0", N17:N24)"；
- 在 P17 输入"=$A$9"；P18 输入"=$A$10"；P19 输入"=$A$11"；P20 输入"=$A$12"；P21 输入"=$A$13"；P22 输入"=$A$14"；
- 在 Q17 输入"=SUMIF($F17:$F24, P17, $M17:$M24)"，向下拖填充柄至 Q22；
- 在 T17 输入"=R17+Q17−S17"，向下拖填充柄至 T22；
- 在 B26 输入"=SUMIF(H17:H24, "玻璃纸", G17:G24)"；
- 在 B27 输入"=SUMIF(H17:H24, "纸质盒", G17:G24)"；
- 在 B28 输入"=SUMIF(H17:H24, "金属盒", G17:G24)"；
- 在 B30 输入"=B26−C26"，向下拖填充柄至 B31；
- 在 B32 输入"=B48"，注意该公式源于金属包装盒的"到货周期"为 1 个季度；
- 在 C26 输入"=0"，向下拖填充柄至 C28；
- 在 C32 输入"=B28−C28"；
- 在 F26 输入"=SUMIF(I17:I24, "短平绒", G17:G24)"；
- 在 F27 输入"=SUMIF(I17:I24, "松针绒", G17:G24)"；
- 在 F28 输入"=SUMIF(I17:I24, "玫瑰绒", G17:G24)"；
- 在 F30 输入"=F26−G26"，向下拖填充柄至 F32；
- 在 G26 输入"=0"，向下拖填充柄至 G28；
- 在 J26 输入"=SUMIF(J17:J24, "PP 棉", G17:G24)"；
- 在 J27 输入"=SUMIF(J17:J24, "珍珠棉", G17:G24)"；
- 在 J28 输入"=SUMIF(J17:J24, "棉花", G17:G24)"；
- 在 J30 输入"=J26−K26"，向下拖填充柄至 J31；
- 在 J32 输入"=J48"，注意该公式源于棉花填充物的"到货周期"为 1 个季度；
- 在 K26 输入"=0"，向下拖填充柄至 K28；
- 在 K32 输入"=J28−K28"；
- 在 N26 输入"=SUMIF(K17:K24, "有", G17:G24)"；
- 在 N27 输入"=SUMIF(L17:L24, "有", G17:G24)"；
- 在 N30 输入"=N46"，注意该公式源于发声装置的"到货周期"为 1 个季度；
- 在 N31 输入"=N47"，注意该公式源于发光装置的"到货周期"为 1 个季度；
- 在 O26 输入"=0"，向下拖填充柄至 O27；

- 在 O30 输入"=N26-O26"，向下拖动填充柄至 O31。

对于图 8-2 有以下几点需先进一步解释。

① 鉴于各种生产线每次的成品率提升 y 与初始成品率 x 之间有 $y=(1-x)/10$ 的规律，故实际成品率的公式为便于复制并简化公式，采用"E17=C17+(1-C17)/10*D17"这类形式，而非嵌套 VLOOKUP 函数的形式；

② 第 1 季度所有原材料的"上期末库存"都为零(即"0")；

③ "到货周期"为 0 个季度的原材料，因为没有采购提前期，故没有"紧急采购"；

④ 对于"到货周期"为 1 个季度的原材料，其第 1 季度的"普通采购"源于第 2 季度的"本期需要"，由于当前计划并非 MRP 式的倒序计划，计划前瞻性不足时容易引发"紧急采购"；

⑤ "紧急采购"为正时才需应对。

将第 1 季度公式可以直接复制出第 2 季度公式(使用"粘贴"而无需"选择性粘贴")，其中仅少数公式需要进行微调。以下阐明与第 1 季度公式相比，复制出第 2 季度时有变化而需微调的公式，均涉及产品库存的"期初"或"上期末库存"的公式。注意：第 2 季度的输入数据中，补充输入了新增的生产线及其相应生产产品或者原生产线转产产品信息，以及"升级次数"和"投料量"等输入数据。特别注意：如果新增后生产线条数超出原先设定的总条数，如第 2 季度比第 1 季度多出两条生产线位置，则注意核对一下"费用合计"所在 O35 单元格、"数量"对应的 Q35 至 Q40 系列单元格和所有原料的"本期需要"对应所有单元格中的公式是否正确。本书采用在第 41 或 42 行插入两行，然后将第 40 行 B40 至 N40 的所有公式复制至插入的空白行。审查"费用合计""数量"和"本期需要"相应的所有单元格，可确认公式自动涵盖了插入行数据无误。若复制出"升级次数"应该删除。此外还需要注意：为了避免再涉及 P34 至 T40 矩形范围表格的调整，第 1 季度生产线至少预留 7 条生产线位置，这样便于后续在最后一行前插入新建生产线。

- 在 R35 中输入"=T17"，向下拖填充柄至 R40；
- 在 C46 中输入"=采购!U18"，向下拖填充柄至 C48；
- 在 G46 中输入"=采购!U21"，向下拖填充柄至 G48；
- 在 K46 中输入"=采购!U24"，向下拖填充柄至 K48；
- 在 O46 中输入"=采购!U27"，向下拖填充柄至 O47。

将第 2 季度公式可以直接复制第 3 季度公式，此时原本只需要调整涉及"上期末库存"这个调用了"采购"表中数据的公式，但可以发现库存"期初"数据异常，如 R55=T37=0。其原因是之前新插入两行以应对生产线新增情况，导致"期初"公式异常错位。因此，若上一季度涉及新增生产线位置(即生产线总条数有变化)的操作，相应公式调整还涉及"期初"的公式调整。后续第 4 至第 8 季度的复制，可与此类似地依次复制上一季度的公式。

- 在 R55 中输入"=T35"，向下拖填充柄至 R60；
- 在 C68 中输入"=采购!U32"，向下拖填充柄至 C70；
- 在 G68 中输入"=采购!U35"，向下拖填充柄至 G70；
- 在 K68 中输入"=采购!U38"，向下拖填充柄至 K70；
- 在 O68 中输入"=采购!U41"，向下拖填充柄至 O69。

微课视频

三、原料采购

图 8-3 为原料采购之基础和付款部分，主要记录与"排产表"衔接的原料的采购及其费用的计算。

C15	▼	fx	=S4+S8+S10														
	A	B	C	D	E	F	G	H	I	J	K	L	M	N	O	P	Q	R	S

第1季

总分类	材料	采购价格	需求数量	数量	折扣	单价	增值税	一总价	二次采购	折扣	单价	增值税	二总价	急订单价	增值税	急订数	急总价	采购总费用
包装物	玻璃纸	2	900	900	0.1	1.8	0.306	1895	0		0	2	0.34	0	3	0.51		0	1895.4
	纸质盒	4	500	1425	0.15	3.4	0.578	5668.7	0	0	4	0.68	0	6	1.02		0	5668.65
	金属盒	6	0	0	0	6	1.02	0	0	0	6	1.02	0	9	1.53	0	0	0
面料	短平绒	10	900	1800	0.2	8	1.36	16848	0	0	10	1.7	0	15	2.55		0	16848
	松针绒	15	500	1425	0.15	12.75	2.168	21257	0	0	15	2.55	0	22.5	3.825		0	21257.4
	玫瑰绒	20	0	0	0	20	3.4	0	0	0	20	3.4	0	30	5.1		0	0
填充物	PP棉	15	900	1800	0.2	12	2.04	25272	0	0	15	2.55	0	22.5	3.825		0	25272
	珍珠棉	21	500	1425	0.15	17.85	3.0345	29760	0	0	21	3.57	0	31.5	5.355		0	29760.41
	棉花	25	0	0	0	25	4.25	0	0	0	25	4.25	0	37.5	6.375	0	0	0
辅件	发声	3	1313	1425	0.15	2.55	0.4335	4251.5	0	0	3	0.51	0	4.5	0.765	500	2633	6883.98
	发光	4.8	0	0	0	4.8	0.816	0	0	0	4.8	0.816	0	7.2	1.224	0	0	0
当期付款	48425	下期应付	52277			下期到且即刻付	6883.98								当季实付的采购总费用			48424.83

C15	▼	fx	=S4+S8+S10														
	A	B	C	D	E	F	G	H	I	J	K	L	M	N	O	P	Q	R	S

第2季

总分类	材料	采购价格	需求数量	数量	折扣	单价	增值税	一总价	二次采购	折扣	单价	增值税	二总价	急订单价	增值税	急订数	急总价	采购总费用
包装物	玻璃纸	1.8	1826	3826	0.25	1.35	0.23	6043	0	0	1.8	0.31	0	2.7	0.459		0	6043.16
	纸质盒	4.2	388	2025	0.25	3.15	0.5355	7463.1	0	0	4.2	0.714	0	6.3	1.071		0	7463.13
	金属盒	6.2	0	0	0	6.2	1.054	0	0	0	6.2	1.054	0	9.3	1.581	0	0	0
面料	短平绒	11	926	926	0.1	9.9	1.683	10726	0	0	11	1.87	0	16.5	2.805		0	10725.85
	松针绒	17	388	0	0	17	2.89	0	0	0	17	2.89	0	25.5	4.335		0	0
	玫瑰绒	21	0	0	0	21	3.57	0	0	0	21	3.57	0	31.5	5.355		0	0
填充物	PP棉	16	926	926	0.1	14.4	2.448	15601	0	0	16	2.72	0	24	4.08		0	15601.2
	珍珠棉	23	388	1500	0.15	19.55	3.3235	34310	0	0	23	3.91	0	34.5	5.865		0	34310.25
	棉花	26	0	0	0	26	4.42	0	0	0	26	4.42	0	39	6.63	0	0	0
辅件	发声	3.1	2276	0	0	3.1	0.527	0	0	0	3.1	0.527	0	4.65	0.7905		0	0
	发光	4.8	0	0	0	4.8	0.816	0	0	0	4.8	0.816	0	7.2	1.224	0	0	0
当期付款	21644	下期付款	52499			下期到且即刻付	0								当季实付的采购总费用			80805.44

图 8-3　"创业之星"的原料采购之基础和付款部分

备注：① 加粗的物料为需要当期付款的物料；② 斜体的物料为涉及紧急采购的物料。

首先以第 1 季度为例，输入以下一系列公式：

- C4 至 C14 的采购价格为设定好的参数，可对比图 5-15，需要手动输入；
- 在 D4 中输入"=排产!B30"，向下拖动填充柄至 D6；
- 在 D7 中输入"=排产!F30"，向下拖动填充柄至 D9；
- 在 D10 中输入"=排产!J30"，向下拖动填充柄至 D12；
- 在 D13 中输入"=排产!N30"，向下拖动填充柄至 D14；
- F4=IF(E4>200, IF(E4>500, IF(E4>1000, IF(E4>1500, IF(E4>2000, 0.25, 0.2), 0.15), 0.1), 0.05), 0)，向下拖动填充柄至 F14；
- 在 G4 中输入"=C4*(1−F4)"，向下拖动填充柄至 G14；
- 在 H4 中输入"=G4*0.17"，向下拖动填充柄至 H14；
- 在 I4 中输入"=INT((H4+G4)*E4*100)/100"，向下拖动填充柄至 I14；
- K4=IF(J4>200, IF(J4>500, IF(J4>1000, IF(J4>1500, IF(J4>2000, 0.25, 0.2), 0.15),

0.1), 0.05), 0)，向下拖动填充柄至 K14；

- 在 L4 中输入 "=C4*(1−K4)"，向下拖动填充柄至 L14；
- 在 M4 中输入 "=L4*0.17"，向下拖动填充柄至 M14；
- 在 N4 中输入 "=INT((M4+L4)*J4*100)/100"，向下拖动填充柄至 N14；
- 在 O4 中输入 "=C4*1.5"，向下拖动填充柄至 O14；
- 在 P4 中输入 "=O4*0.17"，向下拖动填充柄至 P14；
- 在 Q6 中输入 "=排产!C32"；在 Q12 中输入 "=排产!K32"；
- 在 Q13 中输入 "=排产!O30"，向下拖动填充柄至 Q14；
- 在 R4 中输入 "=INT((O4+P4)*Q4*100)/100"，向下拖动填充柄至 R14；
- 在 S4 中输入 "=I4+R4+N4"，向下拖动填充柄至 S14；
- 在 C15 中输入 "=S4+S8+S10"；
- 在 E15 中输入 "=S5+S7+S9+S11"；
- 在 J15 中输入 "=S6+SUM(S12:S14)"；
- 在 S15 中输入 "=C15"。

将第 1 季度的公式复制到第 2 季度时，需要对以下单元格的公式进行必要修正。特别注意：① 对比图 5-15 中的原始参数，各原料第 2 期的单价参数有变化；② D18 至 D28 单元格调用"排产"表中既有纵向排列又有横向排列的"普通采购"数据，故需重新引用；③ 从第 2 季度开始，"紧急采购"可能会出现无需应对的负值，此时 Q 系列相关单元格调用"排产"表时需去除负值；④ 从第 2 季度开始，"当季实付的采购总费用"除包含"当期付款"外，还包括前一季度的"下期付款"和"下期到且即刻付"；⑤ "下期付款"是指当季形成的应付账款，这是针对"到货周期"为零但是"应付账期"为 1 个季度的物料的采购；⑥ "下期到且即刻付"是指下一季度初到货并且即刻付款，这是针对"到货周期"和"应付账期"均为 1 个季度的物料的采购。此后，依次由上一季度复制得出下一季度时(请保持复制前相关两表格的相隔距离一致)，只有 D 列和 Q 列的相关单元格还需做类似的修订。

- 在 D18 中输入 "=排产!B50"，向下拖动填充柄至 D20；
- 在 D21 中输入 "=排产!F50"，向下拖动填充柄至 D23；
- 在 D24 中输入 "=排产!J50"，向下拖动填充柄至 D26；
- 在 D27 中输入 "=排产!N50"，向下拖动填充柄至 D28；
- 在 Q20 中输入 "=IF(排产!C46>0, 排产!C46, 0)"；
- 在 Q26 中输入 "=IF(排产!K52>0, 排产!K52, 0)"；
- 在 Q27 中输入 "=IF(排产!O50>0, 排产!O50, 0)"，向下拖动填充柄至 Q28；
- 在 S29 中输入 "=C29+E15+J15"。

四、人力资源

图 8-4 是人力资源表。它记录的是各个季度招聘与解雇生产工人和销售人员的详细情况，以及季初季末的生产工人及销售人员的详细情况。

首先以第 1 季度为例，输入以下公式：

- 在 B10 中输入"=B6+B7-B8"；在 B15 中输入"=B11+B12-B13"；
- 在 B18 中输入"=B7*$B$2"；在 B19 中输入"=B12*$B$3"；
- 在 B20 中输入"=B9*$G$2"；在 B21 中输入"=B14*$G$3"；
- 在 B22 中输入"=B8*$H$2"；在 B23 中输入"=B13*$H$2"；
- 在 B24 中输入"=B10*$F$2"；在 B25 中输入"=B15*$F$3"；
- 在 B26 中输入"=(B10+B15)*$I$2"。

在图 8-4 中，将第 1 季度复制至第 2 季度公式时，需对以下单元格进行必要的公式补充。

- 在 C6 中输入"=B10"；在 C11 中输入"=B15"。

L14			fx					
	A	B	C	D	E	F	G	H	I
1	人员参数表	招聘费用	职工工资	五险费率	五险费用	单员运营总费用	培训费用	辞退补偿	单员行政管理费
2	生产工人	500	3000	34.60%	1038	4038	300	300	1000
3	销售人员	500	3600	34.60%	1245.6	4845.6	500		
4									
5	人数详情	第1季	第2季	第3季	第4季	第5季	第6季	第7季	第8季
6	期初生产工人人数	0	3	7	10	10	14	14	17
7	本期招聘工人	3	4	3	0	4	0	3	0
8	本期解雇工人								
9	本期培训工人人数		3	4	7	10	14	14	17
10	期末生产工人人数	3	7	10	10	14	14	17	17
11	期初销售人员人数	0	2	5	7	6	10	11	14
12	本期招聘销售人员	2	3	2	0	4	1	3	1
13	本期解雇销售人员				1				
14	本期培训销售人员数		2	5	7	9	12	15	16
15	期末销售人员人数	2	5	7	6	10	11	14	15
16									
17	费用详情	第1季	第2季	第3季	第4季	第5季	第6季	第7季	第8季
18	生产工人招聘费	1500	2000	1500	0	2000	0	1500	0
19	销售人员招聘费	1000	1500	1000	0	2000	500	1500	500
20	生产工人培训费	0	900	2100	2100	3000	4200	4200	5100
21	销售人员培训费	0	1000	2500	3500	4500	6000	7500	8000
22	生产工人辞退费	0	0	0	0	0	0	0	0
23	销售人员辞退费	0	0	0	300	0	0	0	0
24	生产工人运营总费用	12114	28266	40380	40380	56532	56532	68646	68646
25	销售人员运营总费用	9691.2	24228	33919.2	29073.6	48456	53301.6	67838.4	72684
26	所有员工行政管理费	5000	12000	17000	16000	24000	25000	31000	32000

图 8-4　人力资源表

第二节　"创业之星"财会管理的 Excel 决策辅助工具制作

一、固定资产

图 8-5 为固定资产表。它主要用于固定资产的运作、资产统计和费用核算。

首先以第 1 季度为例，输入以下公式：

- 在 D4 中输入"=B4-C4"，向下拖动填充柄至 D6；
- 在 D8 中输入"=B8-C8"，向下拖动填充柄至 D10；
- 在 D14 中输入"=B14-C14"，向下拖动填充柄至 D16；

- 在 D19 中输入 "=$B$19*(1-D$18*$C19)"，向下拖动填充柄至 D24；
- 在 B32 中输入 "=B4*$B$19+B5*$B$20+B6*$B$21"；
- 在 B33 中输入 "=B14*$B$22+B15*$B$23+B16*$B$24"；
- 在 B34 中输入 "=D8*$N$19+D9*$P$19+D10*$R$19"；
- 在 B35 中输入 "=B14*$N$20"；
- 在 B36 中输入 "= B27*$M$22"；
- 在 B37 中输入 "=L27*$N$21"。

fx =$B$19*(1-D$18*$C19)

固定资产投入

购置情况	第1季			第2季			第3季			第4季			第5季			第6季		
	本期购买	本期出售	期末数	本期购买	本期出售	期末数	本期购买	本期出售	期末数	本期购买	本期出售	期末数	本期购买	本期出售	期末数	本期购买	本期出售	期末数
小厂房	0	0	0	0	0	0	0	0	0	1	0	1	0	0	1	0	0	1
中厂房	0	0	0	0	0	0	0	0	0	0	0	0	0	0	0	0	0	0
大厂房	0	0	0	0	0	0	0	0	0	0	0	0	0	0	0	0	0	0
租赁情况	本期租入	本期退租	期末租用	本期租入	本期退租	期末租用	本期租入	本期退租	期末租用	本期租入	本期退租	期末租用	本期租入	本期退租	期末租用	本期租入	本期退租	期末租用
小厂房	0	0	0	0	0	0	0	0	0	0	0	0	0	0	0	0	0	0
中厂房	1	0	1	0	0	1	0	0	1	0	0	1	0	1	0	0	0	0
大厂房	0	0	0	0	0	0	0	0	0	0	0	0	0	0	0	0	0	0

购置情况	第1季			第2季			第3季			第4季			第5季			第6季		
生产线	当期购买	当期出售	期末数	当期购买	当期出售	期末数	当期购买	当期出售	期末数	当期购买	当期出售	期末数	当期购买	当期出售	期末数	当期购买	当期出售	期末数
手工线	2	0	2	0	0	2	0	0	2	0	0	2	0	0	2	0	0	2
自动线	1	0	1	1	0	2	0	0	2	0	0	2	0	0	2	1	0	3
柔性线	0	0	0	0	0	0	0	0	0	0	0	0	0	1	0	0	0	1

账面价值

使用时长	原值	折旧率	1	2	3	4	5	6	7
小厂房	400000	0.02	392000	384000	376000	368000	360000	352000	344000
中厂房	800000	0.02	784000	768000	752000	736000	720000	704000	688000
大厂房	1000000	0.02	980000	960000	940000	920000	900000	880000	860000
手工线	40000	0.05	38000	36000	34000	32000	30000	28000	26000
自动线	80000	0.05	76000	72000	68000	64000	60000	56000	52000
柔性线	120000	0.05	114000	108000	102000	96000	90000	84000	78000

厂房和设备的费用参数

租金:	小厂房	3000	中厂房	5000	大厂房	7000
维修费:	手工线	2000	自动线	2500	柔性线	3000
搬迁费:	手工线	1000	自动线	2000	柔性线	3000
设备统一升级费:	1000					

P41 fx

升级数量

	第1季	第2季	第3季	第4季	第5季	第6季	第7季	第8季
手工线	0	1	2	0	0	0	0	0
自动线		0	2	2	0	0	0	0
柔性线		0	0	0	0	0	0	0

搬迁数量

	第1季	第2季	第3季	第4季	第5季	第6季	第7季	第8季
手工线	0	0	0	0	0	0	0	0
自动线		0	0	0	0	0	0	0
柔性线		0	0	0	0	0	0	0

	第1季	第2季	第3季	第4季	第5季	第6季	第7季	第8季
厂房购置费	0	0	0	400000	0	0	0	0
设备购置费	160000	80000	0	120000	0	80000	0	0
厂房租赁费	5000	5000	5000	5000	5000	5000	0	0
设备维修费	4000	6500	9000	9000	12000	12000	14500	14500
设备升级费	0	1000	4000	2000	0	0	0	0
设备搬迁费	0	0	0	0	0	0	0	0

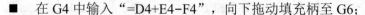

图 8-5 固定资产表

图 8-5 中将第 1 季度复制至第 2 季度公式时，需对以下第 4、8、14 行的"期末数"值和"期末租用"值，以及第 34 行至第 37 行的单元格进行必要的公式调整，参见以下公式；而 D19 至 D24 的系列公式可以整体复制到 E19 到 E24(可复制至第 7 个使用期的 J19 至 J24)。

微课视频

- 在 G4 中输入 "=D4+E4-F4"，向下拖动填充柄至 G6；
- 在 G8 中输入 "=D8+E8-F8"，向下拖动填充柄至 G10；
- 在 G14 中输入 "=D14+E14-F14"，向下拖动填充柄至 G16；
- 在 C32 中输入 "=E4*$B$19+E5*$B$20+E6*$B$21"；
- 在 C33 中输入 "=E14*$B$22+E15*$B$23+E16*$B$24"；

- 在 C34 中输入"=G8*$N$19+G9*$P$19+G10*$R$19";
- 在 C35 中输入"=G14*$N$20+D15*$P$20+D16*$R$20";
- 在 C36 中输入"=(C27+C28+C29)*$M$22";
- 在 C37 中输入"=M27*$N$21+M28*$P$21+M29*$R$21"。

与此类似,将第 2 季的公式可以直接复制到第 3 季度。注意:仍然需对"固定资产"表中第 4、8、14 行的"期末数"值和"期末租用"值,以及第 32 行至第 35 行的"厂房购置费""设备购置费""厂房租赁费"和"设备维修费"单元格进行必要公式调整,此处略。其余相关公式可以直接复制即可。

二、预算与现金流

图 8-6 为预算与现金流表,主要用来跟踪现金的预算与实际流动情况(用复制版本),有效避免可能的现金流断裂。注意:每个季度中 3 个"X 季度账期的应收账款数量"已用括号括起来,它们在当前季度并非现金流入,但是会影响到后续季度的现金流量,故此处也同时标注出来,便于更仔细地观察现金流量状况。

D10		fx =D2-D3+D4-SUM(D5:D9)							
			第1季	第2季	第3季	第4季	第5季	第6季	第7季	第8季
			D	E	F	G	H	I	J	K
1			第1季	第2季	第3季	第4季	第5季	第6季	第7季	第8季
2		季初的现金余额	6000000	5721210	5443308	5157046	4422119	4214791	3944919	3719774
3	季初自动更新期间	公司注册费用	3000							
4		应收账款正常到期转入的现金		0	0	0	0	0	0	0
5		支付采购原料的到期应付账款		52277.1	52499.2	29368.3	17686.2	0	0	0
6		上缴上季度的增值税								
7		上缴上季度的税费								
8		支付办公室租金	10000	10000	10000	10000	10000	10000	10000	10000
9		支付到货且付款的原料费		6883.98	0	19617.4	0	0	0	0
10		季初自动更新后的现金余额	5987000	5652049	5380808	5098061	4394433	4204791	3934919	3709774

D36		fx =D10+D11-D12+D13-D14+D15-SUM(D16:D29)+D30+D31-SUM(D32:D35)							
			D	E	F	G	H	I	J	K
11		申请3季长的银行贷款(随时)								
12		支付上述贷款的利息	0	0	0	0	0	0	0	0
13		应收款提前贴为现金(随时)								
14		支付上述应收款贴现的利息								
15		系统申请紧急贷款(随时)								
16		支付紧急贷款利息	0	0	0	0	0	0	0	0
17		支付产品设计费用								
18		支付产品研发费用								
19		支付市场开发费用								
20	季中运营期间	支付生产工人招聘费	1500	2000	1500	0	2000	0	1500	0
21		支付销售人员招聘费	1000	1500	1000	0	2000	500	1500	500
22		支付生产工人培训费	0	900	2100	2100	3000	4200	4200	5100
23		支付销售人员培训费	0	1000	2500	3500	4500	6000	7500	8000
24		支付生产工人辞退费	0	0	0	0	0	0	0	0
25		支付销售人员辞退费	0	0	0	300	0	0	0	0
26		支付厂房购买费用				400000				
27		支付设备购买费用	160000	80000	0	120000	0	80000	0	0
28		支付设备升级费用		0	1000	4000	2000	0	0	0
29		支付设备搬迁费用	0	0	0	0	0	0	0	0
30		出售厂房所得的厂房净值								
31		出售设备所得的设备净值								
32		支付当季原料采购费	48424.83	21644.4	78173.65	26676.66	0	0	0	0
33		支付ISO9001认证费								
34		支付ICTI认证费								
35		支付广告费								
36		订单交付前的现金余额	5776075	5544005	5291535	4543484	4382933	4114091	3920219	3696174

D45 ▾　　fx　=D36+D37+D41-D42+D43-D44

	A	B	C	D	E	F	G	H	I	J	K
37			零账期订单交货收入现金								
38			(1季度账期的应收账款数量)								
39		订单	(2季度账期的应收账款数量)								
40		交付	(3季度账期的应收账款数量)								
41		期间	应收款提前贴为现金(随时)								
42			支付上述应收账贴现的利息								
43			申请3季长的银行贷款(随时)								
44			支付上述贷款的利息	0	0	0	0	0	0	0	0
45			季末自动计算前的现金余额	5776075	5544005	5291535	4543484	4382933	4114091	3920219	3696174

D56 ▾　　fx　=D45-SUM(D46:D55)

	A	B	C	D	E	F	G	H	I	J	K
46			支付厂房租用费用	5000	5000	5000	5000	5000	5000	5000	5000
47		支付	支付设备维护费	4000	6500	9000	9000	12000	12000	14500	14500
48		制造	支付生产工人运营费用	12114	28266	40380	40380	56532	56532	68646	68646
49	季末	费用	支付加工费用	5600	11243	15729	8451	8694	3879	0	0
50	自动		支付管理人员总费用	13460	13460	13460	13460	13460	13460	13460	13460
51	结算		支付销售人员运营总费用	9691.2	24228	33919.2	29073.6	48456	53301.6	67838.4	72684
52			支付所有员工行政管理费用	5000	12000	17000	16000	24000	25000	31000	32000
53			支付未签订员工合同的罚金								
54			支付未交货部分订单违约金								
55			归还银行贷款本金		0	0	0	0	0	0	0
56			季末的现金余额	5721210	5443308	5157046	4422119	4214791	3944919	3719774	3489884

图 8-6　预算与现金流表

备注:斜体项目所在行每季度的公式都需重新调用相关表格中对应单元格的数据,不能简单地拖曳复制。

首先以第 1 季为例,输入以下公式:

- 在 D2 中输入"=600000";在 D3 中输入"=3000";
- 在 D8 中输入"=10000";在 D10 中输入"=D2-D3+D4-SUM(D5:D9)";
- 在 D12 中输入"=D11*0.05";在 D16 中输入"=D15*0.2";
- 在 D20 中输入"=人力资源!B18";在 D21 中输入"=人力资源!B19";
- 在 D22 中输入"=人力资源!B20";在 D23 中输入"=人力资源!B21";
- 在 D24 中输入"=人力资源!B22";在 D25 中输入"=人力资源!B23";
- 在 D26 中输入"=固定资产!B32";在 D27 中输入"=固定资产!B33";
- 在 D28 中输入"=固定资产!B36";在 D29 中输入"=固定资产!B37";
- 在 D32 中输入"=原料采购!C15";
- D36=D10+D11-D12+D13-D14+D15-SUM(D16:D29)+D30+D31-SUM(D32:D35);
- 在 D44 中输入"=D43*0.05";在 D45 中输入"=D36+D37+D41-D42+D43-D44";
- 在 D46 中输入"=固定资产!B34";在 D47 中输入"=固定资产!B35";
- 在 D48 中输入"=人力资源!B24";在 D49 中输入"=排产!O17";
- 在 D50 中输入"=13460";在 D51 中输入"=人力资源!B25";
- 在 D52 中输入"=人力资源!B26";在 D56 中输入"=D45-SUM(D46:D55)"。

图 8-6 中将第 1 季度复制至第 2 季度时,需对季初的第 1 行、第 3 行以及图中的斜体项目所在行的单元格(调用了"原料采购"和"排产")进行必要公式调整,参见以下公式:

- 在 E2 中输入"=D56";在 E4 中输入"=D38";
- 在 E5 中输入"=原料采购!E15";在 E9 中输入"=原料采购!J15";

- 在 E32 中输入"=原料采购!C29";在 E49 中输入"=排产!O35"。

将第 2 季度的所有公式复制给第 3 至第 8 季度时,除了斜体项目所在行的单元格因为调用了"原料采购"和"排产"需进行必要公式调整外(注意:各行前、后一季度调用单元格间的距离应相等/一致),还有"应收账款正常到期转入的现金"因为应收账期的长短而需多列出第 3 季和第 4 季公式(参见以下公式)。之后,第 5 至第 8 季度可复制第 4 季度公式。

- 在 F4 中输入"=D39+E38";在 G4 中输入"=D40+E39+F38"。

三、利润与权益

图 8-7 为利润与权益表,主要通过营业收入、营业成本、销售费用、管理费用、财务费用等数据来计算本公司每个季度的利润和期末权益。

		第1季	第2季	第3季	第4季	第5季	第6季	第7季	第8季
		C	D	E	F	G	H	I	J
2	营业收入	0.00	0.00	0.00	0.00	0.00	0.00	0.00	0.00
3	营业成本								
4	营业税金及附加	0.00	0.00	0.00	0.00	0.00	0.00	0.00	0.00
5 销	市场开发	0	0	0	0	0	0	0	0
6 售	IS09001	0	0	0	0	0	0	0	0
7 费	ICTI	0	0	0	0	0	0	0	0
8 用	广告	0	0	0	0	0	0	0	0
9	销售人员工资	9691.2	24228	33919.2	29073.6	48456	53301.6	67838.4	72684
10	总计	9691.2	24228	33919.2	29073.6	48456	53301.6	67838.4	72684
11	注册费用	3000	0	0	0	0	0	0	0
12	办公室租金	10000	10000	10000	10000	10000	10000	10000	10000
13	产品设计	0	0	0	0	0	0	0	0
14 管	产品研发	0	0	0	0	0	0	0	0
15 理	人员招聘	2500	3500	2500	0	4000	500	3000	500
16 费	人员培训	0	1900	4600	5600	7500	10200	11700	13100
17 用	人员辞退	0	0	0	300	0	0	0	0
18	行政管理费用	5000	12000	17000	16000	24000	25000	31000	32000
19	管理人员成本	13460	13460	13460	13460	13460	13460	13460	13460
20	总计	33960	40860	47560	45360	58960	59160	69160	69060

C31　　fx　=预算与现金流!D2+C29

		C	D	E	F	G	H	I	J
21 财	贴息	0	0	0	0	0	0	0	0
22 务费	利息	0	0	0	0	0	0	0	0
23 用	总计	0	0	0	0	0	0	0	0
24	营业利润	-43651.20	-65088.00	-81479.20	-74433.60	-107416.00	-112461.60	-136998.40	-141744.00
25	营业外收入								
26	营业外支出								
27	税前利润	-43651.20	-65088.00	-81479.20	-74433.60	-107416.00	-112461.60	-136998.40	-141744.00
28	所得税	0.00	0.00	0.00	0.00	0.00	0.00	0.00	0.00
29	净利润	-43651.20	-65088.00	-81479.20	-74433.60	-107416.00	-112461.60	-136998.40	-141744.00
30	所得税调整								
31	季末权益	5956348.80	5891260.80	5809781.60	5735348.00	5627932.00	5515470.40	5378472.00	5236728.00

图 8-7　利润与权益表

首先以第 1 季为例,输入以下公式:

- 在 C2 中输入"=SUM(预算与现金流!D37:预算与现金流!D40)";
- 在 C4 中输入"=预算与现金流!E6+预算与现金流!E7";
- 在 C5 中输入"=预算与现金流!D19";在 C6 中输入"=预算与现金流!D33";

- 在 C7 中输入"=预算与现金流!D34"；在 C8 中输入"=预算与现金流!D35"；
- 在 C9 中输入"=预算与现金流!D51"；在 C10 中输入"=SUM(C5:C9)"；
- 在 C11 中输入"=预算与现金流!D3"；在 C12 中输入"=预算与现金流!D8"；
- 在 C13 中输入"=预算与现金流!D17"；在 C14 中输入"=预算与现金流!D18"；
- 在 C15 中输入"=预算与现金流!D20+预算与现金流!D21"；
- 在 C16 中输入"=预算与现金流!D22+预算与现金流!D23"；
- 在 C17 中输入"=预算与现金流!D24+预算与现金流!D25"；
- 在 C18 中输入"=预算与现金流!D52"；在 C19 中输入"=预算与现金流!D50"；
- 在 C20 中输入"=SUM(C11:C19)"；
- 在 C21 中输入"=预算与现金流!D14+预算与现金流!D42"；
- 在 C22 中输入"=预算与现金流!D12+预算与现金流!D44"；
- 在 C23 中输入"=C21+C22"；在 C24 中输入"=C2−C3−C4−C10−C20−C23"；
- 在 C27 中输入"=C24+C25−C26"；在 C28 中输入"=IF(C27>0,C27*0.25,0)"；
- 在 C29 中输入"=C27−C28"；在 C31 中输入"=预算与现金流!D2+C29−C30"。

图 8-7 中将第 1 季度复制给第 2 季度时，仅需对第 1 季的最后一行"季末权益"进行一次公式调整，参见以下公式。之后，第 2 季度的所有公式可以复制给第 3 至第 8 季度。

- 在 D31 中输入"=C31+D29−D30"。

鉴于"创业之星"系统中，营业成本和各种税费的计算比较复杂，所以不编制公式，而是在手工计算后填入适当数字。

附录　实践报告

封　面

学生姓名：＿＿＿＿＿＿＿

学　　号：＿＿＿＿＿＿＿

学　　院：＿＿＿＿＿＿＿

专　　业：＿＿＿＿＿＿＿

班　　级：＿＿＿＿＿＿＿

课程编号：＿＿＿＿＿＿＿

课程时间：＿＿＿＿＿＿＿

授课教师：＿＿＿＿＿＿＿

小组名称：＿＿＿＿＿＿＿

成员/分工：＿＿＿＿＿＿＿

成员/分工：＿＿＿＿＿＿＿

成员/分工：＿＿＿＿＿＿＿

成员/分工：＿＿＿＿＿＿＿

成员/分工：＿＿＿＿＿＿＿

成员/分工：＿＿＿＿＿＿＿

一、用友手工沙盘的创业运营仿真流程表(分角色)

附表 1-1___组广告投放方案(销售总监与 CEO、生产总监、财务总监、采购总监共同决策)

第 1 年本地		
产品	广告费金额(单位：百万)	年度总产能/总可答应量
P1		
签字人(CEO):	签字人(CSO):	签字人(COO):

第 2 年本地		第 2 年区域	
产品	广告费金额	产品	广告费金额
P1		P1	
P2		P2	
P3		P3	
P4		P4	
广告合计/签字人(CSO):			
年度总可答应量(无转产)	P1:_____个；P2:_____个；P3:_____个；P4:_____个		
总可答应量(转产至 P1)	P1:___个至___个；P2:___个至___个；P3:___个至___个；P4:___个至___个		
总可答应量(转产至 P2)	P1:___个至___个；P2:___个至___个；P3:___个至___个；P4:___个至___个		
总可答应量(转产至 P3)	P1:___个至___个；P2:___个至___个；P3:___个至___个；P4:___个至___个		
总可答应量(转产至 P4)	P1:___个至___个；P2:___个至___个；P3:___个至___个；P4:___个至___个		
签字人(COO):			
签字人(CEO):			

第 3 年本地			第 3 年区域			第 3 年国内		
产品	广告费	ISO9000	产品	广告费	ISO9000	产品	广告费	ISO9000
P1			P1			P1		
P2			P2			P2		
P3			P3			P3		
P4			P4			P4		
广告合计/签字人(CSO):								
年度总可答应量(无转产)	P1:_____个；P2:_____个；P3:_____个；P4:_____个							
总可答应量(转产至 P1)	P1:___个至___个；P2:___个至___个；P3:___个至___个；P4:___个至___个							
总可答应量(转产至 P2)	P1:___个至___个；P2:___个至___个；P3:___个至___个；P4:___个至___个							
总可答应量(转产至 P3)	P1:___个至___个；P2:___个至___个；P3:___个至___个；P4:___个至___个							
总可答应量(转产至 P4)	P1:___个至___个；P2:___个至___个；P3:___个至___个；P4:___个至___个							
签字人(COO):								
签字人(CEO):								

第4年本地			第4年区域			第4年国内			第4年亚洲		
产品	广告费	ISO9K/14K	产品	广告费	ISO9K/14K	产品	广告费	ISO9K/14K	产品	广告费	ISO9K/14K
P1			P1			P1			P1		
P2			P2			P2			P2		
P3			P3			P3			P3		
P4			P4			P4			P4		

年度总可答应量(无转产)	P1: _____个；P2: _____个；P3: _____个；P4: _____个
总可答应量(转产至P1)	P1: ___个至___个；P2: ___个至___个；P3: ___个至___个；P4: ___个至___个
总可答应量(转产至P2)	P1: ___个至___个；P2: ___个至___个；P3: ___个至___个；P4: ___个至___个
总可答应量(转产至P3)	P1: ___个至___个；P2: ___个至___个；P3: ___个至___个；P4: ___个至___个
总可答应量(转产至P4)	P1: ___个至___个；P2: ___个至___个；P3: ___个至___个；P4: ___个至___个
广告合计签字人(CSO、CEO、COO):	

第5年本地			第5年区域			第5年国内			第5年亚洲			第5年国际		
产品	广告费	ISO9K/14K	产品	广告费	ISO9K/14K	产品	广告费	ISO9K/14K	产品	广告费	ISO9K/14K	产品	广告费	ISO9K/14K
P1			P1			P1			P1			P1		
P2			P2			P2			P2			P2		
P3			P3			P3			P3			P3		
P4			P4			P4			P4			P4		

年度总可答应量(无转产)	P1: _____个；P2: _____个；P3: _____个；P4: _____个
总可答应量(转产至P1)	P1: ___个至___个；P2: ___个至___个；P3: ___个至___个；P4: ___个至___个
总可答应量(转产至P2)	P1: ___个至___个；P2: ___个至___个；P3: ___个至___个；P4: ___个至___个
总可答应量(转产至P3)	P1: ___个至___个；P2: ___个至___个；P3: ___个至___个；P4: ___个至___个
总可答应量(转产至P4)	P1: ___个至___个；P2: ___个至___个；P3: ___个至___个；P4: ___个至___个
广告合计签字人(CSO、CEO、COO):	

第6年本地			第6年区域			第6年国内			第6年亚洲			第6年国际		
产品	广告费	ISO9K/14K	产品	广告费	ISO9K/14K	产品	广告费	ISO9K/14K	产品	广告费	ISO9K/14K	产品	广告费	ISO9K/14K
P1			P1			P1			P1			P1		
P2			P2			P2			P2			P2		
P3			P3			P3			P3			P3		
P4			P4			P4			P4			P4		

年度总可答应量(无转产)	P1: _____个；P2: _____个；P3: _____个；P4: _____个
总可答应量(转产至P1)	P1: ___个至___个；P2: ___个至___个；P3: ___个至___个；P4: ___个至___个
总可答应量(转产至P2)	P1: ___个至___个；P2: ___个至___个；P3: ___个至___个；P4: ___个至___个
总可答应量(转产至P3)	P1: ___个至___个；P2: ___个至___个；P3: ___个至___个；P4: ___个至___个
总可答应量(转产至P4)	P1: ___个至___个；P2: ___个至___个；P3: ___个至___个；P4: ___个至___个
广告合计签字人(CSO、CEO、COO):	

附表 1-2　第__年企业运营流程表(CEO 严格按顺序执行任务清单并指挥队员进行相应操作)

项目	列1	列2	列3	列4
订计划/参会/登记销售订单	__ P1_P2_P3_P4			
年初(即 0 季)按订单交货	__ P1_P2_P3_P4			
支付广告费				
支付上年应付税金				
贴现(随时记"+7/-1"倍数)				
季初盘点　原料库存	__R1_R2_R3_R4	__R1_R2_R3_R4	__R1_R2_R3_R4	__R1_R2_R3_R4
季初盘点　成品库存	__P1_P2_P3_P4	__P1_P2_P3_P4	__P1_P2_P3_P4	__P1_P2_P3_P4
季初盘点　在制品	__P1_P2_P3_P4	__P1_P2_P3_P4	__P1_P2_P3_P4	__P1_P2_P3_P4
季初盘点　现金余额				
短期贷款　更新(各季度新数量)	__0Q_1Q_2Q_3Q	__0Q_1Q_2Q_3Q	__0Q_1Q_2Q_3Q	__0Q_1Q_2Q_3Q
短期贷款　还本付息(息放盘面)				
短期贷款　申请新短贷				
更新应付款(各季度新数量)	__0Q_1Q_2Q_3Q	__0Q_1Q_2Q_3Q	__0Q_1Q_2Q_3Q	__0Q_1Q_2Q_3Q
现金付应付款(即还0Q应付)				
原料入库/更新 2 季原料订单	__R1_R2_R3_R4	__R1_R2_R3_R4	__R1_R2_R3_R4	__R1_R2_R3_R4
下新的原料订单	__R1_R2_R3_R4	__R1_R2_R3_R4	__R1_R2_R3_R4	__R1_R2_R3_R4
更新生产线(各线共几条)	__手_半_自_柔	__手_半_自_柔	__手_半_自_柔	__手_半_自_柔
完工入库(各产品入库数量)	__P1_P2_P3_P4	__P1_P2_P3_P4	__P1_P2_P3_P4	__P1_P2_P3_P4
变卖生产线(各线共几条)	__手_半_自_柔	__手_半_自_柔	__手_半_自_柔	__手_半_自_柔
生产线转产(转至哪个产品)	__半(P_)_自(P_)	__半(P_)_自(P_)	__半(P_)_自(P_)	__半(P_)_自(P_)
投资新生产线(各线共几条)	__手_半_自_柔	__手_半_自_柔	__手_半_自_柔	__手_半_自_柔
开始下一批生产(上线总数)	__P1_P2_P3_P4	__P1_P2_P3_P4	__P1_P2_P3_P4	__P1_P2_P3_P4
更新应收款(各季度新数量)	__0Q_1Q_2Q_3Q	__0Q_1Q_2Q_3Q	__0Q_1Q_2Q_3Q	__0Q_1Q_2Q_3Q
出售厂房	(大)或(小)厂房	(大)或(小)厂房	(大)或(小)厂房	(大)或(小)厂房
按订单交货	__P1_P2_P3_P4	__P1_P2_P3_P4	__P1_P2_P3_P4	__P1_P2_P3_P4
交货所致应收款(无涉现金)	__1Q_2Q_3Q_4Q	__1Q_2Q_3Q_4Q	__1Q_2Q_3Q_4Q	__1Q_2Q_3Q_4Q
产品研发投资	__P2_P3_P4	__P2_P3_P4	__P2_P3_P4	__P2_P3_P4
支付行政管理费				
长期贷款　更新/还本(进现金区)				__1Y_2Y_3Y_4Y
长期贷款　支付利息(息放盘面)				
长期贷款　申请新长期贷款				
支付设备维护费				
支付租金/购买厂房(勾选)				大厂房和或小厂房
计提折旧(从设备价值中提)				(　　)
新市场开拓				__区_国_亚_际
ISO 资格认证投资				__ISO9K_ISO14K
现金收入合计				
现金支出合计				
期末现金对账(填余额)				

附表 1-3　现金预算表(财务总监和 CEO 会同各部门进行预算)

	第 1 季度	第 2 季度	第 3 季度	第 4 季度
期初库存现金				
收取零账期订单交货所得的现金				
支付市场广告费				
支付上年应交税				
贴现(随时进行)得到现金(正号)并且据此支付贴现利息(负号)				
支付到期短期贷款本金(负号)				
支付到期短期贷款利息(负号)				
申请获得新短期贷款(正号)				
支付到期应付款(原赊购原料所致)				
支付原料采购费(不涉及应付款)				
变卖生产线收回设备残值(正号)				
支付转产费用				
支付生产线投资				
支付工人工资(新品上线生产所致)				
应收款到期(即进入现金区数量)				
支付迟交订单的违约金				
支付产品研发投资				
支付管理费用				
支付长期贷款利息(负号)				
支付到期长期贷款本金(负号)				
申请新长期贷款(正号)				
支付设备维护费用				
支付厂房租金				
支付新厂房购置				
支付市场开拓投资				
支付 ISO 认证投资				
现金收入合计				
现金支出合计				
库存现金余额				

附表 1-4 现金流量表(会计记录)

	第 1 季度	第 2 季度	第 3 季度	第 4 季度
期初库存现金				
收取零账期订单交货所得的现金				
支付市场广告费				
支付上年应交税				
贴现(随时进行)得到现金(正号)并且据此支付贴现利息(负号)				
支付到期短期贷款本金(负号)				
支付到期短期贷款利息(负号)				
申请获得新短期贷款(正号)				
支付到期应付款(原赊购原料所致)				
支付原料采购费(不涉及应付款)				
变卖生产线收回设备残值(正号)				
支付转产费用				
支付生产线投资				
支付工人工资(新品上线生产所致)				
应收款到期(即进入现金区数量)				
支付迟交订单的违约金				
支付产品研发投资				
支付管理费用				
支付长期贷款利息(负号)				
支付到期长期贷款本金(负号)				
申请新长期贷款(正号)				
支付设备维护费用				
支付厂房租金				
支付新厂房购置				
支付市场开拓投资				
支付 ISO 认证投资				
现金收入合计				
现金支出合计				
库存现金余额				

附表 1-5　生产计划：第 1 年至第 3 年(运营总监填写)

		第 1 年				第 2 年				第 3 年			
		1 季度	2 季度	3 季度	4 季度	1 季度	2 季度	3 季度	4 季度	1 季度	2 季度	3 季度	4 季度
线号：	产品下/上线												
	转产												
类型：	原料配齐												
线号：	产品下/上线												
	转产												
类型：	原料配齐												
线号：	产品下/上线												
	转产												
类型：	原料配齐												
线号：	产品下/上线												
	转产												
类型：	原料配齐												
线号：	产品下/上线												
	转产												
类型：	原料配齐												
线号：	产品下/上线												
	转产												
类型：	原料配齐												
线号：	产品下/上线												
	转产												
类型：	原料配齐												
线号：	产品下/上线												
	转产												
类型：	原料配齐												
线号：	产品下/上线												
	转产												
类型：	原料配齐												
线号：	产品下/上线												
	转产												
类型：	原料配齐												
线号：	产品下/上线												
	转产												
类型：	原料配齐												
每季度合计	产品出产数												
	原料投入数												

附表 1-6 生产计划：第 4 年至第 6 年(运营总监填写)

		第 4 年				第 5 年				第 6 年			
		1 季度	2 季度	3 季度	4 季度	1 季度	2 季度	3 季度	4 季度	1 季度	2 季度	3 季度	4 季度
线号：	产品下/上线												
	转产												
类型：	原料配齐												
线号：	产品下/上线												
	转产												
类型：	原料配齐												
线号：	产品下/上线												
	转产												
类型：	原料配齐												
线号：	产品下/上线												
	转产												
类型：	原料配齐												
线号：	产品下/上线												
	转产												
类型：	原料配齐												
线号：	产品下/上线												
	转产												
类型：	原料配齐												
线号：	产品下/上线												
	转产												
类型：	原料配齐												
线号：	产品下/上线												
	转产												
类型：	原料配齐												
线号：	产品下/上线												
	转产												
类型：	原料配齐												
线号：	产品下/上线												
	转产												
类型：	原料配齐												
线号：	产品下/上线												
	转产												
类型：	原料配齐												
每季度 合计	产品出产数												
	原料投入数												

附表 1-7　原料采购方案: 起始年至第 3 年(采购总监填写, 应付金额指放盘面应付区金额)

起始年	第 1 季度				第 2 季度				第 3 季度				第 4 季度			
原材料	R1	R2	R3	R4	R1	R2	R3	R4	R1	R2	R3	R4	R1	R2	R3	R4
入库数量																
现金支付																
应付金额																
新订数量														2			

第 1 年	第 1 季度				第 2 季度				第 3 季度				第 4 季度			
原材料	R1	R2	R3	R4	R1	R2	R3	R4	R1	R2	R3	R4	R1	R2	R3	R4
入库数量																
现金支付																
应付金额																
新订数量																

第 2 年	第 1 季度				第 2 季度				第 3 季度				第 4 季度			
原材料	R1	R2	R3	R4	R1	R2	R3	R4	R1	R2	R3	R4	R1	R2	R3	R4
入库数量																
现金支付																
应付金额																
新订数量																

第 3 年	第 1 季度				第 2 季度				第 3 季度				第 4 季度			
原材料	R1	R2	R3	R4	R1	R2	R3	R4	R1	R2	R3	R4	R1	R2	R3	R4
入库数量																
现金支付																
应付金额																
新订数量																

附表 1-8 原料采购方案: 第 4 年至第 6 年(采购总监填写, 应付金额指放盘面应付区金额)

第4年	第 1 季度				第 2 季度				第 3 季度				第 4 季度			
原材料	R1	R2	R3	R4	R1	R2	R3	R4	R1	R2	R3	R4	R1	R2	R3	R4
入库数量																
现金支付																
应付金额																
新订数量																

第5年	第 1 季度				第 2 季度				第 3 季度				第 4 季度			
原材料	R1	R2	R3	R4	R1	R2	R3	R4	R1	R2	R3	R4	R1	R2	R3	R4
入库数量																
现金支付																
应付金额																
新订数量																

第6年	第 1 季度				第 2 季度				第 3 季度				第 4 季度			
原材料	R1	R2	R3	R4	R1	R2	R3	R4	R1	R2	R3	R4	R1	R2	R3	R4
入库数量																
现金支付																
应付金额																
新订数量																

附表 1-9 订单登记表(销售总监记录)

订单号									合计
市场									
产品									
数量									
账期									
销售额									
成本									
毛利									
交货季度									

订单号									合计
市 场									
产 品									
数 量									
账 期									
销售额									
成 本									
毛 利									
交货季度									

附表 1-10 产品核算统计表(销售总监汇总)

	P1	P2	P3	P4	合计
数量					
销售额					
成本					
毛利					

	P1	P2	P3	P4	合计
数量					
销售额					
成本					
毛利					

附表 1-11 综合管理费用明细表(财务总监填写)

项 目	金 额(单位：百万)	备 注
管理费		
广告费		
维修保养费		
厂房租金		
转产费		
市场准入开拓		□区域　　□国内　　□亚洲　　□国际
ISO 资格认证		□ISO9000　　□1SO14000
产品研发		P2(　　)　P3(　　)　P4(　　)
其他(违约金)		
合 计		

附表 1-12 利 润 表(财务总监填写)

项　　目	上　年　数	本　年　数
销售收入		
直接成本		
毛利		
综合费用		
折旧前利润		
折旧		
支付利息前利润		
财务支出(贷款利息+贴现利息)		
其他支出(贱卖生产线的亏损或订单违约所致毛利的增或减)		
税前利润		
所得税		
净利润		

附表 1-13 资产负债表(财务总监填写)

资　　产	期初数	期末数	负债和所有者权益	期初数	期末数
流动资产:			**负债:**		
现金			长期负债		
应收款			短期负债		
在制品			应付账款		
成品			应交税金		
原料			一年内到期的长期负债		
流动资产合计			**负债合计**		
固定资产:			**所有者权益:**		
土地和建筑			股东资本		
机器与设备			利润留存		
在建工程			年度净利		
固定资产合计			**所有者权益合计**		
资产总计			**负债和所有者权益总计**		

二、"商战"电子沙盘的创业运营仿真流程表(分角色)

附表 2-1   第__年"商战"创业运营流程表(CEO 请在注意关键节点情况下进行系统操作)

	手工操作流程	系统操作	手工记录		
第2年起每年初	新年度规划会议				
	广告投放	输入广告费并确认			
	选单/竞单/登记订单	选单			
	支付应付税金	系统自动			
	支付长贷利息	系统自动			
	更新长期贷款/归还长期贷款	系统自动			
	申请长期贷款	**输入贷款金额并确认**			
1	季初盘点(请填余额)	产品下线,生产线完工(自动)			
2	更新短期贷款/短贷还本付息	系统自动			
3	申请短期贷款	输入贷款金额并确认			
4	**原料入库/更新 2 季的原料订单**	**需要确认金额**			
5	下新的原料订单	输入并确认			
6	购买/租用——厂房	选择并确认,自动扣除现金			
7	更新生产/完工入库	系统自动			
8	生产线的新建/在建/转产/变卖	选择并确认			
9	紧急采购(随时进行)	随时进行输入并确认			
10	开始下一批生产	选择并确认			
11	**更新应收款/应收款收现**	**需要输入到期金额**			
12	按订单交货	选择交货订单并确认			
13	产品研发投资	选择并确认			
14	厂房的出售(买转租)/退租/租转买	选择并确认,自动转应收款			
15	新市场开拓/ISO 资格认证投资	仅第 4 季度允许操作			
16	支付管理费/更新厂房租金	系统自动			
17	出售库存	输入并确认(随时进行)			
18	厂房贴现	随时进行			
19	应收款贴现	输入并确认(随时进行)			
20	季末收入合计				
21	季末支出合计				
22	**季末对账[(1)+(20)−(21)]**				
年末	缴纳违约订单罚款	系统自动			
	支付设备维护费	系统自动			
	计提折旧	系统自动			
	新市场/ISO 资格换证	系统自动			
	结账				

备注:加粗部分为"商战"系统的关键控制节点,此节点之前部分不再运作。

附表2-2 第___年"商战"资金预算表(财务总监和CEO会同各部门进行预算)

	第1季度	第2季度	第3季度	第4季度
期初库存现金				
贴现收入				
支付上年应交税				
市场广告投入				
长期贷款本金和利息收支				
支付到期短期贷款本息				
申请新短期贷款				
原料采购支付现金				
厂房租买开支				
生产线(新在建、转、卖)				
支付工人工资(开始下一批生产)				
收到应收款(即进入现金区数量)				
支付产品研发费用				
支付管理费用及厂房续租				
市场及ISO认证开发(仅第4季)				
支付设备维护费用				
违约罚款				
其他				
库存现金余额				

要点记录:

第1季度: _____

_____

第2季度: _____

_____

第3季度: _____

_____

第4季度: _____

_____

年底小结: _____

_____

附表 2-3　第____年"商战"现金流量表(会计记录)

	第 1 季度	第 2 季度	第 3 季度	第 4 季度
期初库存现金				
贴现收入				
支付上年应交税				
市场广告投入				
长期贷款本金和利息收支				
支付到期短期贷款本息				
申请新短期贷款				
原料采购支付现金				
厂房租买开支				
生产线(新在建、转、卖)				
支付工人工资(开始下一批生产)				
收到应收款(即进入现金区数量)				
支付产品研发费用				
支付管理费用及厂房续租				
市场及 ISO 认证开发(仅第 4 季)				
支付设备维护费用				
违约罚款				
其他				
库存现金余额				

要点记录:

第 1 季度: _____

_____

第 2 季度: _____

_____

第 3 季度: _____

_____

第 4 季度: _____

_____

年底小结: _____

_____

附表 2-4　综合管理费用明细表
　　　　　(财务总监填写)

项　目	金额(万元)
管理费	
广告费	
维修保养费	
其他损失	
转产费	
厂房租金	
新市场开拓	
ISO 资格认证	
产品研发	
信息费	
合　计	

附表 2-5　利润表(财务总监填写)

项　目	金额(万元)
销售收入	
直接成本	
毛利	
综合费用	
折旧前利润	
折旧	
支付利息前利润	
财务费用(贷款/贴现利息)	
税前利润	
所得税	
年度净利润	

附表 2-6　资产负债表(财务总监填写)

资　产	期初数	期末数	负债和所有者权益	期初数	期末数
流动资产：			**负债：**		
现金			长期负债		
应收款			短期负债		
在制品			应交税金		
成品					
原料					
流动资产合计			**负债合计**		
固定资产：			**所有者权益：**		
厂房			股东资本		
生产线			利润留存		
在建工程			年度净利		
固定资产合计			**所有者权益合计**		
资产总计			**负债和所有者权益总计**		

备注：生产、采购和销售部门员工相关的创业运营流程表格参见前面一中相应表格即可。

三、"创业之星"运营仿真流程表(分角色)

附表 3-1 "创业之星"公司战略规划表(CEO 会同各部门经理商定)

战略项目名称			战略计划内容
公司的短期战略(1~3 季)			
公司的中期战略(4~6 季)			
公司的长期战略(7~8 季)			
公司短、中、长期战略间的关系			
公司战略分解	财务战略		
	营销战略		
	生产战略		
	研发战略		
	目标市场战略	主攻目标市场	
		次要目标市场	
		备选目标市场	

附表 3-2　"创业之星"公司经营规划表

岗位	目标	第1季	第2季	第3季	第4季	第5季	第6季	第7季	第8季
总经理	经营目标								
研发部	品牌数量								
	市场定位								
	研发投入								
市场部	市场定位								
	渠道开发								
	广告预算								
销售部	销售人员								
	定价策略								
	销量预测								
	收入预测								
制造部	厂房投资								
	设备投资								
	原料采购								
	生产工人								
	生产计划								
	产品存货								
	认证计划								
人事部	人员招募								
	人员辞退								
	培训计划								
财务部	期初现金								
	期末现金								
	融资计划								
	预计盈利								

附表 3-3　"创业之星"运营详情表(按部门和收支分类)

	现金支出类	第1季	第2季	第3季	第4季	第5季	第6季	第7季	第8季
总经理	公司注册费用								
	行政管理费用								
	办公场地租金								
研发部	产品设计费用								
	产品研发费用								
营销部	市场开发费用								
	广告宣传费用								
	购买订单费用								
	未交货部分违约金								
制造部	原料采购费用								
	厂房购买费用								
	设备购买费用								
	厂房租用费用								
	设备维修费用								
	设备升级费用								
	设备搬迁费用								
	资质认证费用								
人力资源部	管理人员工资								
	管理人员五险								
	销售人员工资								
	销售人员五险								
	生产工人工资								
	生产工人五险								
	员工招聘费用								
	员工培训费用								
	员工辞退补偿金								
	员工未签合同罚金								
财务部	增值税								
	营业税								
	城建税								
	教育费附加								
	地方教育费附加								

续表

现金支出类	第1季	第2季	第3季	第4季	第5季	第6季	第7季	第8季
所得税								
借款利息								
财务部 贴现利息								
到期的应付账款								
到期的银行借款								
现金收入类	第1季	第2季	第3季	第4季	第5季	第6季	第7季	第8季
到期的应收账款								
销售产品收入								
销售原料收入								
卖出厂房收入								
卖出设备收入								
转让订单收入								
本期融资收入								

附表 3-4 "创业之星"现金预算表/现金流量表

	第1季	第2季	第3季	第4季	第5季	第6季	第7季	第8季
季初的现金余额								
公司注册费用								
应收账款正常到期转入的现金								
季初 支付采购原料的到期应付账款								
自动 上缴上季度的增值税								
更新 上缴上季度的税费								
期间 支付办公室租金								
支付到货且付款的原料费								
季初自动更新后的现金余额								
申请3季长的银行贷款(随时)								
支付上述贷款的利息								
应收款提前贴为现金(随时)								
季中 支付上述应收款贴现的利息								
运营 系统申请紧急贷款(随时)								
期间 支付紧急贷款利息								
支付产品设计费用								
支付产品研发费用								

续表一

		第1季	第2季	第3季	第4季	第5季	第6季	第7季	第8季
季中运营期间	支付市场开发费用								
	支付生产工人招聘费								
	支付销售人员招聘费								
	支付生产工人培训费								
	支付销售人员培训费								
	支付生产工人辞退费								
	支付销售人员辞退费								
	支付厂房购买费用								
	支付设备购买费用								
	支付设备升级费用								
	支付设备搬迁费用								
	出售厂房所得的厂房净值								
	出售设备所得的设备净值								
	支付当季原料采购费								
	支付 ISO9001 认证费								
	支付 ICTI 认证费								
	支付广告费								
订单交付前的现金余额									
订单交付期间	零账期订单交货收入现金								
	(1 季度账期的应收账款数量)								
	(2 季度账期的应收账款数量)								
	(3 季度账期的应收账款数量)								
	应收款提前贴为现金(随时)								
	支付上述应收款贴现的利息								
	申请 3 季长的银行贷款(随时)								
	支付上述贷款的利息								
季末自动计算前的现金余额									
季末自动结算期间	支付厂房租用费用								
	支付设备维护费								
	支付生产工人运营总费用								
	支付加工费用								
	支付管理人员总费用								

续表二

		第1季	第2季	第3季	第4季	第5季	第6季	第7季	第8季
季末自动结算期间	支付销售人员运营总费用								
	支付行政管理费用								
	支付未签订员工合同的罚金								
	支付未交货部分订单违约金								
	归还银行贷款本金								
季末的现金余额									

备注：① 现金预算表中加了带括号的项目"X季度账期的应收账款数量"，用于分析预算对现金流的影响；② 实际的现金流量表在当季不考虑上述带括号的应收账款数量；③ 在"创业之星"系统中"支付制造费用"的事务实际包含了"支付设备维护费""支付生产工人运营总费用"和"支付加工费用"三大部分，并且在系统中实际是分为每条生产线分别显示自己线上的三大部分及其汇总的制造费用；④ 鉴于竞赛时没有组间交易，故本现金预算表和现金流量表没有考虑类似于附表3-2中组间交易时才会出现的"购买订单费用"和"销售原料收入"两大项目。

附表3-5　损　益　表

项　　目	本季金额	累计金额	说明
一、营业收入			
其中：产品销售额			
原料销售额			
减：营业成本			
其中：当季产品交货的成本			
当季原料交货的成本			
减：营业税金及附加			
其中：营业税			
城建税			
教育费附加			
地方教育附加			
减：销售费用			
其中：广告宣传费用			
渠道开发费用			
销售人员工资			
销售人员五险			
运输费			

项　目	本季金额	累计金额	说明
减：管理费用			
其中：公司注册费			
行政管理费用			
人员招聘费用			
管理人员工资			
管理人员五险			
员工培训费用			
产品设计费用			
产品研发费用			
资格认证费用			
办公室租金			
停工损失			
减：财务费用			
其中：银行贷款利息			
紧急借款利息			
应收账款贴现利息			
二、营业利润			
加：营业外收入			
其中：设备出售增值部分			
转让订单的收入			
减：营业外支出			
其中：未交货订单违约金			
生产工人辞退补偿金			
销售人员辞退补偿金			
未签劳动合同的罚金			
设备出售减值部分			
购买订单的支出			
三、利润总额			
减：所得税费用			
四、净利润			

附表 3-6 资产负债表

项 目	期初数	期末数	明 细 说 明
流动资产:			
货币资金			现金
应收账款			应收销售款(价税合计)
存货			
其中:原材料			
半成品			包括:原料费、厂房租金或折旧、设备折旧和维修、工人工资和五险、加工费
产成品			包括:原料费、厂房租金或折旧、设备折旧和维修、工人工资和五险、加工费
流动资产合计			
非流动资产:			
固定资产原值			包括:厂房、生产设备
减:累计折旧			
固定资产净值			
无形资产			无
非流动资产合计			
资产总计			
流动负债:			
短期借款			包括:银行借款、紧急贷款
应付账款			应付原材料费
应交税费			包括:应交增值税、营业税、城建税、所得税
其他应交款			包括:教育费附加、地方教育附加
流动负债合计			
非流动负债:			
非流动负债合计			
负债合计			
股东权益:			
实收资本			
未分配利润			累计的净利润
其中:当季利润			本季的净利润
股东权益合计			
负债和股东权益总计			

参 考 文 献

[1] 王新玲. ERP 沙盘模拟实训教程：手工＋信息化＋新商战. 北京：清华大学出版社，2017.
[2] 何晓岚. ERP 沙盘模拟实用教程：实物＋电子. 3 版. 北京：北京航空航天大学出版社，2014.
[3] 张前. ERP 沙盘模拟原理与实训. 2 版. 北京：清华大学出版社，2017.
[4] 苗雨君，等. ERP 沙盘模拟教程. 2 版. 北京：清华大学出版社，2017.
[5] 卓攀. ERP 沙盘模拟：企业经营实训教程. 武汉：武汉大学出版社，2018.
[6] 刘勇. ERP 沙盘模拟实训教程. 3 版. 北京：经济管理出版社，2018.
[7] 徐建华，等. 企业模拟经营：ERP 沙盘实训教程. 成都：西南交通大学出版社，2018.
[8] 袁静，等. 企业经营沙盘模拟：操作入门、知识提升与能力拓展. 北京：机械工业出版社，2017.
[9] 何晓岚，等. ERP 沙盘模拟指导教程：实物＋电子＋人机对抗. 北京：清华大学出版社，2016.
[10] 徐峰，等. ERP 沙盘模拟实验教程. 北京：清华大学出版社，2016.
[11] 杨天中，等. ERP 沙盘模拟企业经营实训教程. 2 版. 武汉：华中科技大学出版社，2015.
[12] 易诗莲，等. ERP 沙盘模拟实训教程. 北京：北京理工大学出版社，2015.
[13] 丁沧海，等. ERP 沙盘模拟进阶教程. 北京：北京交通大学出版社，2014.
[14] 刘洪玉，等. 企业经营模拟原理及 ERP 沙盘实训教程. 北京：清华大学出版社，2013.
[15] 何晓岚，等. 商战实践平台指导教程. 北京：清华大学出版社，2012.
[16] 刘良惠. 企业行为模拟：沙盘推演与 ERP 应用. 北京：经济科学出版社，2011.
[17] 王国志. ERP 沙盘模拟实训教程. 北京：清华大学出版社，2015.
[18] 刘洋，等. ERP 沙盘模拟. 北京：北京理工大学出版社，2013.
[19] 高市，等. ERP 沙盘实战教程. 2 版. 大连：东北财经大学出版社，2012.
[20] 路晓辉，陈晓梅. 沙盘模拟原理及量化剖析. 北京：化学工业出版社，2010.
[21] 路晓辉. ERP 制胜：有效驾驭管理中的数字. 北京：清华大学出版社，2005.
[22] 滕佳东. ERP 沙盘模拟实训教程. 3 版. 大连：东北财经大学出版社，2015.
[23] 曹剑峰. ERP 沙盘模拟实验. 北京：经济科学出版社，2014.
[24] 刘平，等. 企业经营沙盘模拟实训手册. 3 版. 北京：清华大学出版社，2018.
[25] 孙鸿飞. 企业经营管理沙盘模拟实训教程. 北京：中国铁道出版社，2016.
[26] 田军，刘正刚. 企业资源计划(ERP). 北京：机械工业出版社，2019.
[27] 刘正刚，田军. ERP 制造系统原理. 北京：机械工业出版社，2013.
[28] 迈克尔·波特. 什么是战略. 哈佛商业评论(中文版)，2004.